D1828049

FRIEDRICH HÄUSLER

DIE GEBURT DER EIDGENOSSENSCHAFT AUS DER GEISTIGEN URSCHWEIZ

FRIEDRICH HÄUSLER

DIE GEBURT DER EIDGENOSSENSCHAFT AUS DER GEISTIGEN URSCHWEIZ

VERLAG PAUL HAUPT BERN UND STUTTGART

Zweite Auflage
Copyright © 1939 by Benno Schwabe & Co Basel
1972 by Paul Haupt Berne
Alle Rechte vorbehalten
ISBN 3-258-02089-2

INHALTSÜBERSICHT

VORWORT

Verhältnismäßig spät hat die schweizerische Geschichtsschreibung die großen traditionellen Leitgedanken verlassen. Länger als die Nachbarvölker erlebten die Bergbewohner der Urschweiz ihre eigenen historischen Taten verwoben mit einem sagenhaften Geschehen, und länger als jenseits der Landesgrenzen erhielt sich in der Schweiz die Empfindung, daß man in den Bildern der Sage den lebendigen Kern der historischen Erinnerung habe. Diese Empfindung des Volkes überlebte das Fallenlassen alles Bildhaften und Mythologischen durch die offizielle Geschichtsschreibung um beinahe ein volles Jahrhundert.

Joseph Eutych Kopp hatte im Jahre 1835 durch seine «Urkunden zur Geschichte der Eidgenössischen Bünde» das Signal für das Einsetzen der kritischen Geschichtsforschung in der Schweiz gegeben. Der Fleiß dreier Historikergenerationen und der Eifer ungezählter historischer Vereine haben seither eine unübersehbare Produktion an Veröffentlichungen von Archivmaterial und dokumentierten Darstellungen der Allgemeinheit überliefert. Diese Flut hat die letzten Reste der alten Tradition aus dem Volksleben hinweggespült, und wo man noch Versuche macht, sie festzuhalten, erweisen sie sich als leblos und ohne Kraft dem gegenüber, was als historische Tatsache gilt. Die Leistungen der Kritik zwingen den modernen Schweizer zum Geständnis, daß er nicht mehr die Möglichkeit hat, die Tradition so unmittelbar zu verstehen, wie es jene vorangegangenen Geschlechter vermochten, welche unter ihrem Impuls die großen, von den Nachkommen bewunderten Taten vollbrachten.

Aber die äußere Fülle des vor uns ausgebreiteten Materials vermag die innere Fülle der traditionellen Bilder nicht zu ersetzen. Noch weniger lassen sich die Taten der Geschlechter, die sich an der neuen, umgeschriebenen Geschichte erzogen haben, denen vergleichen, die in den Zeiten vollbracht worden sind, da keine Geschichte, sondern nur die heute abgelehnten bildlichen Vorstellungen im allgemeinen Bewußtsein lebten.

Wem solche Tatsachen zum Rätsel werden, der steht vor der Forderung, ein neues Verständnis für die zentralen Ueberlieferungen suchen zu müssen. Ein wirkliches Verständnis kann unmöglich im Widerspruch stehen mit den erhalten gebliebenen Dokumenten, ebensowenig wie diese in Wirklichkeit der wahren Gestalt der sogenannten Sage widersprechen können.

Wer unbefangen das Material Kopps betrachten wollte, welches gegen die Ueberlieferung und namentlich gegen die historischen Anschauungen des Johannes Müller und des Aegidius Tschudi ins Feld geführt worden sind, wird in diesem selbst keinerlei zwingende Gründe finden können, die Tradition in das Reich der Phantastik oder gar der Unwahrheit zu verbannen. Nur phantastische oder sinnlose Ausdeutungen der Tradition vernichtet es.

Nicht aus dem neu aufgedeckten Material werden die rasch Schule machenden Anschauungen Kopps verständlich, aber aus dessen eigenem Leben. Das Material würde ganz andere Ausdeutungen auch zulassen, aber die eigentümliche Art, wie Kopp in seiner Zeit gestanden hat, mußte zu dem Resultate führen, das nun selbst Geschichte geworden ist.

Eine einzige Tatsache, würde sie ernst genug genommen, könnte dieses anschaulich machen.

Im Jahre 1832 hat der damals 39jährige Professor Kopp eine vaterländische Musterpredigt geschrieben, die als Zeugnis seiner politischen Gesinnung gilt. In dieser Predigt kommt in aller Plastizität zum Ausdruck, wie den Augen des damals die eidgenössische Historie in Angriff nehmenden Professors seine Vorfahren erschienen sind. Er spricht sie in begeisterten Worten an als Träger aller jener bürgerlichen Tugenden – Eintracht, brüderliche Hilfsbereitschaft, Selbständigkeit, Treue – die man ihren Nachkommen mit fast absoluter Erfolglosigkeit predigt. Die Prägung der Worte Kopps geben genaues Zeugnis von seiner Ansicht, daß die Tugenden der Väter der Eidgenossenschaft gleicher Art gewesen wären mit denen, die man für einen diesseitigen, gut bürgerlichen und tüchtigen Lebenswandel braucht, und daß die alten Eidgenossen ihre Bünde vor einer jenseitigen, göttlichen Welt beschworen hätten, die ohne Anteil an diesen Bünden in unerreichbaren Höhen geglaubt wurde.

Diese Ansicht trennt Kopp abgrundhaft von dem Wesentlichen der alten Schweizergeschichte. Wäre sie wahr, so würde sein Werk nie entstanden sein, denn irgendeine Notwendigkeit zur Gründung der Eidgenössischen Bünde ließe sich dann gar nicht denken. Ebenso undenkbar wäre dann die Tatsache, daß das Volksgemüt traditionelle

Bilder durch Jahrhunderte hindurch bewahrt hätte, welche jener Ansicht restlos widersprechen.

Was die alten Eidgenossen aus ihrer Umgebung heraushob, war gerade der Umstand, daß sie die scharfe Trennung von diesseits und jenseits nicht anerkannten. Erst Reformation und Gegenreformation brachen nach und nach die letzten, in tiefen Gründen wurzelnden Widerstände gegen die allgemeine, uns Heutigen geläufig gewordene Anschauung von einem Diesseits und einem davon getrennten Jenseits, dessen Ferne sich bis ins Nichts hinein steigern kann. Wären die Widerstände nicht so zäh gewesen, so hätte schon um Jahrhunderte früher die von Kopp und seinen Nachfolgern durchgeführte Vernichtung der Tradition vollzogen werden müssen, denn die Tradition ist der unmittelbare Ausdruck für die erlebte Einheit der sinnlichen und einer höhern Welt.

Die besondere Gestalt, welche die Darstellung der frühschweizerischen Geschichte bei Kopp angenommen hat, ist durch die von ihm angeregte Archivforschung selbst in wesentlichen Punkten widerlegt worden. Sie bleibt aber interessant dadurch, daß sie zeigt, wie selbst ein Forscher vom Range Kopps trotz vorbildlicher Gründlichkeit und ernstem Wahrheitsstreben zu Schlüssen neigen kann, die keineswegs im Material begründet sind, sondern in persönlichen Sympathien. Jene eigentümlichen Sympathien, denen Kopp im privaten Leben freien Lauf gelassen hat, erklären erst sein Geschichtsbild. Sie wirken färbend in die Wissenschaft hinüber, obwohl Kopp unermüdlich die strengsten Anforderungen an sich selbst stellte und sich verbot, Urteile zu fällen, für die er nicht genügende materielle Beweise zu haben meinte.

Wie aber selbst ein erdrückendes Material ein einseitiges Urteil begründen kann, zeigt mit aller Anschaulichkeit Kopps Untersuchung über die habsburgischen Rechte in der Urschweiz. In Wirklichkeit hat um die Jahrtausendwende das damals noch unbekannte Haus Habsburg begonnen, Rechte im Gebiet der spätern Schweiz zu erwerben. Nach etwa einem Vierteljahrtausend begannen die Eidgenossen auf dem gleichen Feld dasselbe zu tun. Zwei volle Entwickelungen mit all ihren Triebkräften sind also vorhanden und entfalten sich in ihren entsprechenden Zeiten. Indem Kopp dabei stehen bleibt, nachzuweisen, daß zu Beginn der Eidgenössischen Bünde habsburgische

Ansprüche in der Urschweiz zu Recht bestanden, ohne daß er die ganze Entwickelung der Eidgenossenschaft aufzeigt, muß der äußerlich gleiche Vorgang bei den Habsburgern als Rechtsbegründung und bei den Eidgenossen als Usurpation erscheinen. Das Bestehende erscheint gegenüber dem Werdenden als das in höherm Grade Berechtigte, nur weil man das Werdende nicht seinem ganzen, noch zu entfaltenden Wesen nach kennen gelernt hat und nicht daran erinnert wird, daß das Bestehende auch ein Werdendes gewesen ist und ein Vorangegangenes, nicht mehr Zeitgemäßes, abgelöst hat.

Angesichts solcher Gefahren, die keine noch so große Dokumentenfülle bannt, ist die Frage berechtigt, ob zu der neuern Forschungsmethode nicht noch eine andere zu treten habe, welche in der Lage ist, dem beigebrachten Material noch ein weiteres Element zu entlocken, das beim Sammeln und bei der kritischen Prüfung nicht hervortritt.

Indem man sich bei der einzelnen historischen Erscheinung fragt, welche universellen Gesetze sich durch sie einen Ausdruck suchen, und indem man gleichzeitig nachsieht, in welcher Gestalt das betreffende Gesetz in der räumlichen und zeitlichen Umgebung der Erscheinung auftritt, bringt man das individuelle Wesen der darin verwickelten historischen Gemeinschaften dazu, sich auszusprechen.

Die Eigenart der schweizerischen Entwickelung offenbart sich in aller Deutlichkeit, wenn die Frage nach ihrem universellen Wesen gestellt wird.

Die besonderen Gestaltungen universeller Entwickelungsgesetze in der Schweiz heben diese aus ihrer Umgebung heraus und erweisen die Notwendigkeit ihrer Entstehung. Ihre Individualität hat man auf der geistigen Seite zu suchen.

Je mehr man in das materielle Dasein eindringt, umso mehr verwischen sich die unterscheidenden Züge der Völker und Menschen. Wie die geistige Gestalt des Einzelmenschen sich unterscheidet von der seiner Mitmenschen, während die rein körperlichen Funktionen beim Wilden nicht anders sind als beim ausgebildetsten Kulturmenschen, so findet auch im Leben der Völker deren Eigenwesen nicht im bloßen, der ganzen Erde angehörenden Naturdasein seinen Ausdruck, sondern in der Kraft, welche dieses Dasein zu besonderen Entwickelungen aufruft.

Den ersten Anstoß zu den nachfolgenden Untersuchungen erhielt der Verfasser, als er vor etwa zwanzig Jahren in Zürich einen Vortrag von Rudolf Steiner hörte, in welchem aus der damaligen Weltsituation heraus ein universelles Gesetz unmittelbar sichtbar gemacht wurde. Der Vortrag zeigte, wie die Gesetze des öffentlichen Lebens aus drei verschiedenen Quellen stammen. Es wurde durch die Ausführungen anschaulich, wie der Mensch ganz andere Kräfte betätigen muß, wenn er es mit Waren zu tun hat, die er dem Markt entnehmen oder zuführen will, als wenn er das rechte Verhältnis zu andern Menschen herstellen will. Wiederum ganz andere Kräfte kommen in Frage bei einer rein geistigen Betätigung im öffentlichen Leben.

Es wurde fühlbar, wie in den Untergründen des Daseins die Menschheit dahin strebt, die Möglichkeiten aller drei Quellen dadurch zu steigern, daß sie die gegenseitigen Störungen durch reinliche Trennung bis in die äußern Institutionen hinein ausschalten möchte.

Der beginnende Kampf eines Werdenden gegen ältere, selbst überwunden geglaubte soziale Formen trat am unmittelbaren Leben der damaligen Gegenwart hervor. Angesichts des als unabweisbare Tatsache greifbar Gemachten konnten eigene Wünsche nach einem andern Schicksalsgang der Menschheit nicht in Frage kommen. Der Verfasser fühlte sich daher, wie andere, verpflichtet, jene geschichtsbildenden Kräfte näher kennen zu lernen, welche in die angedeutete Richtung hineindrängen. Diese Verpflichtung war um so selbstverständlicher, als der in der Geschichte spürbare Geist, wenn auch schwer erfaßbar, doch nicht in unkontrollierbare dünne Fernen gerückt war.

Jene Dreigliederung des sozialen Organismus schien der Schweiz ihren Sinn wieder zurückzugeben.

Eine Entwickelung auf den Wirtschaftsstaat zu müßte mit Naturnotwendigkeit den Sinn einer schweizerischen Gemeinschaft zerstören. Technik und Wirtschaft können unmöglich anders als nivellierend durch die Völker hindurch wirken. In ihrer Sphäre müssen die geistig qualitativen Unterschiede ihre Bedeutung verlieren, da die Gesetze jener Sphäre über die ganze Erde hinweg gleich sind. Sie vollbringen in der Tat, was der Geschichtsmaterialismus in Gedanken tut.

Erst im gegenseitigen rechtlichen Verkehr zwischen den Menschen selbst, in den rein politischen Einrichtungen können sich die besondern Eigentümlichkeiten eines Volkes frei ausleben und den Boden hergeben für das freie Entfalten der Fähigkeiten der einzelnen in einer Volksgemeinschaft lebenden Glieder.

Sobald man aber in einer solchen Anschauung etwas Wirkliches erkennt, sieht man sich verpflichtet, die Lebensgesetze des Landes kennen zu lernen, in welchem man sich verwurzelt fühlt. Die dumpfen, als national angesehenen Gefühle sind ungeeignet, die Aufgaben des einzelnen Volkes innerhalb der gesamten Erdenmenschheit aufzufinden. Sie gehören der «natio», der Geburt, an und können sich daher wie diese über die Erde hin nicht wesentlich unterscheiden.

An jenen Gesetzen aber wird anschaulich, wie eine metamorphisierende Kraft das Allgemeine ergreift und in besondere Gestalten umplastiziert. Indem man auf das Schaffen jener Kraft geht, kann man etwas ergreifen, das sowohl die Bilder der Tradition erzeugt hat wie auch die Taten, von denen die materiellen Zeugnisse sprechen.

Es wurde in der vorliegenden Arbeit der Versuch gemacht, einige universell wirksame Gesetze in ihren zeitlichen und räumlichen Wandlungen zu verfolgen, weil an ihnen nach der Meinung des Verfassers etwas vom Wesen der lebendigen Schweiz und von deren Mission in der Welt erlebt werden kann.

Die aufgeführten Tatsachen sind nicht als Beweise für Konstruktionen aufgefaßt worden, sondern lediglich als Anschauungsmaterial, an dem ebenso reale Kräfte sichtbar werden wie an der Biographie eines Menschen.

Arlesheim, Januar 1939 *Friedrich Häusler*

Elbel, Wohnung der Elfen oder Alben, hieß bei den Alten unser St. Gotthard. Der Name Elbel kennzeichnete ihn als die Alpe der Alpen, als Mittelpunkt des Alpengebirges. In der Tat läßt sich ihm kein anderer Berg vergleichen, wenn wir auf seine ausgezeichnete Lage im Kreuzungspunkt der mächtigsten Wellen dieses Gebirges blicken. An keiner Stelle Europas sehen wir diese Verhältnisse wiederholt. Ähnliches finden wir erst wieder, ins Gewaltige übersetzt, wenn wir nach dem Dach der Welt, dem Pamir Zentralasiens, hinübergehen.

Die Gipfel des Gotthardmassives erheben sich in Höhen, in denen kein äußerlich sichtbares Leben mehr Bestand hat, wo aber der Bergsteiger dieses um so intensiver in den reinen Lüften erfühlt. Der Fuß des Berges ist Urgestein und wurzelt im festen Erdgerüst selbst. Aus den Flanken entspringen vier Quellen, die in den vier Himmelsrichtungen enteilen. Nicht sehr weit vom Gotthard fließen die Bergquellen nach dem Inn hinunter. Ein kleiner Fleck des Alpengebirges entsendet seine Gewässer in vier Meere.

Achtet man nicht darauf, daß die großen Bilder, die aus einem historischen Schauplatz auftauchen, auch Geschichte aussprechen, so kann man versucht sein, alle die Betrachtungen, zu denen die einzigartige Lage des Gotthard die Menschen immer wieder anregt, für müßigen Zeitvertreib zu halten.

Aber selbst wenn die Wirkung eines so gestalteten Naturgebietes auf die Seelen seiner menschlichen Bewohner gering geachtet würde, so müßte doch dessen Stellung im großen natürlichen Geschehen zwingen, seine geschichtsbildende Kraft anzuerkennen.

Man lasse im Geiste die Gletscher und Firne des Gotthardgebietes nach allen Seiten anwachsen und, vereinigt mit den Eismassen der übrigen Alpengebirge, die Schweiz und die angrenzenden Ebenen und Täler der Nachbarländer bedecken, dann entsteht vor uns das Bild der letzten Zwischeneiszeit. Als diese Wirklichkeit war, hatten Kälte und Eis alles irdische Leben aus unsern Tälern ausgelöscht. Aber bei der Rückkehr der Wärme schmolzen die Gletscher langsam ab, und dem sich zurückziehenden Eis folgten von allen Seiten die Pflanzenverbände aus den milden Küstengebieten nach, dem Gotthard zu. In den von seinen Flüssen geformten Tälern trafen sie zusammen und durchdrangen sich gegenseitig. Heute findet man daher in der Schweiz neben den arktischen Pflanzen noch die wichtigsten charakteristischen Verbände, die drei Küstenzonen angehören, und die, bis auf verhältnismäßig wenige Arten, alle Pflanzen des übrigen Europa in sich enthalten. Aus Südrußland, vom Mittelmeer und von der atlantischen Küste sind Pflanzenvereine in die schweizerischen Täler hinaufgestiegen.

Damit war auf dem Grund dieser Täler schon Schicksal vorgeformt lange Zeiten, bevor Menschen den Pflanzen und Tieren folgten.

Dieses einzusehen macht uns allerdings Schwierigkeiten, da wir uns allzusehr daran gewöhnt haben, nur den substanziellen Gehalt der Nahrungsmittel zu beachten und völlig abzusehen von deren Wirkung auf uns selbst. Wir wissen wohl, daß z. B. Milch und Honig um so besser schmecken, je vielgestaltiger der Pflanzenbestand ist, aus dem sie hervorgehen, aber wir achten nicht mehr auf deren Wirkung nach dem Schmecken. Das tun wir höchstens noch bei Genußmitteln, die wir zu uns nehmen, um unser Denken, Fühlen und Wollen anzuregen. Wir brauchen aber nur in Länder zu gehen, wo die Nahrung durch äußere Bedingungen oder innere Gewohnheiten sehr einseitig streng an die Rhythmen des Jahres gebunden ist, um zu sehen, daß eine solche Ernährung das Seelenleben weitgehend bestimmt. Man muß sich herbeilassen, genau dasselbe zu essen wie die Bewohner solcher Länder, um deren inneres Leben überhaupt begreifen zu können. Dann erspürt man noch, daß jedes Nahrungsmittel ähnliche seelische Wirkungen erzeugt – wenn auch in abgeschwächtem Maße – wie es die Genußmittel tun. Selbstverständlich war derartiges für ältere, naturverbundene Geschlechter von ganz anderer Bedeutung als für uns.

Es muß angenommen werden, daß ein Boden mit artenreicher Pflanzen- und Tierwelt dem Menschen die Vorbedingung schafft, sich in gewisse Einseitigkeiten des Kulturlebens nicht versteifen zu müssen. Die Natur bewirkt an solchen Stellen etwas, was der moderne Verkehr der ganzen Erdoberfläche bringen könnte.

Noch in anderer Beziehung waren für die ersten nacheiszeitlichen Besiedler des schweizerischen Gebietes die von der Natur gegebenen Verhältnisse von besonderer Bedeutung. Sie fanden jungfräulichen Boden vor, also solchen, der von keiner Kultur berührt war. Was ihnen dadurch gegeben worden ist, läßt sich aus zahllosen Kolonisationsgeschichten ablesen. Eine der neuesten zeigt uns die Wirkung eines alten Kulturbodens auf neue Besiedler. In Nordamerika hat sich aus unzähligen Volksbestandteilen eine Nation gebildet, die sich unterscheidet von jedem einzelnen Volk der alten Welt, das Substanz an Amerika abgegeben hat. Das Merkwürdige daran ist die Tatsache, daß die den Europäer vor allem fremd anmutenden sozialen Instinkte des Amerikaners in außerordentlich enger Verwandtschaft wiedergefunden werden auf dem Grunde der alten Indianerkulturen.

Es spricht sich darin ein Gesetz aus, mit dem an gewissen Orten auch bewußt gerechnet worden ist. So war es den Venezianern bis zum Ende des XIII. Jahrhunderts verboten, Land zu besitzen auf dem italienischen Festland, damit die eigenartige Kraft Venedigs nicht gefährdet würde. Und in der Tat hat sich das ganze Wesen des venezianischen Staates verändert von dem Moment an, wo jenes Gesetz außer Wirksamkeit gesetzt wurde. Ebenso wollte man die Macht des Arabertums dadurch aufrecht erhalten, daß man den Angehörigen des Volkes verbot, Landbesitz außerhalb Arabiens zu erwerben. Natürlich wurde das Gesetz nicht lange beachtet, und die Folge davon war die Vielfarbigkeit, in die sich die arabische Kultur zerspalten mußte, da selbst der ursprüngliche fanatisierte Wille des mohammedanischen Glaubenskämpfers durch die Kräfte des Kulturbodens, den er betrat, gewandelt wurde. Gehen wir bis zur germanischen Völkerwanderung zurück, so zeigt sich uns die Wirksamkeit dieses Gesetzes in grandiosem Maße. Unzählige Stämme der wandernden Völker versinken völlig in die alten Kulturen.

Es ist also zu erwarten, daß der jungfräuliche Boden die Bedingungen hergibt, junge Kulturimpulse, wenn solche durch Ansiedler hingebracht werden, zu einer freien Entfaltung zu bringen.

Sind diese besondern Bedingungen den steinzeitlichen und bronzezeitlichen Kolonisten des Landes wirklich zugute gekommen?

Von außen gesehen wird die Geschichte uns veranlassen, unbedingt ja zu sagen, weil die Pfahlbaukultur zwischen Genfersee und Bodensee sich tatsächlich abhebt von den gleichzeitigen Kulturerscheinungen der Umgebung. Doch wird dieses Besondere erst dann interessant und lichtverbreitend für spätere Zeiten, wenn seine Wurzeln aufgesucht werden. Dann zeigt sich, daß sich dieses Besondere gebildet hat aus einem einzigartigen Zusammenwirken von allgemeinen, über weite Gebiete verbreiteten Kräften.

Die Entwickelung der Pfahlbauerkultur spannt sich vom vierten vorchristlichen Jahrtausend bis in das erste hinein. In der Mitte des VIII. Jahrhunderts v. Chr. wurden die letzten Pfahlbaustationen verlassen. Das ist der Beginn der Eisenzeit für unser Gebiet. Das Eisen lockte die Menschen auf das trockene Land hinaus.

Die ersten Ansiedler, die sich dem Pfahlbau zugewandt hatten, waren aus dem Rhônetal gekommen, und das erste Aufblühen der Kolonien am Genfersee wird an der Grenze vom vierten zum dritten Jahrtausend liegen. Die großen, repräsentativen Kulturen, die genau derselben Zeit angehörten wie unser Pfahlbau, waren also die ägyptische und die mesopotamische. Beide waren bestimmt durch mächtige Gewässer. Sie hingen zusammen mit den Stromgesetzen des Nil, des Euphrat und des Tigris. Auch andere gleichzeitige Kulturentwicklungen, wie die kretische oder die phönikische, sind nicht zu trennen vom Wasserelement. Die vorherrschenden Kulte, die für die Zeitspanne der genannten Kulturen besonders charakteristisch sind, haben wiederum die Eigentümlichkeit, Wasser, Sumpf, Moor oder Verwandtes in ihre Bilderwelt einzubeziehen.

Es lag an der Zeit, wenn die ersten neolithischen Einwanderer, die rhôneaufwärts kamen, sich vorwiegend Seeufern und Sümpfen zuwandten, und wenn die einige Jahrhunderte später in der Bodenseegegend Eindringenden und von ganz anderer Seite kommenden das gleiche taten.

Nicht nur der Zeitgeist offenbart sich in den Spuren, die uns von den Pfahlbauern geblieben sind, sondern wir können aus ihnen auch Raumesgesetze ablesen.

Das, was am meisten an der Oberfläche liegt und zuerst auffällt an den in unsern Museen aufgestellten Funden, bindet die frühesten Ansiedler der Westschweiz an ihre Nachbarn im französischen Rhônetal und die der Ostschweiz an die Gebiete nordwestlich vom Bodensee.

Geht man etwas tiefer in die Dinge hinein, indem man die Urformen und die Urstoffe von Werkzeugen und Waffen aufsucht, so erweitern sich die Zusammenhänge. Die Funde des Westens führen uns über Südfrankreich bis nach Spanien hinein, während die des Ostens nach dem Norden weisen.

Noch eine Schicht tiefer liegt das Kultische, von dem wir nur aus den Gräbern einige spärliche Spuren erhaschen können. Doch sind gerade diese Überreste von großer Wichtigkeit, zeigen sie uns doch, wie die Urkultur auf dem schweizerischen Boden in zwei mächtigen, gegensätzlichen Strömungen verankert war.

Der älteste Totenkult der Westschweiz hängt verwandtschaftlich nicht nur mit Südfrankreich und Spanien zusammen, sondern darüber hinaus mit Lybien und ganz Nordafrika bis hinüber nach dem Ägyptischen. Auf diesem ganzen Wege finden wir vorherrschend Modifikationen der Erdbestattung und im Beginn der Zeit, die uns interessiert, die von uns als Hockerstellung bezeichnete Bettung der Toten.

Dieser Kult, der darauf ausging, die tote Form der Menschengestalt nur langsam vergehen zu lassen und der in Ägypten sich zur Mumifizierung steigerte, hatte in damaliger Zeit ein Gegenbild in der Totenverbrennung, die den Leichnam rasch verzehrt. Im Zeitraum unserer Pfahlbaukultur hatte die Feuerbestattung eine außerordentlich große Verbreitung. Unter den Völkern, die eine Geschichte haben, die sich also am Werden der irdischen Kultur damals schon beteiligten, waren es namentlich die Völker des chaldäischen – oder mesopotamischen – Kulturkreises, die ihre Toten dem Feuer übergaben. Im Norden befiehlt Odin die Totenverbrennung. Auch alle Völker, die aus einer, unserer genauen Kenntnis sich verbergenden, vom Nordwesten nach Zentralasien ziehenden Straße herauskommend die sichtbare Bühne der Weltgeschichte betraten, folgten dem Gesetz der Feuerbestattung. Dazu müssen auch die frühesten, noch in der jüngern Steinzeitkultur verankerten Kolonisten der Nordostschweiz gehört haben. Ermessen, was die Tatsache bedeutet, daß hier zwischen Reuß und Aare sich zwei völlig entgegengesetzte Kulte begegneten, wird man dann, wenn man bedenkt, daß das ganze Leben dieser Menschen von den Kräften der Religion gestaltet und durchdrungen war. Unsere Gegenwart anerzieht uns keine Organe für das Verständnis des religiösen Lebens jener alten Vergangenheit. Für uns ist es selbstverständlich geworden, daß das Religiöse nur eine Seite – die sogar ganz verkümmert oder in ihr Gegenteil verwandelt sein kann – des Kulturlebens sei. Für jene Zeiten war es ebenso selbstverständlich, daß jede Kulturäußerung nur ein Ausdruck des Göttlichen sein könne, mit dem man zusammenhing. Den engsten Zusammenhang pflegte man mit den eigenen Ahnen, die man durch den Bestattungsritus in die übersinnliche Welt hinüber begleitete.

Indem man damals in der Westschweiz den Weg ins Totenreich in der Richtung nach dem Erdinnern und in der Ostschweiz in entgegengesetzter Richtung hinaus in die Luftumgebung gesucht hat, trifft man auf zwei innerlich entgegengesetzte Veranlagungen der Menschen. Innerhalb des kleinen Gebietes der heutigen Schweiz sind beide Richtungen einander begegnet.

Das brauchte uns weniger zu beschäftigen, wenn nicht gerade dadurch das Besondere der spätern Pfahlbaukultur entstanden wäre. Die gegenseitige Befruchtung der zwei Urbestandteile hat diese zustandegebracht. Wir beobachten, wie sich nach und nach die Kulturformen von Ost und West durchdringen, und das hervorbringen, was wir recht wenig zutreffend eine Mischkultur nennen. Eine Eigentümlichkeit ist dabei die, daß das Kultische mehr am Boden haften bleibt als alles Äußere der Kultur. Im Osten bleibt noch lange nach dem Beginn der gegenseitigen Durchdringung die Feuerbestattung der vorherrschende Ritus und umgekehrt im Westen die Erdbestattung. Dieses ist völlig im Einklang mit den alten Formen der zerealen Kulte, die bewirken wollten, daß die Toten zur Fruchtbarkeit der Felder beitrugen. Das war aber nach der Einsicht jener Zeiten nur möglich durch einen sorgfältigen Toten- und Gottesdienst, an dem von außen nichts geändert werden durfte.

Man will in den Trägern der zwei gegensätzlichen Kulturströmungen Angehörige zweier Rassen sehen, die sich dann vermischt haben sollen. Doch ist der Nachweis dafür äußerst schwer zu erbringen. Wenn auch Langschädelfunde im Osten und Kurzschädelfunde im Westen für die Frühzeit vorherrschen, so ist diese Tatsache nicht zwingend genug, denn man ist an den Orten, wo Verbrennung vorherrscht und das meiste an den menschlichen Überresten zerstört wird, nie sicher, was man an Einzelfunden hat. Es können die Knochen von Menschen sein, die gar nicht zur führenden Kulturschicht gehören und daher auch nicht nach deren Ritus bestattet worden sind, wie Gefangene, Unfreie oder gar fremde Eindringlinge.

Im Laufe der Jahrhunderte mischten sich in den Entwickelungsprozeß, der von den zwei Seiten angefacht war, noch andere Elemente. Es sind Einwanderer und Einflüsse rheinaufwärts gestiegen und haben sich in das ganze Werden eingemischt. Aber auch vom Südosten herstammende Spuren sind, namentlich im spätern Rätien, nachzuweisen.

Die sehr eigentümliche gegenseitige Durchdringung, diese kulturelle Legierung, die nicht auf einer Überwältigung des einen Elementes durch das andere beruhen kann, wie es der ungestörte Fortgang der Urkulte belegt, entstand während der Bronzezeit. Im Mittelpunkt des sozialen Lebens hat ohne Zweifel der Ackerbau gestanden. Die unzähligen Steinbeile – die wie andere neolithische Werkzeuge fast die ganze Bronzezeit hindurch weiter verwendet wurden – müssen ein Hauptgerät für die Bearbeitung des Bodens gewesen sein. Ackerbau, besonders wenn er so vielgestaltig ist, wie es aus den erhaltenen Resten hervorgeht, ist völlig undenkbar ohne eine durchgebildete soziale Organisation. Jede Wildheit verunmöglicht die Pflege der Pflanzungen. Es liegt sowohl im Geiste wie in der Sache, daß aller Zerealkult, also alle Religionsformen, die der Kunst des Ackerbaues gelten, nicht nur die vorgefundene Natur auf eine höhere Stufe bringen wollen, sondern immer auch darauf ausgehen, die Natur des Menschen nach der sozialen Seite hin zu erziehen und zu veredeln. Beides, sowohl die untrüglichen Hinterlassenschaften eines Getreidebaues, der mehr Getreidearten in sich schloß als unser gegenwärtiger, sowie die Spuren des dazugehörenden Kultes, sprechen deutlich von einem ausgeprägten sozialen Kulturleben der Pfahlbauer. Aber die gleiche Langsamkeit in der Verwandlung der äußern Lebensformen wie bei den gleichzeitigen großen, geschichtlich bekannt gewordenen Kulturen des Orients beobachten wir auch hier bis zum Ende der Bronzezeit. Da wie dort erhielten sich die Grundformen mehr als zweitausend Jahre.

Interessanterweise tritt der endgültige Abschluß des Prozesses in dem Moment ein, den die Griechen und Römer an den Anfang ihrer Zeitrechnung stellten. Die Mitte des VIII. vorchristlichen Jahrhunderts empfand man bei diesen beiden führenden Völkern der beginnenden europäischen Geschichte als den entscheidenden Moment, in dem ein ganz neuer Impuls, der treibend für den Fortgang der Menschheitsentwicklung wurde, zur Geburt gelangte. In diesem Moment, der für unser Gebiet auch der Beginn der Eisenzeit ist, verfällt das

Pfahlbauerwesen völlig. Eine Revolution, die durch alle Schichten des Lebens hindurchging, griff Platz, nachdem schon seit Jahrhunderten die vorbereitenden Kräfte dafür fühlbar wurden.

Neue Völkerschaften, neue Lebensordnungen und neue treibende Kräfte finden wir nach und nach auftreten. Ohne Zweifel war die Bevölkerung der Bronzezeit in ihrer Grundsubstanz dem vielgestaltigen Keltentum angehörig. Hochgelegene Siedlungen Graubündens und des Wallis, sowie die ganz unzweifelhaft keltischen Funde des Südtessins und einiger lombardischer Stationen aus der Bronzezeit zeugen von der Verbindung, die unter den damaligen Ansiedlern selbst über unsere hohen Alpenübergänge hinweg bestanden haben. Im Laufe der Zeiten, aber besonders in den Jahrhunderten der Abschwächung des alten Entwickelungsganges und der beginnenden neuen Zeit, haben sich zahlreiche andere Elemente eingegliedert. Eine Art Völkerwanderung und Völkerdämmerung gestaltete das Leben des Landes im Laufe der Jahrhunderte um.

Nach Quellen des Altertums müßte angenommen werden, daß einmal Ligurer den Südwesten unseres Landes mit dem Mittelmeer verbunden haben. Dieses Volk war aber in historischen Zeiten bereits verdämmert, in andern Völkern untergegangen, die sich der Führung des Geschehens bemächtigt hatten. Einige Ortsnamen der französischen und südlichen Schweiz sollen noch aus Zeiten stammen, in denen die Ligurer noch nicht vom Keltentum übertönt waren.

Im Osten der Schweiz müssen während der ältern Eisenzeit Leute aus Illyrien eingewandert sein und vielleicht zur Bildung der rätischen Stämme geführt haben, bei denen aber auch bestimmte etruskische Spuren gefunden werden. Doch muß auch da die Grundsubstanz der Bevölkerung keltisch geblieben sein. Die rätoromanischen Dialekte sind ohne diese Tatsache undenkbar. Ihre auffallende Verwandtschaft mit andern, heute noch lebenden Sprachen, die sich aus der Verbindung des Keltischen mit dem Lateinischen herausgebildet haben, ist vollgültiger Beweis dafür.

Eines der interessantesten Zeugnisse für die Kultur unserer frühern Bronzezeit ist die im Engadiner Museum aufgestellte hölzerne Quellfassung von St. Moritz, die mehrere Tausend Jahre ihre Dienste geleistet hat, und die eine so hohe Vollkommenheit des handwerklichen Könnens zeigt, wie es sich nur ausbilden kann innerhalb eines gefestigten sozialen Organismus. Die Kunst der beinahe 2000 m über Meer gestiegenen Ansiedler von St. Moritz steht im Einklang mit der hochentwickelten Zimmermannskunst der Talsiedlungen. Die zugehörenden Schmuck- und Waffenfunde ordnet man den damaligen Völkerschaften des obern und mittlern Donaugebietes, also dem Keltentum zu.

In der jüngern Eisenzeit drangen die von den Römern den Galliern zugerechneten Helvetier aus dem Gebiete des heutigen Mitteldeutschland südwärts und wurden westliche Nachbarn der Räter. Durch die allerdings allzu schematisierende Menschenbetrachtung der Römer hindurch wissen wir einiges von ihrem Wesen, während uns über die vorrömischen Zustände der eisenzeitlichen Räter die Geschichte nichts sagt.

Auch bei den Helvetiern führen uns die verschiedenen Schichten ihrer zurückgelassenen Spuren in verschieden gespannte Zusammenhänge hinein. Die Tiguriner, der führende Stamm der Helvetier, treten in die Geschichte hinein in engstem Zusammenhang mit den von Marius vernichteten Teutonen. Diese zählten die Römer zu den Germanen, die helvetischen Tiguriner aber zu den gallischen Kelten. Heute glaubt man genug Beweise zu haben für die ältere Ansicht des Griechen Poseidonios, wonach auch die Teutonen Kelten sind. Uns mag der wissenschaftliche Streit zeigen, daß es aus bestimmten Gründen nicht immer leicht ist, eine Unterscheidung zwischen Kelten und Germanen zu machen. Tatsächlich findet man die von Cäsar beschriebenen Eigentümlichkeiten der sozialen Verfassung Helvetiens ebenso im keltischen Nordwesten Europas wie, wenn auch in einiger Vergröberung, bei vielen Westgermanen.

Aber wiederum vermag uns ein Einblick in kultische Verhältnisse wichtige Aufschlüsse darüber zu geben, in welche Geisteskultur Helvetien eingespannt war.

Cäsar sieht in der Persönlichkeit des von ihm Orgetorix genannten vornehmen Helvetiers die Ursache des 58 v. Chr. versuchten Auszuges des Volkes. Dieser Mann war bei dem Zusammenstoß der Helvetier mit Rom spurlos verschwunden. Aber zwei uns erhaltene Münzen bezeugen noch sein einstiges Dasein, sowie seine Verbindung mit dem Volk der Häduer, das in der spätern Bourgogne saß. Er hatte seinen Namen ORCITIR (ix) auf jenen Münzen in römischen Lettern schreiben und das Bild eines Bären (Bärin) dazu stempeln lassen. Die andere, den Häduern zugehörige, Seite der Münzen trägt einen Dianakopf und den Namen des Volkes.

Diese Münzen, zusammen mit dem berühmten Fund der «Dea Artio», der bronzenen Bärengöttin von Muri bei Bern, regten J. J. Bachofen zu seiner tiefgründigen Studie «Der Bär in den Religionen des Altertums» an. Bachofen findet die Verehrung der Arktos, der himmlischen Bärin, gleichermaßen über das ganze orphische Griechentum, wie über das gesamte Keltentum verbreitet. Diese Verbreitung stimmt wieder in auffallender Weise zusammen mit dem Kult des Gottes, der von den Griechen Apollon im Unterschied zu Helios genannt wurde. Doch kommt dafür nicht die spätere Vorstellung des Apollinischen im Gegensatz zum Dionysischen in Betracht, sondern die Erzählungen und kultischen Überlieferungen vom alten, pythischen Apoll, der noch dreifach erlebt wurde. Als Drachenüberwinder war er Beherrscher von chthonischen, von innerirdischen Kräften geworden, als Herrscher in Hyperborea gehörte er einer überirdischen Ordnung an. – Jeden Herbst fuhr er auf seinem von Schwänen gezogenen Kahn durch die Gewässer nach Norden in die arktischen Gebiete, in die Bereiche der Arktos, um dort im Überirdischen bei seinen geliebten Hyperboräern zu verweilen. – Im Frühling aber erlebten die Menschen ihn in seiner dritten Natur, wenn er in ihr eigenes, irdisches Gebiet als Heiler zurückkehrte. Apollons Musik ist zugleich Heilkraft.

Schon die älteste griechische Kolonisation hatte zur Folge, daß der apollinische Kult wie kein anderer von den «Barbaren», namentlich von den Kelten, angenommen wurde. Eine zweite Welle seiner Verbreitung unter den Kelten wird bei der Berührung dieses Volkszusammenhanges mit Rom bemerkbar, das zwar selber bei seiner Gründung den Apoll noch nicht kannte, ihn aber später von den Griechen übernommen hat.

Am deutlichsten wird der Zusammenhang des durch die Bärin verbildlichten, des arktischen, Prinzipes mit dem orphisch-apollinischen bei Pythagoras, wo beides auftritt. Pythagoras wird von den Römern als Verbindungsglied gesehen zwischen keltischem Druidentum und griechischem Wesen. Für sie ist er sowohl druidischer wie orphischer Eingeweihter. Pythagoras ist eines der Zeugnisse dafür, daß sich sowohl die griechisch-orphischen Sänger wie die keltischen Barden von der gleichen Gottheit angeregt fühlten. Wenn Cicero in Pythagoras beides vereinigt empfindet, so ist er damit auch dann von einer Wahrheit berührt, wenn eine äußere Verbindung von Druidentum und dem Griechen von Kroton nie stattgefunden hätte. Die Gleichheit des geistigen Prinzips, das hinter dem Apoll und dem keltischen Gott stand, der dann in römischer Schrift «Belenus» oder ähnlich geschrieben wurde, ist die Ursache des Eindringens der griechischen und römischen Formen des Apollokultes. Belenus-Apoll trägt selbst noch in seiner Veräußerlichung während der römischen Herrschaft das Heilsprinzip, seine heilende Kraft, als vornehmste Gabe zu den Menschen.

Daß auf zahlreichen gallischen Münzen der Bär geprägt ist, während auf entsprechenden griechischen Münzen eine Gottheit des apollinischen Kreises – aber niemals die Bärengöttin – erscheint, ist eine Tatsache, die im Einklang mit der Entwickelung der zwei Gebiete steht. Im Keltentum lebten zu der Zeit, als die Kelten von außen her politische Formen aufnahmen, noch ältere Bilder, die bei den Griechen damals nur noch im Innern ihrer Mysterienstätten gepflegt wurden. Artus mit seiner Tafelrunde verharrt, wie sein Name verrät, selbst in christlicher Zeit noch im arktischen Kreis.

Im Zusammenklang mit diesen Verhältnissen steht es, daß Apollon Schutzgottheit Helvetiens wurde, nachdem Orcitirix, der einstige einflußreiche Verehrer der Bärengöttin, dem Lande nicht mehr seine Impulse gab. Stähelin vermutet, daß Biel seinen Namen von Belenus (Apoll) haben könnte.

Die Häduer, die Freunde des Orcitirix, die als politische Gottheit Diana, die Schwester des Apoll, erwählt hatten, erscheinen durch diesen Umstand als stärker vom Griechentum von Massilia (Marseille), wo die ephesische Diana herrschte, durchdrungen als die Helvetier. Daß aber die griechische Schrift auch in Helvetien eingedrungen war, wohin sie nur aus dem Kulturkreis Massilias gelangt sein konnte, bezeugt uns Cäsar.

Vielleicht ist der von Rom vereitelte Auszugsversuch nicht so ganz ohne Zusammenhang mit jenen religiösen Kräften gewesen, wie es uns als einem durch materielle Begründungen leicht zu befriedigenden Geschlecht erscheinen muß. Im südwestlichen Frankreich, dem vorschwebenden Ziel der Wanderung, erhielten sich die keltisch-druidischen Formen des Gottesdienstes noch Jahrhunderte in alter Lebendigkeit trotz der Gegenmaßnahmen Roms.

Möglicherweise gab die römische Unterwerfung des helvetischen Landes Anlaß dazu, daß bald danach die Unternehmung des Augustus gegen die rätischen Nachbarn der Helvetier und ihrer Schicksalsgenossen beschlossen wurde. Sie endete 15 v. Chr. nach harten Kämpfen mit der Einverleibung der ganzen Alpenbevölkerung in die römische Verwaltung.

Der seit der Eisenzeit äußerlich feststellbare, aber schwer zu begreifende Fluß in den Völkerschicksalen um den Gotthard herum kommt jetzt zu einer Jahrhunderte dauernden Erstarrung, aus deren Bild sich doch Bedeutsames ablesen läßt.

Die uralte Kulturgrenze zwischen östlicher und westlicher Schweiz mußte auch vom römischen Verwaltungsschematismus geachtet werden. Bis in die Äußerlichkeiten hinein unterschieden sich die Provinzialverwaltungen, die hier zusammenstießen. Schließlich, als unter Diokletian die letzte Regelung durchgeführt war, wurde der Gotthard Grenzpunkt von vier getrennten Verwaltungsbezirken.

Große Verwunderung muß es hervorrufen, daß der fünf Jahrhunderte dauernde Einschluß des Landes in das römische Weltreich eine so geringe Latinisierung zur Folge hatte.

Helvetien war sprachlich und in den Formen der Zivilisation allerdings in höherem Grade lateinisch geworden als das obere Rätien, die Raetia Prima. Aber im Untergrunde blieb es keltisch-gallisch. Es ist nur ein Symptom dafür, daß etwa die römische Kolonie Julia Equestris nach dem Rückzug der Römer – nach fünfhundert Jahren – wieder den keltischen Namen Noviodunum, der dann zu unserem Nyon geworden ist, annimmt. Westlich der Aare werden die lateinischen Inschriften, die sich nicht auf Militär und Verwaltung beziehen, seltener, sodaß man sich vorstellen muß, die einheimische Bevölkerung habe die römische Zivilisation nicht angenommen. Rätien lieferte zwar gute Soldaten in die römischen Hilfstruppen, aber es hinterließ keinerlei Anzeichen einer lateinischen Färbung seiner Kultur. Nachweisbar entstanden die rätoromanischen Dialekte erst nach der römischen Besetzung, in den Zeiten der christlichen Mission, in jenem Volksteil, der sich zwischen italienischem Vulgär-Latein und dem Alamannischen eine sprachliche Selbständigkeit erschuf und erhielt.

Trotz des Stillstandes der äußern Entwicklung bis zur Völkerwanderung ging unter der uns allein anschaubaren Kruste Wichtiges vor.

Die Ereignisse, die unmittelbar auf Neros Sturz (68 n. Chr.) folgten, waren auch für Helvetien schicksalbestimmend. Als es in den Wirren des Drei-Kaiser-Jahres 68/69 scheinen konnte, Helvetien müsse unter der Gewalttätigkeit der 21. Legion von Vindonissa und ihren rheinischen Verbündeten verbluten, brachte die Machtergreifung Vespasians die Wendung des Schicksals. Dieser Kaiser hatte, wenn die in Aventicum selbst lebende Überlieferung nicht täuscht, einige Jahre seiner Jugend in dieser Stadt, in der sein Vater Steuerbeamter war, verlebt, und vielleicht hat er sie dann deshalb zur Kolonie erhoben. Er nahm sich auch des übrigen Helvetiens in auffallender Weise an, vor allem befahl er die Versetzung der den Helvetiern verhaßten Legion. Seine unter ihm erfolgte Verlegung der Grenze über den Rhein hinaus befreite das Land für beinahe zwei Jahrhunderte von jeglicher Besetzung.

Bedeutsamer als das war für Helvetien wie für das ganze Imperium das Prinzip, das mit Vespasian auf den römischen Thron erhoben wurde und sich, mit Ausnahme des kurzen Unterbrechungsversuches durch Domitian, bis auf Marc Aurel zum Segen der Menschheit erhalten konnte.

Es wird wenig beachtet, wo die Wurzel dieser seltsamen Erscheinung liegt, daß eine ununterbrochene Reihe nicht nur äußerlich, sondern im Sinne der Menschlichkeit glänzender Herrscher mit Vespasian beginnt, Rom – und dieses ist damals die Welt – zu regieren.

Als hochgestellte und mächtige Würdenträger Vespasian in Alexandrien bestimmen wollten, sich den kaiserlichen Thron zu erwerben, wollte er sie nicht empfangen, bevor er nicht mit dem weitgereisten Weisen Apollonius von Tyana, dem Eingeweihten des Apoll, gesprochen habe. Er sucht diesen in einem Tempel auf und bittet ihn, an ihm die kaiserliche Weihe zu vollziehen. Apollonius sagt ihm: «Ich habe den Gott gebeten, nach halbhundertjähriger Tyrannei der Welt einen Imperator zu geben, der gerecht, grau und ein wahrer Vater ist.» Weiter verkündet der Weise dem Vespasian, daß er ihn zum Kaiser machen wolle und gab ihm bestimmte Ratschläge. Die Tempelworte sind naturgemäß nur in dürftiger Form überliefert, lassen aber doch erkennen, daß sie in den Prinzipien der Regierung der Flavier und Adoptivkaiser weiterlebten. Daß es sich um eine wirkliche, kultische Weihe, die dann weitergegeben wurde, handelte, kann man daraus entnehmen, daß Apollonius dem Vespasian, der ihn gebeten hatte, nach Rom zu kommen, erklärte, das sei nicht mehr nötig, da er nun auch bei körperlicher Abwesenheit bei ihm sei.

Für uns muß es wichtig erscheinen, daß eine apollinische Weihe auf dem römischen Thron wirksam wurde durch die Verbindung des Apollonius mit den Kaisern Vespasian, Titus und Nerva. Von Nerva aus ging diese Weihe durch die Adoption bis zum Jahre 180 wirksam weiter. Wichtig ist es deshalb, weil durch die große Verbreitung des Apollodienstes in der damaligen, von Rom beherrschten Welt – und besonders auch in Helvetien – gute äußere Wirkensmöglichkeiten dafür zubereitet waren. Die Blütezeit, die mit Vespasian beginnt, kann als Bestätigung dafür genommen werden.

In Helvetien und dem angrenzenden Rätien hat die Ruhezeit noch weiter gedauert, als in der Reichshauptstadt bereits wieder neronische Zustände eingetreten waren. Geborgen in der Ruhe konnte damals im Römischen Reich manches heranreifen, das dann später für die Aufnahme des Christentums wichtig wurde. Als dieses selbst anfing, von innen her die alten Formen zu wandeln, begann auch eine Macht wie eine Naturgewalt von außen her auf das Imperium einzuwirken: die Völkerwanderung. Ein von Persien bis Nordafrika ununterbrochener Bogen von sich bewegenden Völkerschaften beginnt nach der Mitte des III. Jahrhunderts auf das Imperium zu pressen. Jetzt hebt auch für das Gebiet der spätern Schweiz eine Zeit wechselvoller Geschicke an. Unter Diokletian, dem letzten großen und systematischen Verfolger des Christentums im Innern, werden nach außen die Grenzverhältnisse der augusteischen Zeit wieder hergestellt. Der Rhein wird von neuem Reichsgrenze und Helvetien Grenzland mit ständiger Besetzung. Trotzdem stellen sich die vergangenen ruhigen Verhältnisse nicht mehr her. Die Alamanneneinbrüche in Form von Raubzügen werden eine sich immer wiederholende Erscheinung.

Julian Apostata, der Vetter des Kaisers Konstantin, schien in zu später Zeit noch einmal in die Spuren des Apollonius-Vespasian treten zu wollen. Nach außen gelang es ihm, die gallischen Provinzen von den eingebrochenen Germanen zu befreien. Im Jahre 357 warf er die Alamannen durch einen entscheidenden Sieg bei Straßburg über den Rhein zurück, und wenig später säuberte er die Gebiete des Niederrheins von den sächsischen und fränkischen Eindringlingen.

Im Jahre 360 wird er von den westlichen Legionen zum Kaiser ausgerufen, und als er sich nach Überwindung seines eigenen Zauderns entschlossen hatte, die Würde mit allen Folgen anzunehmen, war er entschlossen, die altheidnischen Weihen von seinem Thron aus für die Kultur wieder wirksam zu machen.

Im Jahre 361 zog er von Augst aus ostwärts, ohne wiederzukehren: schon zwei Jahre später starb er, gegen Persien kämpfend, wie die Legende will, durch die Hand eines römischen Christen.

Seine Bestrebungen waren nicht mehr imstande gewesen, Bleibendes zu erzeugen, auch für unser Gebiet nicht.

Nach der Tradition der Genfer Kirche muß damals in dieser Stadt bereits eine Christengemeinde bestanden haben, denn am Tage der Ausrufung Julians, so will die Überlieferung, sei der Bischof der Gemeinde, Hormisdas, gestorben, als der Präfekt heidnische Opfer angeordnet hatte. Vielleicht wurde damals schon an der Stelle des alten Apollotempels (heute St. Pierre) christlicher Gottesdienst gehalten. Es kann kaum ein Zweifel darüber bestehen, daß schon zu Anfang des Jahrhunderts das Christentum, vom griechischen Massilia ausgehend, bis in die Genfer Zone vorgedrungen war. Nachweisbar ist die griechisch-christliche Strömung im untern Rhônetal seit dem II. Jahrhundert, und die Genfer Tradition knüpft daran an, indem sie behauptet: «Genevensis ecclesia a discipulis apostolorum Parocado ac Dionysio fundata Viennensibus episcopis.» Der Paulusschüler Dionysios Areopagita soll Mitbegründer der Genfer Kirche sein. Wenn man die Tradition auch nicht wörtlich im heutigen Sinn nehmen kann, so ist sie doch wichtiger Hinweis auf die Geistesrichtung dieser Frühkirche. Wichtig ist ebenso die Notiz, daß zu Anfang des IV. Jahrhunderts die letzten keltischen Opfer an einem bestimmten Stein in Genf abgeschafft worden seien. Also in unmittelbarer Nachbarschaft von Lugudunum-Lyon, dem Zentrum des römischen Gegenkultes, hielt sich das druidisch-keltische Wesen noch so lange. Wie weit mit der griechisch-südfranzösischen Richtung in Zusammenhang die ersten, durch die gallische Tradition festgehaltenen sechs Bischofssitze zwischen Genf und Vindonissa zu denken sind, ist nicht auszumachen. Die Titulaturen lassen auf gallikanische Kirchenform schließen. Da die Tradition in Zeiten zurückgreift, in denen noch keinerlei zentrale Organisationen durchgegriffen haben, ist auch über den Umfang der christlichen Gemeinden dieser Orte durch die Überlieferung nichts ausgesagt. Ein Bischof war damals einfach Vorsteher einer selbständigen Gemeinde.

Auch gingen über alle diese Orte, für die bereits für den Anfang des VI. Jahrhunderts das Bestehen von bischöflich geleiteten Christengemeinden überliefert ist, solche Stürme nach der Mitte des gleichen Jahrhunderts, daß nur für Genf eine innere und äußere Kontinuität denkbar wäre. Denn damals brach auch das äußere Werk des Apostaten zusammen. Unmittelbar nach dem im Jahre 454 erfolgten Tode des letzten römischen Verteidigers der Rheingrenze, Aetius, brechen die Alamannen in die helvetischen und oberrätischen Gaue ein. Zunächst bewahren die Einbrüche noch den Charakter von Raubzügen und führen erst im Laufe der folgenden Jahrhunderte zur allmählichen Besitzergreifung und Beherrschung des Landes.

Schon vor dieser Bewegung, die stoßweise von Norden und Nordosten südwärts drang, hatte eine ganz anders geartete in entgegengesetzter Richtung ihren Anfang genommen. Durch Landanweisungen waren die vom Niederrhein gekommenen Burgunder Beherrscher eines Teiles des Rhônetales südlich von Genf geworden. Von da aus drangen sie talaufwärts steigend in genferisches und dann in helvetisches Gebiet ein und verbreiteten sich allmählich innerhalb der späteren Westschweiz bis an die Aare heran. Sie wurden durch vertragsmäßige Abtretungen der fühern Besitzer Eigentümer eines Teiles des Kulturlandes mit den dazugehörenden Unfreien. Aber auch die tatsächliche Herrschaft über das ganze so durchdrungene Gebiet fiel ihnen zu.

So kam es, daß sich wieder an der Kulturgrenze, die seit uralten Zeiten durch die spätere Schweiz ging, zwei völlig verschieden geartete Völker begegneten und sich gegenseitig zu durchdringen begannen. Aber auch da, wo Sprache und politische Einrichtungen sich einander völlig angeglichen haben, sind bis auf unsere Tage gewisse Eigentümlichkeiten in der Architektur und intime Gewohnheiten in den landwirtschaftlichen Handgriffen aus jener Zeit im Osten und im Westen am Boden haften geblieben.

Die Alamannen waren ein Volk, das seit seinem Auftreten die stärkste Abneigung zeigte, sich mit fremdem Wesen einzulassen. Bei der großen Auseinandersetzung Roms mit den Hunnen finden wir dieses Volk weder auf der einen, noch auf der andern Seite, obwohl sein damaliger Lebensraum nicht außerhalb des Bereiches dieser Auseinandersetzungen lag. Auch gegen alles von Rom durchdrungene Zivilisatorische richtete sich die alamannische Abneigung. Städte und Castra wurden, wo die alten Alamannen hinkamen, zerstört, und selbst innerhalb der Trümmer vermieden sie es, neue Wohnstätten zu bauen. Sie siedelten sich außerhalb der Trümmer, womöglich sogar auf jungfräulichem Boden an. Daher kommen die ungezählten Namen von Dörfern, Dorfteilen und Fluren in der alamannischen Schweiz, die auf Ausreutung und Brand zurückgehen. Nur etwa ein Zehntel der Ortsnamen knüpft an ältere, römisch-keltische Benennungen an. Selbst für den burgundischen Teil sind die Alamannen die Zerstörer der alten Städte und Befestigungen.

Im Einklang mit diesem gegen die Stadtkultur gerichteten Trieb war ihre Zähigkeit im Festhalten des eigenen Dialektes und der in die Geschichte hineingetragenen Sitten. Der Stamm der Alamannen hatte auf dieser Stufe von allen Germanen am meisten die Festigung des eigenen Volkswesens schon auf das Individuum des einzelnen Volksangehörigen übertragen. Von keinem Stamm sind so geringe Unterschiede im sogenannten Wergeld bekannt. Hörige, Gemeinfreie und Edle unterscheiden sich im menschlichen Wert nur wenig für das Bewußtsein des Alamannen, während die übrigen Germanen noch außerordentliche Sprünge in den Wergeldordnungen haben. – Die Silbe «Wer» ist dasselbe wie das «War» (Ware) in den Ausdrücken Warangen, Waräger und bedeutet da wie dort ungefähr «Vertrag im wirtschaftlichen Sinn». Durch das Wergeld wird die Blutrache bei Totschlag in eine wirtschaftliche, in eine Warenangelegenheit umgewandelt, die je nach dem gesetzlich festgelegten Wert des Getöteten größern oder kleinern Umfang hat.

Die Gemeinde, die Versammlung der freien Männer, ist die bestimmende soziale Gewalt. Aus ihr geht der Herzog hervor.

Zu allen diesen Eigenschaften steht das burgundische Wesen im Gegensatz. Das Volk wird noch von gebürtigen Königen beherrscht, die hoch über dem Gemeinen stehen, und zwischen frei und unfrei ist die Kluft noch groß. Die Burgunder lassen sich Kulturland, Gehöfte und Sklaven übertragen und leben sich in Vorgeformtes hinein. Ihre Könige schlagen die Residenz in alten Städten mit römischer und hellenischer Kultur auf. Das ganze Volk, soweit es in das römische Gallien einging, durchdringt sich mit fremdem Wesen.

Eine diesem Volk ähnliche innere Verfassung haben die Ostgoten, die einige Zeit nach den Burgundern in die spätere Schweiz eindringen. Theoderich, Dietrich von Bern, der große Ostgotenkönig, den die Sage am Hofe Attilas mit den Burgundern zusammenführt, trifft sich auch auf dem Boden der späteren Schweiz mit den Burgundern vom Niederrhein. Er tritt mit dem burgundischen Königshaus in verwandtschaftliche Beziehungen, und während im Westen des Landes das zerstörte Genf durch Gunobad, den König der Burgunder, wieder aufgebaut wird, läßt Theoderich im Osten das abgebrannte Chur aus den Trümmern neu erstehen. Das obere Rätien war mit Italien in die Hand der Ostgoten gelangt, und diese verteidigten sich später in den rätischen Bergen am zähesten gegen die byzantinischen Heerführer. Trotzdem ist die Ostgotenzeit aus der lebendigen Erinnerung der Räter bald geschwunden, woraus allerdings nicht geschlossen werden darf, daß dort nichts weiterlebt von der ostgotischen Geistigkeit, von der wir uns heute noch einen Schimmer in S. Apollinare Nuovo von Ravenna zum Bewußtsein bringen können.

Ein dritter Germanenstamm noch drang dann im VI. Jahrhundert von Süden her über die Alpenwälle; die Langobarden. Auch dieses Volk hatte sich mit orientalischen und römischen Kulturinhalten durchdrungen und war bestimmt, wie Burgunder und Ostgoten, als Volk darin unterzugehen. Außer dem Tessin und vielleicht Uri hat wohl kein Teil der späteren Schweiz langobardische Substanz aufgenommen.

In einem ganz andern Verhältnis zu dem schweizerischen Gebiete als diese vier Stämme stehen die Franken, welchen die politische Herrschaft über alle von jenen durchdrungenen Gebiete zufiel. Sie wurden für das Land nach der Völkerwanderung das gleiche, was ihm vor dieser die Römer gewesen waren. Eigentliche Volkssubstanz kam durch sie nicht hinein, aber es wurde von der Karolinger Zeit an mit zahlreichen fränkischen Verwaltungsbeamten durchsetzt.

Die drei südlichen Stämme bilden auch in religiöser Hinsicht eine Art Gegensatz zu dem nördlichen. Die südlichen waren alle drei beim Betreten des schweizerischen Bodens arianische Christen. Da die Burgunder die Genfer Christen als Brüder ansprachen, möchte man annehmen, auch die dortigen gallischen Christen seien zu der Zeit Arianer gewesen. Gewiß ist, daß die katholische Seite gegen Arianismus und Manichäismus im Rhônetal zu kämpfen hatte.

Die Alamannen brachten noch ihren alten, heidnischen Glauben mit. Der Stamm war der Verwalter des Ziukultes. Ziu war also der Hauptgott der Alamannen, dem zu Ehren wir noch unsern «Zischtig» bewahrt haben.

Die Durchdringung des von den Römern zurückgelassenen Keltentums mit dem alamannisch-heidnischen und burgundisch-arianischen Wesen ergab den Boden, auf dem das junge Christentum sich in der Folge entfalten sollte.

Die wirksamsten Ausgangspunkte der christlichen Mission in der Schweiz müssen in recht fernen Gebieten gesucht werden. Die Tradition sieht den einen Ursprung im Südosten, in der ägyptischen Thebäis, während die exakte Wissenschaft den andern im Nordwesten, in Irland und den schottischen Inseln sehen muß.

Unbekümmert um die Schwierigkeiten der späteren, wissenschaftlichen Festlegung der Tatsachen haben sich die Heiligtümer und Legenden der bei Agaunum, dem heutigen St. Maurice, hingeopferten thebäischen Legion von der Opferstätte aus nach allen Seiten verbreitet, aber besonders das ganze Gebiet der spätern Schweiz durchdrungen. Dieses ist in so hohem Maße geschehen, daß Dierauer aus sachlichen Gründen schließt, die Wege der thebäischen Märtyrer in der Schweiz seien überhaupt die Wege der Ausbreitung des Christentums im Lande.

Dem widerspricht die Tatsache, daß ebenso zahlreiche Legenden und noch viel zahlreichere Klöster und sonstige Heiligtümer, die in der irischen Mission verwurzelt sind, das gleiche Land durchdringen. Kaum ein Fleck der heutigen Schweiz blieb unberührt von den frühchristlichen, nach dem Kontinent gekommenen Iren oder ihren unmittelbaren Schülern.

Der erste, noch ganz im unhistorischen Legendenbereich bleibende heilige Viator aus Irland, der unser Land einmal durchzogen hat, ist der heilige Fridolin. Er wanderte, der damaligen Sitte gemäß, von Heiligtum zu Heiligtum seines geistigen Patrons, des St. Hilarius. Diese Wanderung führte ihn in das Tal Glarus (d. i. Hilarius), wo sein Wirken die treuesten Anhänger fand. Die Glarner erkämpften neun

Jahrhunderte später unter seinem Bilde die Freiheit, als sie, nach ihrer Überzeugung durch seinen Geist, reif genug gemacht worden waren, sich von der Vormundschaft der einstigen klösterlichen Gründung ihres Patrons, Säckingens, und der habsburgischen Vögte des Klosters, zu lösen.

So weit der äußere Lebensgang in Frage kommt, ist eine zweite für die Schweiz schicksalbestimmende Gestalt aus der iroschottischen Frühkirche schon geschichtlich anschaubar. Es ist Columban der Jüngere, der gegen Ende des VI. Jahrhunderts von Bangor in Wales nach Austrasien kam und zwei Jahrzehnte in den südlichen Vogesen wirkte. Den größten Ruhm von seinen dortigen Gründungen erwarb sich Luxeuil, das in weitem Umkreis das aufgenommene Licht verbreitete. Mit Luxeuil im Zusammenhang, zum Teil durch Schüler des Columban selbst, sind zahlreiche frühchristliche Stätten der Westschweiz, darunter St. Ursanne, St. Imier, Moûtier-Grandval, Romainmôtier und Château d'Oex. Die Frühgeschichte der Bistümer Basel und Lausanne führt ebenfalls in den Geistesbund von Luxeuil hinein.

Aber Columban wurde vom Schicksal ausersehen, auch in der späteren Ostschweiz zu wirken. Doch da waren ganz andere Widerstände zu überwinden als im burgundischen Westen. Seine Missionsversuche am linken Zürichseeufer brach er wieder ab, um sich einem andern Seeufer zuzuwenden, dem obern Bodensee in der Gegend des heutigen Arbon.

Doch gingen die von ihm gepflanzten Keime, wenn auch langsam, bei seinen verlassenen und widerspenstigen Schützlingen von Tuggen am Zürichsee dennoch auf. Nach seinem Tode nahmen die Seeleute die Verbindung mit der letzten Gründung Columbans, mit Bobbio bei Pavia, auf und zeigten sich als eifrige Verehrer seines Geistes. Am Bodensee griff Columban in den Wirkungskreis des keltischen Heiligtums Brigantium (Bregenz) hinein und wandelte es im christlichen Sinne um. Sein Schüler Gallus, durch merkwürdige Umstände von seinem Lehrer getrennt, wird Initiator einer ganz neuen Kulturstätte auf – wie die Legende ausdrücklich hervorhebt – «noch wüstem und jungfräulichem Boden», des später zu Weltruhm gelangenden St. Gallen.

Columban selbst steigt rheinaufwärts und läßt in Disentis einen andern Schüler, Sigbert, zurück, der ebenfalls in einer Wildnis ein Gotteshaus begründet, die Urzelle des heute noch blühenden Klosters.

Einige Columban-Kapellen der Gebirgsgegenden, wie die von Andermatt und die von Faulensee, bezeugen bis auf unsere Tage, wie tief der Geist des Heiligen ins Innere der Schweiz hineingewirkt hat.

Von größter Bedeutung für die Innerschweiz wurde aber die Missionstätigkeit, die von der Legende mit der Gestalt des heiligen Beatus verbunden wird. Nach der Überlieferung ist der von Irland gekommene Heilige lehrend durch den Aargau, dann durch Schwyz und Unterwalden gezogen und überstieg nachher den Brünig. Von Interlaken aus wird er zu der Drachenhöhle am Vandalsee (Wendelsee, Thunersee) geführt. – «Vandal» muß bei den Kelto-Germanen mit ähnlichen Vorstellungen verbunden gewesen sein wie «Atlantis» bei den Griechen. (Es ist vielleicht kein Zufall, daß die Vandalen sich am atlantischen Gebirge, dem Atlas, niederließen). – Nach der Überwindung des vandalischen Drachen durch den Heiligen wird die Höhle zum Zentrum der christlichen Mission des Oberlandes.

Unbestreitbar fließt dies zusammen mit der Honauer Tradition von der Begründung Beronias.

Honau, auf einer heute nicht mehr existierenden Rheininsel, war ein iro-schottisches Kloster. Wie sein Schwesterkloster auf dem heutigen Odilienberg war es dem Geiste nach irisch und den Gütern nach eine Gründung der Ethikonenfamilie. Im Jahre 721 hatte ein Bruder der heiligen Odilie, also ein Sohn des berühmten Ethiko, eine Michaelskirche auf der Insel gegründet und für die irischen Mönche die nötigen Wohnstätten gebaut. Von diesem Gotteshaus aus gingen in der Folge verschiedene Tochtergründungen, die Jahrhunderte nach dem Untergange Honaus noch die Urverbindung miteinander aufrecht hielten. Nach den Forschungen Gelpkes ist eine von diesen das alte Beronia, eine Stiftung Beros, des Enkels jenes Ethiko. In Bero hat man den Ahnherrn der Grafen von Lenzburg zu sehen. Diese treten erst mit einem andern Bero, der zugleich der Letzte des ursprünglichen Lenzburger Geschlechtes ist, in die dokumentierte Geschichte hinaus. Dieser letzte Bero gründete an der Stelle des ursprünglichen Gotteshauses des heiligen Michael die «ecclesia canonicorum Beronis Münstere», Bero-Münster.

Wie Beronia war auch das zum Hof Luzern gehörende Gotteshaus die Gründung eines elsässisch-irischen Klosters und mit der gleichen Missionsaufgabe in der Innerschweiz wie jenes betraut. Es erfuhr sogar ein ähnliches Schicksal innerhalb der Geschichtsbücher: Wie man die Gründung des letzten Bero zu einer Urgründung gemacht hat, so hat man die Bestätigung des alten Rechtsverhältnisses von Murbach und Luzern durch Pipin den Kurzen zu einer Schenkung umgedichtet.

Selbst wenn man es ablehnen wollte, die Forschungen Gelpkes nachzuprüfen, die ihn dazu führen, in der Gestalt des Honauer Abtes den Geist wiederzufinden, der im Berner Oberland gewirkt hat, und dessen Züge wir in der alten Legende wiederfinden, müßte man zugeben, daß es die Geistesverwandtschaft zwischen der Oberländer Mission und den irischen Ethikonengründungen ist, was ihn auf die Spuren führte.

In allen Einzelheiten finden wir in dem Legendenkreis die Prägung des kelto-irischen Christentums wieder. Dieses hat dann vom Berner Oberland aus die Wege ins Wallis gefunden.

Noch andere iro-schottische Gestalten treten in die Reihe der Schweizer Missionare, wie St. Luzi, St. Pirmin, St. Fintan, die alle durch die Legende mit Irland verbunden werden.

So war das ganze Gebiet der spätern Schweiz von jener Richtung des Frühchristentums durchdrungen, die am reinsten im irischen Keltentum herausgebildet worden war. Was uns aber als wunderbar erscheinen muß, ist die Tatsache, daß die andere Strömung, die an Ägypten anknüpfte, für das damalige Bewußtsein genau so das ganze Gebiet durchdrang. Die Bilder der Thebaner Legende, die Reliquien der Märtyrer von St. Maurice und der Agaunensische Kult durchkreuzen die Wirkungsbereiche der Iro-Schotten. Dieses ist der ernstesten Beachtung wert, da es sich um die denkbar größten Gegensätze innerhalb der frühchristlichen Welt handelt, die sich hier gegenseitig befruchtet und durchdrungen haben.

Im Mittelpunkt der einen Strömung stand das zum Zeugnis Christi dargebrachte Blutopfer einer ganzen Legion. Schon die früheste Aufzeichnung der Legende, die von einem Besucher des Coenobium von St. Maurice, einem gallischen Bischof, aus dem Jahre 450 erhalten ist, spricht von 6600 Hingeopferten. Die Zahl 66 ist dann fast immer verbunden mit den Teillegenden.

Im Zentrum der andern Strömung stand ganz anderes. Die Reinigung von Inseln oder wüsten Orten von Schlangen, Dämonen und anderem Ungeziefer, sowie der Drachenkampf sind im Zentrum der Bilder der irischen Legende auf Schweizerboden. Diese Bilder weisen auf die Richtung des Geistesweges, der ebenso deutlich aus allen Einzelheiten der Regel, nach der die irischen Mönche lebten, erkennbar wird.

Nicht die Hinopferung des Blutes, sondern dessen Reinigung, die Katharsis, die strenge unerbittliche Selbsterziehung, das Würdigmachen der eigenen Individualität zur Aufnahme des christlichen Geistes, ist Ziel des irischen Weges.

Die thebäische Richtung opfert das eigene Leben, damit der christliche Geist auf der Erde einziehen kann. Die irische Richtung steigert das eigene Leben durch Selbsterziehung zum Opferdienst in der Welt und will selbst das Christentum in diese hineintragen.

Im Mittelpunkt des Kultes von St. Maurice stand der ewige Hymnus. Fünf Chöre von je hundert Mönchen lösten sich zur Zeit der höchsten äußeren Blüte des Klosters im Psalmodieren ab, sodaß das gesungene lebendige Wort Gottes Tag und Nacht an der heiligen Stätte nie verstummte. – Vielleicht stammt dieses Element von den Burgundern, die keltisch-druidische Ordnungen mitbrachten.

Wenn wir in den Zeiten rückwärts steigen, so finden wir in den Heiligtümern der Menschen das ewige Licht, das ewige Feuer, das ewige Gedächtnis – in gewissen ägyptischen Mysterien durften bestimmte göttliche Weisheiten nie aus dem lebendigen Gedächtnis der Priester schwinden – und noch weiter zurück das ewige Wort im Zentrum einzelner Mysterien.

Alte Vergangenheiten erwachen durch den Thebäer Kult zu verwandeltem, erneuerten Leben. Eine neue, auf das Individuelle gegründete Zukunft will das keltisch-irische Bestreben schaffen. Das christliche Element ist die Substanz, die beides ermöglicht und miteinander verbindet.

Ermessen, was sich darin in der Stille der Täler um den Gotthard herum abgespielt hat, wird man vielleicht dann, wenn man bedenkt, daß gleichzeitig im weitern Umkreis unendlicher Zank und Streit um viel geringerer Gegensätze willen entbrannt war, als die es sind, die sich hier im Frieden ineinanderlebten. Ja, es mischten sich noch andere Richtungen der frühen Auffassungen des Christentums in das Ganze des geistigen Prozesses hinein. In Genf wirkte das paulinisch-griechische Element und in Chur das ambrosianisch-orientalische von Mailand her.

Das Staunen des Beobachters dieser einzigartigen Entwicklung wird sich noch steigern beim Gewahrwerden der Tatsache, daß sich die geistigen Richtungen, die sich hier vereinigten, hineinlebten in eine Volkssubstanz, die wie jene gesetzmäßig zusammengeflossen war.

Während sich in der umliegenden Nachbarschaft die Bewegungen der Völkerwanderung wie eine undurchschaubare Wirrnis ausnehmen, strömten am Gotthard die germanischen Völkerschaften gesetzmäßig auf uralten Bahnen in die von der Römerherrschaft befreiten Kelten hinein und trugen ihre gegensätzlichen Anlagen und die Früchte ihrer Wanderschicksale hier zusammen. Das junge Christentum wählt sich die gleichen Bahnen, stärkt durch seine Kraft die Eigenarten, die sich ausbilden wollen, und vereinigt durch seinen Geist eine Vielheit, die auf jener Stufe noch kein Bewußtsein von dem tatsächlich gemeinsamen Schicksal haben konnte.

Im Südwesten, in St. Maurice, bildete sich ein Zentrum des Frühchristentums, das durch das Bild des verströmten Opferblutes einer ganzen Legion über das Land hinwirkte.

Im Nordwesten, in St. Gallen, erstand ein anderes Zentrum, das den Geist des ebenso über das Land verbreiteten iro-schottischen Christentums durch Jahrhunderte hochhielt. Reinigung des eigenen Wesens und kräftigstes Ergreifen der Aufgaben des Schicksals, das Aufsichnehmen des eigenen Kreuzes, um es zu wandeln, liegt im tiefsten Sinn dieses Geistes.

Wie eine Imagination des Zusammenwirkens der zwei durch das Frühchristentum dem Lande eingepflanzten Grundkräfte nimmt sich das weiße Kreuz im roten Feld aus, das später einmal das Zeichen werden sollte, unter dem sich die verschiedenartigsten örtlichen und einzelmenschlichen Individualitäten des Landes vereinigten.

Aber wie wir zukunftwärts die größten Bilder der Geschichte im Einklang finden mit dem Geiste, der aus der Legende spricht, so finden wir auch in der Vergangenheit schon in klaren Linien in allem Geschehen um den Gotthard herum ein Schicksal vorgezeichnet, das in frühchristlicher Zeit die Kraft zur Erfüllung empfing.

Die geistige Schweiz, die später die politische Schweiz als eigenartiges Wesen aus sich herausgebären sollte, lebte und wirkte seit Jahrtausenden im Umkreis des Gotthardgebirges.

KEIME UND WURZELN DER EIDGENOSSENSCHAFT IN FRÜHCHRISTLICHER ZEIT

Als nach dem Tode des Königs Childerich im Jahre 481 bei den salischen Franken die Zeit der Königswahl herannahte, fühlte sich Chlodwig, der Sohn des Toten, in so hohem Maße geeignet, das verlassene Amt zu übernehmen, daß er seine Erhebung nicht dem undurchsichtigen Walten des Schicksals überlassen wollte.

Um den Schicksalswillen mit dem seinigen in Übereinstimmung zu bringen und die Volkswahl mit mechanischer Sicherheit auf seine eigene Person zu lenken, erfand er ein wirksames Mittel. Er ließ alle Männer des salischen Stammes, die durch Geburt und Alter befähigt waren, die Würde des Stammeskönigs zu erlangen, durch Meuchelmord aus dem Gesichtsfeld der Wahlversammlung schaffen. König geworden, erachtete er es als nützlich, die begonnene Aktion auf alle Edeln der Salier auszudehnen, die Verdacht erweckten, durch ihre Machtmittel seine Geschäfte stören zu wollen. Schließlich griffen seine vorsorglichen Maßnahmen auch auf die an den Ufern des Niederrheines sitzenden ripuarischen Stammesbrüder über.

Nach alter Anschauung hatten solche Vergehen gegen das eigene Blut, ja der Meuchelmord überhaupt, die Wirkung, den Täter abzuspalten von seinem Zusammenhang mit den Ahnen und den Asen. Im Norden nannte man die Wirkung bildhaft «die Trennung vom Sonnenstrand». Die ungesühnte Bluttat bannte den Schuldigen aus dem Geisteskreis, den seine Blutgemeinschaft verehrte. Es blieben nur die vererbten Eigenschaften mit seinem Wesen verbunden, nicht mehr aber die Geister der Stammesväter, von denen sie herkamen, und die Götter, welche sie weiterbildeten. Nachdem Chlodwig keinen Ebenbürtigen mehr hatte, war auch kein Richter mehr da, der eine gerechte Sühne und eine Wiedervereinigung hätte vollziehen können.

Chlodwig brach darüber in bittere Klagen aus wider das Schicksal, das ihn einsam gemacht habe.

Aus unsern, heutigen Lebensgesetzen entspringenden Anschauungen heraus, kann man den klagenden Chlodwig nur als Heuchler beurteilen. Erst wenn man bei den antiken Tragikern in die Schule geht, wird man begreifen können, daß die Stimmung, aus der die

Klage erfloß, durch die tatsächliche Verlassenheit erzeugt war, die durch seine Schuld über ihn kommen mußte.

Doch seine Taten führten ihn zu Prinzipien, die an die Stelle des Verlorenen treten sollten. Sobald er sich genügend stark fühlte, wandte er seine vorerst im Innern des Frankentums wirkende Tätigkeit nach außen. Eine der ersten und bedeutsamsten nach außen gerichteten Unternehmungen war die Überrumpelung des letzten in Gallien übrig gebliebenen Stückes des Römischen Reiches. Bis jetzt hatte dieses allen Stürmen der Völkerwanderung standgehalten. Nun mußte aber der letzte römische Statthalter der gallischen Provinz, Syagrius, fliehen, und als er gefangen vor den siegreichen König der Franken geführt wurde, ließ ihn dieser totschlagen.

Das gesamte eroberte römische Staatsland nahm Chlodwig in persönlichen Besitz, verlieh und verwaltete es nach eigenem Ermessen. Damit war mit der altfränkischen Übung gebrochen, gewonnenes Land unter die Stammesgenossen zu verteilen. Römische Eigentumsbegriffe nahmen ihren Einzug in das Frankentum.

Zu Unrecht wurde es in der Geschichtsschreibung Sitte, den nun eroberten, um Paris herum gelegenen Überrest des alten Rom als das Reich des Syagrius zu bezeichnen. Syagrius hatte sich bis zu seinem Unglück als Statthalter des römischen Kaisers betrachtet. In der Tat wurde, sobald die Meldung der Eroberung nach der oströmischen Residenz des Kaisers gelangt war, der neue Regent zum Konsul und Patricius von Rom erhoben. Chlodwig war also in ein Gebiet hineingetreten, für welches der universelle Herrschaftsanspruch Roms von innen und von außen noch ungebrochene Anerkennung und Geltung hatte.

In dieses Gebiet hinein versetzte Chlodwig seine Residenz. Die vorgefundenen politischen Prinzipien fingen bald an, die mitgebrachten keltisch-germanischen Organisationsformen zu durchsetzen: Der Urtypus des germanischen Bauernhofes wird Grundform der Staatsverwaltung. Der Altknecht (Seneschalk, Majordomus) wird oberster Verwalter des Rechtswesens, der Mährenknecht (Marschalk) wird Verwalter des Heereswesens und Vertreter des Königs im Kriegsdienste, der Kämmerer wird Verwalter der Naturalsteuern, und der Schenk ist äußerlich Vorsteher des Kellers am Hofe. Der Hofdienst beginnt in ähnlicher Weise die soziale Stellung der Amtsinhaber zu bestimmen, wie es einmal der Mysteriendienst getan hatte. An die

Stelle der erblichen Ämter in der Verwaltung von Heiligtümern, bei den Opfern und andern kultischen Handlungen, trat mehr und mehr der Dienst am Hofe. Der Königsdienst hob die soziale Stellung, wie es früher der priesterliche getan hatte. In dieser Beziehung trat das römisch gefärbte politische Element an die Stelle des religiösen.

Chlodwig, nachdem er an die Stelle des römischen Prokonsuls getreten war, begann einen wahren Wolfshunger zu entwickeln. Stück um Stück des umliegenden germanisch gewordenen Galliens entriß er den neuen Herren, um es dem eigenen Reich einzuverleiben. Dieses unersättliche Verschlingen brachte ihn gegen das Ende des Jahrhunder s in gefährliche Konflikte mit den Alamannen, die in den obern Rheingegenden saßen. Die Not soll den König veranlaßt haben, die Kräfte der von christlichen Priestern seiner Umgebung verkündeten Gottheit gegen seine Feinde zu versuchen. Als sein Sieg über die Alamannen ihm die Kraft dieses Gottes zu erweisen schien, nahm er mit einigen Tausend Franken die katholische Taufe. Dieses geschah im Jahre 496 bei Reims durch den Bischof Remigius. Also auch dieser wichtige Akt vollzog sich innerhalb der Grenzen des altrömischen Gebietes, das er dem Syagrius abgenommen hatte. Wichtig wurde das Ereignis nicht deswegen, weil sich das Wunder einer Verchristlichung vollzogen hätte, sondern weil die Verbindung mit Rom nun eine zweifache geworden war: zur politischen trat jetzt noch die kirchliche. Das Christentum wurde allerdings vorerst nur als eine Variation des Heidentums aufgefaßt, wie bei vielen ähnlichen Bekehrungen.

Aber dennoch ist die Wendung von allergrößter Bedeutung für die Zukunft geworden.

Von nun an trat eine Spaltung ein in der Entwickelung des fränkischen Stammes, und diese Spaltung mußte später auf die ganze germanische Welt übergehen, soweit sie den Franken und ihren Nachfolgern untertan wurde.

Chlodwig entstammt als Merovinger einer druidisch-priesterlichen Familie, wie alle des Königstums fähigen Edlen der germanischen Stämme. Noch bei den Normannen war man durch Geburt Konung, man erbte diesen priesterlichen Rang. Aus den sehr zahlreichen gebürtigen Königen wurden die Herrscher über ein Gebiet oder ein Volk und die königlichen Träger bestimmter Ämter herausgewählt.

Bei Chlodwig trat bereits beim Antritt des Herrscheramtes ein Bruch mit der Vergangenheit ein. Dieser wurde im Laufe der Regierung tiefer und deutlicher, indem nur die Organisationsform des alten Druidentums bewahrt, aber dessen Geist durch Prinzipien des römischen Imperiums und der werdenden Kirche ersetzt wurde. Die Spaltung im Wesen des Frankentums, die sich dadurch ergab, hat ihren Grund darin, daß ganz besonders das Volk, die gemeinfreien und servilen Stände, aber auch viele Adelsgeschlechter, den Schritt des Königs in ihrem Wesen nicht mitmachten. Wir beobachteten noch durch Jahrhunderte, wie dort festgehalten wurde an alten Sitten – nicht bloß an Formen – und wie das Christentum langsam, und vielfach von ganz andern Seiten herkommend, Eingang fand. Das langsame Eindringen hatte ein gleichzeitiges Wandeln der alten Formen zur Folge, während bei der regierenden Schicht die rasche äußere Umstellung kein inneres Wachstum, sondern die Tendenz zur Erstarrung in sich hatte. Zwei Tatsachen müssen für die Folgezeit ins Auge gefaßt werden für alle Zusammenhänge, die mit dem alten Frankenreich zu tun haben: Eine Oberschicht überlagert eine Volkssubstanz, die ganz andere Gesetzmäßigkeiten aufgenommen hat als jene. Weil aber die Historiker nur eine Entwickelung, nämlich die der regierenden Kruste des ganzen Organismus, ins Auge fassen, muß aus der geschriebenen Geschichte das beherrschte Volkswesen verschwinden und zwar in höherem Maße als in der Geschichte der Antike.

Das Gebiet der spätern Schweiz wurde erst nach dem Tode Chlodwigs in spürbarer Weise in diese Verhältnisse hineingezogen, obwohl schon zu seinen Lebzeiten Alamannen wie Burgunder durch ihn einen Teil ihrer Selbständigkeit verloren hatten. Die Alamannen am Oberrhein wollten sich vor der drohenden Unterwerfung durch Chlodwig retten, indem sie sich in den Schutz Theoderichs des Großen begaben, dessen Reich sich dadurch bis zum heutigen Basel erweiterte. Aber im Jahre 536 mußte der damalige Herrscher der Ostgoten, Vitiges, sowohl das rätisch-alamannische Gebiet wie die Provence an die Franken abtreten. Schon zwanzig Jahre vorher war der burgundische König Sigismund durch die Franken aus dem von ihm neugegründeten Kloster St. Maurice im Wallis herausgerissen und bei Orléans mit seiner Familie in einen Brunnen geworfen worden. Die Ursache dieser Tat und der damit verbundenen burgundischen Unterwerfung will man in einem Familienkonflikt sehen.

Weder die Einverleibung der Burgunder, noch die der Alamannen in das von den Söhnen Chlodwigs beherrschte Gebiet hatte für diese Stämme in den Anfängen tiefgreifende Folgen. Die Alamannen behielten ihren Stammesherzog, und die Burgunder erhielten einen eigenen Patricius. Dadurch war die Fortbildung der rechtlichen Eigenart der zwei Hauptstämme zwischen Jura und Alpen zunächst gewährleistet. Daß aber eine andere Gefahr mehr im Vordergrund stand, zeigte sich schon unter Chlodwig. Dieser begann bereits, seine kriegerischen Unternehmungen damit zu begründen, es sei seine Pflicht als rechtgläubiger Christ gegen die arianischen Germanen vorzugehen. Schon zu seinen Zeiten erhoben sich katholische Bischöfe des burgundischen Reiches gegen das arianische Königshaus in der Hoffnung, von den Franken geschützt zu werden.

Die Gefahr der gewaltsamen fränkischen Einmischung in den Gang der christlichen Mission unter den noch heidnischen oder aber arianisch gesinnten Völkern nahm ernstere und bestimmtere Formen an, als am Ende des VI. Jahrhunderts einer der größten Geister, die jemals den Stuhl Petri eingenommen haben, zum Papst erhoben wurde. Es ist der einem der angesehensten und reichsten Geschlechter Roms, den Aniciern, entstammende Benediktiner, der 590 als Gregor I., mehr durch äußern Zwang als durch eigenen Willen, das Amt des römischen Bischofs antrat. Zu seiner Zeit unterstand Rom noch dem in Byzanz residierenden Kaiser, und sein Bischof bedurfte der kaiserlichen Bestätigung. Gregor war bereits als Mönch zweimal in der Eigenschaft eines päpstlichen Legaten in Byzanz gewesen und hatte erkennen müssen, daß seine Bemühungen nutzlos blieben, den Abgrund, der sich zwischen östlicher und westlicher Kirche immer mehr auftat, zu überbrücken. Nach seinem Amtsantritt beginnt er sofort, in großartigster Weise die Verwirklichung zweier gewaltiger Pläne in die Wege zu leiten: eine einheitliche Kirchenorganisation und einen einheitlichen Kult über den ganzen Westen auszubreiten. Zu diesem Ziele begann er alle östlichen Richtungen des Christentums in Europa zu bekämpfen und die Lithurgie der gesamten Kirche zu vereinheitlichen und entsprechend seinen Absichten abzuändern. Auch gelang es ihm, die noch im Arianismus verharrenden Herrscherhäuser der spanischen Westgoten und der Langobarden für die katholische Richtung zu gewinnen.

Der andere Plan, der aus Gregors Wirksamkeit klar hervortritt, ist das Schaffen von politischen Machtmitteln im Westen, die der Kirche gegenüber die Funktionen übernehmen sollten, die seit Konstantin die römischen Imperatoren geleistet hatten. Der Papst hielt den endgültigen Bruch mit dem alten, sich immer mehr auf den Osten beschränkenden Kaisertum für unvermeidlich. Er sorgte auf zwei Wegen vor. Einmal verwandte er seine persönlichen Mittel zur Begründung einer Art von Kirchenstaat mit Hilfe seiner Eigenklöster in Rom und Sizilien, und dann wandte er seine besondere Sorgfalt den Merovingern zu und überband ihnen eine Art Verpflichtung zur Oberaufsicht über die Kirchenorganisation. Er verkehrte zu diesem Zwecke mit der berüchtigten, aber mächtigen Brunhilde von Austrasien in einem so freundschaftlichen Tone, daß er damit den Zeitgenossen, wie den spätern Historikern schwer lösbare Rätsel aufgegeben hat. Brunhilde ist als ein monstruöses Wesen, das alle Verbrechen praktizierte, in die Geschichte eingegangen, während Gregor nicht nur im Weitblick, sondern auch im heiligen Lebenswandel seine Zeitgenossen überragte. Die Tatsache des freundschaftlichen Verkehrs zwischen dem Stuhl Petri und dem austrasischen Merovingerhof ist so verwunderlich, daß manche meinen, man müsse deswegen den Leumund der Brunhilde revidieren.

Deutlich werden schon zu Gregors Zeiten die Keime sichtbar zu einer Entwickelung, die erst im Hochmittelalter ihren eigentlichen Höhepunkt erreichte. Es ist die Zweigliederung der umfassenden sozialen Gestaltungskräfte, also etwas, was beim Beginn des politischen Zeitalters allgemeines Prinzip war. Als im alten Rom das politische Königtum abgeschafft und die Republik eingeführt wurde, wagte man es nicht, auch das priesterliche Königtum abzutun und durch neuerfundene Einrichtungen zu ersetzen. Ausdrücklich wurde das Amt des Priesterkönigs beibehalten, als die Tarquinier verjagt wurden und das Volk selber das politische Königtum übernahm. Für Rom wird durch diese Handlung sichtbar, was für Sparta und andere Orte des gleichen Kulturkreises durch die politische Verfassung deutlich ist: die Existenz eines Doppelkönigtums.

Zwei Ämter also, die ursprünglich in den Mysterien verankert waren, standen den sozialen Organismen dieser Stufe vor. Als die Mysterienstätten sich zurückzogen aus dem äußern Wirken, blieben diese Ämter allein der Öffentlichkeit sichtbar. Fustel de Coulanges, der diese Entwickelungsphase besonders genau erforscht hat, sieht im politischen König die spätere Form des einstigen Vollziehers der öffentlichen Opfer und im Priesterkönig den Vorsteher des Dienstes, der den göttlichen Willen in bezug auf das öffentliche Leben zu erforschen hatte. Dieses zweite Amt kam von einem bestimmten Zeitpunkt an in Zerfall und wurde zu einer bloßen Repräsentanz oder verschwand gänzlich.

Die durch den Herdkult zusammengehaltene aristokratische Familie, die in jenen Zeiten das Abbild der großen sozialen Ordnung des Volkes war, hatte wieder das gleiche Doppelprinzip in sich. Der Hausvater und die Hausmutter waren für die Familie die Repräsentanten der zwei Prinzipien, die hier (wie im staatlichen Organismus) der gleichen Entwickelungstendenz folgten. Seit dem Beginn des patriarchalischen Zeitalters trat der pater familias immer mehr in den Vordergrund, während die Mutter an Bedeutung in rechtlicher Beziehung verlor.

Was in diesen alten Zeiten allgemeines soziales Prinzip war, die Doppelführung der Menschheit – aber so, daß diese Führung die mannigfaltigsten Ausgestaltungen annahm an den verschiedenen Orten – das stand wieder auf im beginnenden Mittelalter. Jetzt aber suchte jedes der zwei führenden Prinzipien eine allgemeine, universell geltende Verkörperung zu erlangen.

Aus dem Amte des Bischofs der römischen Christengemeinde ging ein universelles Papsttum hervor, das den Anspruch Roms auf die Herrschaft über die ganze Welt auf das geistige Gebiet übertrug.

Aus dem letzten Stück Roms in Gallien wuchs eine weltliche Herrschaft heraus, deren organisatorische Kraft im keltisch-germanischen Druidentum verankert war. Die priesterliche Herrscherschicht der Franken machte sich zuerst zum Träger dieser Entwickelung, deren zielsetzender Geist sich immer enger mit Rom verband.

Während dic direkten Nachfolger der römischen Imperatoren in Konstantinopel an politischer Bedeutung für den Westen mehr und mehr verloren, erstanden an ihrer Stelle daselbst zwei Gewalten, die sich der Führung der Menschheit bemächtigten.

Das Aufkommen dieser Gewalten, aber besonders die Ausbildung der kirchlichen und der politischen Organisation des mittelalterlichen Europa, ist nicht zu denken ohne das abwechselnd freundschaftliche und feindschaftliche Zusammenwirken beider Prinzipien. Besonders die Kirchenorganisation bildete sich dabei zu einer wunderbar lebendigen Wesenheit aus, der auch dann nichts anzuhaben war, wenn – wie man sich nicht ganz sachgemäß ausdrückte – «das Haupt erkrankte» und Unordnung am päpstlichen Hof auftauchte. Regelmäßig trat dann mit Hilfe der andern Gewalt eine Erneuerung aus den Gliedern heraus ein. Aber auch die politische Gewalt konnte sich immer wieder stärken durch Benutzung der kirchlichen Organisation, wenn sie sich in der römischen Richtung hielt.

Aber nur ein Teil des altkeltischen Wesens ging in diese Entwickelung hinein. Schon dem alten Rom der Cäsaren leistete ein anderer Teil einen nicht zu brechenden Widerstand. Augustus versuchte die Macht der keltischen Druiden in Gallien dadurch zu überwinden, daß er in Lugudunum (Lyon) einen Gegenkult zu dem Kultus von Chartres einrichtete. Chartres war das Olympia der gallischen Kelten, und die dortigen Jahresfeste hatten eine große einigende Macht. Dem sollte entgegengewirkt werden durch die Begründung von andern Jahresfesten mit dem Romakult als Zentrum. Man versuchte an die Stelle des Sonnengeistes, der im Zentrum der alten Steinkreise seinen Altar hatte, den Augustus zu bringen. Die unüberwindlichen Schwierigkeiten, auf die aber alle geistig-kultischen und militärisch-gewaltsamen Versuche der Romanisierung trafen, glaubte man dadurch verursacht, daß man die Wurzeln des druidischen Priestertums nicht fassen konnte. Diese dachte man sich in Britannien. Nachweisbar sind die nach Cäsar erfolgten Unternehmungen Roms in Britannien nur zu dem Zweck ins Leben gerufen worden, das dortige Druidenwesen zu vernichten. Schottland und Irland konnten aber nie erreicht werden.

Die gleichen Sorgen, die man zu Zeiten des Augustus in Rom hatte, traten wieder auf in der Periode, als Gregor I. den päpstlichen Stuhl bestieg. Schon vor seiner Papstwahl hatte er seine Aufmerksamkeit Britannien zugewendet gehabt und war im Begriffe, selber dahin abzureisen und die Mission bei den dortigen Angeln an die Hand zu nehmen, als ihm das Schicksal eine größere Pflicht in Rom selbst auferlegte.

In Irland hatte sich bis auf diese Zeiten das Keltentum rein erhalten können, und besonders war es möglich gewesen, das alte Mysterienwesen ohne äußere Störung bis in die christlichen Zeiten hinein weiterzuführen. Bei den Iren wurde das Christentum in einer Art erweckt und aufgenommen, die in Rom als störend empfunden wurde. Wie einmal Iren und Schotten den Römern in Britannien gefährlich geworden waren, so schien jetzt die römische Mission bei den britannischen Angeln und Sachsen bedroht durch die begeisterten Wandermissionare. Ihnen setzte nun Gregor ein Missionszentrum im südlichen Britannien entgegen, indem er eine günstige politische Konstellation in England benutzte, um das Erzbistum von Canterbury zu begründen. Seit langem hatte er junge Angeln auf den Sklavenmärkten kaufen lassen, um sie in Rom zu Missionaren für ihren Stamm auszubilden.

Aber die iro-schottischen Missionare drangen weit über Britannien hinaus, und wir finden sie in jenen Zeiten überall dort tätig, wo sie an altkeltische Traditionen und kultische Gewohnheiten anknüpfen konnten.

Im merovingisch-fränkischen Gebiet trafen die Bestrebungen Gregors und die der Iren ebenso zusammen wie in England. Die Art und Weise dieses Zusammentreffens wurde der späteren Schweiz zum Schicksal. Gregor betrachtete offenbar die furchtbaren Zustände innerhalb der merovingischen Herrscherfamilie nicht als etwas, das für die Zukunft Bedeutung haben konnte; diese Dynastie mußte sich durch ihre eigene Verwilderung selbst aufzehren. Er sah auf das Amt, das für die Zukunft herauszubilden war, und ging in seinen Bestrebungen über die kurzlebigen Dinge hinweg, die seine Zeitgenossen in Schrecken versetzten.

Ganz anders mußte sich Columban, der bedeutendste und wirksamste Geist unter den iro-schottischen Missionaren des damaligen Frankenreiches, zu dem moralischen Zerfall des königlichen Hauses stellen. Man wird dieses Verhalten im völligen Einklang mit dem Wesen der irischen Richtung des Christentums empfinden. Columban sah sich genötigt, offen und ohne Rückhalt das Leben der Brunhilde, die zu seiner Zeit am Hofe maßgebend war, als das zu kennzeichnen, was es vom moralischen Standpunkt aus war. Das hatte zur Folge, daß der Begründer so vieler Kulturstätten gezwungen wurde, Austrasien zu verlassen. Mit dem Ziel, nach Italien zu gehen, durchzog er nun die spätere Schweiz. Dieses Gebiet nahm in der Folge im Westen wie im Osten tiefe Wirkungen seines Geistes auf – im Westen durch Schüler seiner Klostergründungen in den Südvogesen, vor allem durch Luxueil, im Osten durch seine eigene Mission und seine persönlichen Schüler.

Aus der Geschichte des Columban wird der ganze Gegensatz der zwei Entwickelungsrichtungen im damaligen mittlern Europa sichtbar. Was Columban erlebt im Zusammenhang mit der Schicht, die in geistigen und politischen Dingen führend war, unterscheidet sich scharf von allem, was uns erzählt wird von seinen Berührungen mit dem im alamannischen Gebiet vorgefundenen Volk. Dieses Volk erscheint so, als wäre es ohne allen Zusammenhang mit jener Schicht, als wüßte es von deren Zielen und Bestrebungen gar nichts. Einen ganz andern Bewußtseinszustand als bei den Franken finden wir hier. Das wird besonders auffällig an der Gestalt des Gallus, der sich in der Ostschweiz aus dem Jüngerkreis des Columban herauslöst und bei dem dortigen Volke bleibt. Während alle bedeutenden Ereignisse des äußern Lebensganges des Columban dokumentarisch vielseitig gestützt sind, verschwindet Gallus, sein Schüler, obwohl er jünger und um eine Generation später wirksam ist, völlig im Legendarischen. Columbans Gestalt kann man vom Gesichtspunkt der dokumentarischen Forschung nicht anzweifeln, das Leben des Gallus erscheint nur durch die legendarische Überlieferung hindurch.

Es ist eine wichtige Tatsache für das Verständnis der Entwickelung des Kulturlebens in den Gebieten der spätern Schweiz, daß alles Wesentliche daran auffallend lange legendarisch und mythisch blieb und vom gewöhnlichen, historischen Standpunkt aus nicht zu ergreifen ist. Damit ist durch die Tatsachen selbst die Forderung gestellt, die Legende und den Mythos dem Historischen sinngemäß einzugliedern.

Rein von außen gesehen verhält sich der Erzähler von Legenden und Mythen so, wie jemand, der von einem Mitmenschen einfach die Charakterzüge oder die Züge des Antlitzes und der übrigen Gestalt beschreibt. Im Gegensatz dazu gleicht der Historiker einem, der von den Mitmenschen das beschreibt, was ihm an diesen begreiflich ist oder doch begreiflich erscheint. Darum kann in die Legende Wesentlicheres – allerdings nur in Bildform, nicht in Gedanken – eingehen als in die Geschichte, besonders dann, wenn die geschilderten Zustände einem dem Erzähler oder den Hörern fremden Land mit fremden Sitten angehören.

Die Vorgänge der frühen Schweiz enthalten selbst für das Bewußtsein der zeitgenössischen Umwelt viel Fremdartiges, umsomehr müssen sie ihren Sinn unserer modernen Anschauungsweise entziehen. Gagliardi geht so weit, auszusprechen, daß die Fremdheit alles Geschehens in den Eidgenössischen Bünden erst mit der eingetretenen Neuzeit aufhöre. Wollen wir nicht darauf verzichten, zu ergründen, welche Kräfte das Schicksal der gegenwärtigen Schweiz zubereitet haben, müssen wir Legende und Mythos ernst nehmen. Wir sind gezwungen, immer wieder bestimmte Zusammenhänge der in mythischen und sagenhaften Darstellungen vorkommenden Charakterzüge zu betrachten. Ob man davon etwas hat oder nicht, wird wesentlich davon abhängen, ob man auf das Ganze der Zusammenhänge sieht oder nur Einzelzüge herausgreift. Wie man an der Nase eines Menschen nur dann etwas für den Besitzer derselben Charakteristisches erkennt, wenn man sieht, wie sie im ganzen Antlitz sitzt, so sagt ein Sagenmotiv erst dann etwas aus, wenn es in einem ganzen, konkreten Schicksalszusammenhang gesehen wird. Der Einzelzug mag tausendmal vorkommen, das Schicksal, in dem er eine wesentliche Rolle spielt, wird durch die Verbindung mit andern Kräften etwas Einmaliges.

Die Galluslegende wurde hundert Jahre lang nur mündlich weitergegeben, bevor das Bedürfnis entstand, Notizen darüber zu machen. Die ersten Notizen sind außer einigen Bruchstücken verloren gegangen, und wir müssen uns an eine Erzählung halten, die erst zwei Jahrhunderte nach des Gallus Tode schriftlich festgehalten worden ist, also in einer Zeit, da äußerlich schon alles verschwunden war, was noch von ihm stammte. Wir staunen aber darüber, wie lebendig unter der veränderten Oberfläche sein Geist sich noch offenbart in der Gestaltung der Bilder seiner Vita, von denen jedes von Bedeutung ist.

Da wird uns erzählt, daß Gallus unter den Gefährten des Columban öfters das Amt des Fischers ausgeübt habe, und wie er besonders habe wirken können, weil er die Sprache des Volkes beherrschte. Als Columban nach Italien aufbrach, wurde Gallus durch einen Fieberanfall verhindert mitzugehen. Columban entzieht ihm da das Recht, in der Zukunft Messe zu lesen, weil er vermutet, Gallus löse sich von ihm durch eigenen Willen. Gallus läßt sich durch den ortskundigen Diakon Hiltiboldus an eine unwirtliche Stätte an der Steinach führen, wo er sich entschließt, inmitten des von wilden Tieren bewohnten Waldes eine Zelle zu bauen. Nicht nur fürchtet er die ungebändigten Tiere nicht, sondern er hat die Kraft, einen Bären zum Diener beim Bau des Hauses zu machen. Seine Verbindung mit der Natur geht sogar so weit, daß er den Dämon des Berges mit dem Dämon des Wassers sprechen hört und vernimmt, wie die Dämonen schmerzlich erkennen, daß sie seinem Worte weichen müssen. Aber dem Herzog Gunzo wird von bösgesinnten Menschen Klage wider ihn hinterbracht, und er muß fliehen. Er zieht sich in die Verborgenheit einer Höhle zurück, wo er von einem Priester, namens Johannes, versorgt wird. Als die Gefahr vorüber ist, vermag sein Ansehen zu bewirken, daß Johannes zum Bischof von Konstanz ernannt wird.

An einem Michaelstage, als er sich schon schwach fühlte, raffte sich Gallus zum letztenmal auf, um den Bitten des Volkes Gewährung zu leisten. Er begab sich nach Arbon, um zu den Getreuen zu sprechen. Aber die Anstrengung war zu groß gewesen; am dritten Tag danach wurde er so krank, daß er sich nicht mehr erheben konnte und nach weitern zwölf Tagen starb. Johannes, als er von der Krankheit hörte, nahm sofort ein Schiff, aber noch draußen auf dem See hörte er das Wehklagen der Menge. Um früher bei dem geliebten Freund zu sein, stürzte er sich ins Wasser und erreichte schwimmend das Ufer, aber nicht mehr den lebenden Gallus.

Zug um Zug finden wir diesen vollständigen Zusammenhang wieder in den Legenden der Heiligen Odilie. – Th. Maurer hat in seiner Darstellung dieses Legendenkreises die Einzelzüge vorbildlich durchleuchtet.

Auch die heilige Odilie wird am Anfang ihres Lebensweges herausgelöst aus den sozialen Zusammenhängen und stirbt wie Gallus ohne priesterlichen Beistand. Sie ist auf sich gestellt wie Gallus und durchlebt wie er Wüste und Einsamkeit. Was bei Gallus die Dämonen sind, ist bei ihr in der Andeutung des Lindwurmes, den sie nicht fürchtet, vorhanden. Sie schläft auf einem Bärenfell. Der Bär des Gallus erscheint in diesem Zeichen in sehr bedeutsamer Weise.

Die Höhle, in die sich Gallus fliehend zurückzieht, ist bei der heiligen Odilie seit früher Jugend ein immer wieder auftretendes Bild. Aber auch die Beziehung zu Johannes gehört zu ihr wie zu Gallus. Der Priester Johannes spricht dadurch, daß er beim Todes des Gallus ins Wasser springt, nochmals aus, was er ist: derjenige, der mit Wasser tauft. Die Taufe im geweihten Wasser macht die heilige Odilie sehend.

Der Legendenschreiber legt keinen Wert auf die Jahreszahl bei der Erzählung von den Umständen beim Tode des Gallus, aber darauf, daß er am Michaelstage sich zur letzten Anstrengung aufraffte. Der Michaelsdienst steht auch auf dem Odilienberg und bei den andern Ethikonengründungen so im Zentrum wie in St. Gallen.

Nicht als interessante Feststellung ist die Gleichheit der legendarischen Charakterschilderung der Begründung von Hohenburg-Odilienberg und von St. Gallen von Bedeutung, sondern aus einem für das Verständnis der Vorgeschichte der Schweiz viel wichtigeren Grunde.

Wir sehen nämlich aus der Beatuslegende noch einmal dasselbe Antlitz herausschimmern. Selbst in der argen Zertrümmerung und der noch viel schlimmern Zerquetschung und Übermalung, in der wir heute diese Legende vorfinden, ist alles Wesentliche des charakteristischen Antlitzes der iro-schottischen Mission, wie sie im Elsaß und in St. Gallen gewirkt hat, in ihr wieder zu erkennen. In seiner Kirchengeschichte hat Gelpke den Versuch gemacht, den historisch dokumentarischen Nachweis zu erbringen, daß der heilige Beatus oder Sankt Batt, wie er in der Innerschweizer Tradition heißt, in Honau verwurzelt ist. Dieses außer allem Zweifel von Iro-schotten geführte Kloster ist eine Schwestergründung zu Hohenburg-Odilienberg. Der Name Beatus gehört nach M. Stokes mit Columba (Hinweis auf die Taube), Johannes und Marianus unter die vier am meisten geführten Adoptivnamen iro-schottischer Bischöfe, wobei das Bischofsamt etwas anderes war als in der offiziellen Kirchenorganisation. Es bestand in der Führung eines Klosters oder vielmehr einer nach der Zwölfzahl geordneten Jüngerschaft, die wandernd oder in festen Wohnsitzen zusammenlebte. Den Nachweis Gelpkes, daß der Oberländer Beatus geistig zusammenhänge mit einem ganz bestimmten historischen Beatus von Honau, hat die auf ihn folgende Geschichtsschreibung übergangen. Aber der Charakter der Legende deckt sich vollkommen mit allem, was wesentlich ist an der Honau-Odilienberg-Tradition.

Bedauerlicherweise für die Historie und glücklicherweise für den tatsächlichen Schicksalsgang ist die Beatuslegende sehr spät aufgeschrieben worden. Die offizielle Fassung stammt von dem Freiburger Jesuiten Canisius und trägt selbstverständlich die Zeitmerkmale der Gegenreformation. Doch widersprechen die Anfügungen des XVI. Jahrhunderts so grundsätzlich den Urformen, daß sie von selbst wegfallen. Canisius verschmilzt seine Legendenform mit der eines andern Beatus aus der Vendôme. Dieses ist nur Beweis für die Gelehrsamkeit des Canisius und dafür, daß der Name Beatus etwas wie ein Mysterienname innerhalb der irischen Mission war, sodaß an verschiedenen Orten durch verschiedene Individualitäten das gleiche bildhafte Geschehen im Bewußtsein des Volkes verursacht werden konnte. Der Beatus des Berner Oberlandes ist aber so verwurzelt in der ganzen Landschaft, daß er leicht zu trennen ist von seinen Brudererscheinungen.

Was die Splitter des noch erhaltenen Bildmaterials zusammen ergeben, ist etwa das Folgende:

Der Bischof Beatus von Honau entsendet zwölf oder zweimal zwölf Mönche nach dem Gotteshaus des St. Michael Beronia im Aargau. Dieses war gegründet und mit Gütern ausgestattet, ähnlich wie Honau, durch ein Mitglied der Familie, welche das Mutterkloster beschützte. Es ist der ältere Bero, der die fromme Tat verrichtete an der Stelle, wo ein Bär seinen Sohn auf der Jagd zerrissen hatte.

An diese Überlieferung schließen sich die in der Innerschweiz erhaltenen Züge an.

St. Batt predigt zuerst im volkreichen Aargau und begibt sich dann in die von wenig Menschen besiedelten Berge. Yberg ist eine der ersten Stätten, wo er hinkam und die Leute versammelte, gleichzeitig besuchte er aber auch die Unterwaldener Bauern. – Wieder ein Zeichen dafür, wie zäh sich in der Schweiz unter allen offiziellen Formen die alten «illegitimen» Volkstraditionen halten, ist die Tatsache, daß in alten Kirchenverzeichnissen Yberg nicht aufgeführt ist, die Yberger Kirche aber in den großen Prozessionen bis in die neuere Zeit hinein den Platz der schwyzerischen Urkirche einnahm.

Später gelangte St. Batt über den Brünig hinüber zu den Oberländern. In Interlaken verlangt er von den ortskundigen Leuten an eine einsame Stelle geführt zu werden, wo er in der Wildnis eine Einsiedelei begründen könne. Man fährt ihn über den Wendel-(Vandal-) See bis dahin, wo ein gewaltiger Felsenkopf aus dem Berg vorspringt, und weist ihn nach einer Höhlung in diesem Berg, die nach Aussage der Leute von einem Drachen bewohnt sei. Er steigt hinauf und findet neben einer Grotte den Eingang zu der Höhle, aus der ein Bach hervorsprudelt. Aus dem Hintergrund ertönte ein fürchterliches Brausen und Dröhnen, wie von unterirdischen Wasserfällen. Ein gräulicher Lindwurm stößt hervor, und der unbewehrte Heilige muß alle seine Geisteskräfte aufs äußerste anspannen, um dem Ungetüm standzuhalten. Nach hartem Kampf muß es seinen Worten und Gebeten weichen. Der Drache stürzt sich selbst in den Wendelsee hinunter, dessen Wasser hochaufkochend ihn verschlingen.

Von dem Moment an nimmt St. Beatus Wohnung in der Grotte und macht den frühern Ort des Schreckens zu einem Ort des Heils.

Er pflegte die noch heidnischen Hirten zu versammeln und ihnen das Christentum zu predigen auf einer Wiese, wo die Versammlung den See zu Füßen und die gewaltigen Firne der Jungfrau vor Augen hatte. Nicht nur Menschen hörten auf sein Wort und wurden durch dieses gewandelt, sondern auch die Berggeister nahmen Teil. Die guten Toggeli lenkten aus Dankbarkeit dafür Ziegen nach seiner Grotte, damit sie ihn mit Milch versehen sollten. Felsgeister bewachten ihn und besorgten seinen Haushalt. Böse Bergdämonen suchten hingegen, ihm alle möglichen Hindernisse auf seinen Wegen zu bereiten, sein Schiff im Sturm zu zerschellen, Steine auf die Fußpfade zu rollen, und was ähnliche Streiche mehr sind. Aber Engel woben ihm einen Zaubermantel, der ihn durch die Lüfte über den See trug. Den Mantel brauchte er, um die Menschen auf der andern Seite des Sees besuchen zu können. Dort ging er auch zur Messe zu einem Priester, der zugleich sein Schüler war.

Daselbst erlebte er jenen Vorgang, der auch im Wallis und an andern Orten, wo noch Erinnerungen an alte Zeiten mit hellseherischen Fähigkeiten lebendig waren, in den Volkserzählungen weitergegeben wurde: Er sieht in der Kirche, wie der Teufel die Sünden der schlafenden Menschen auf eine Kuhhaut schreibt.

Die ganze Reihe der Charakteristika, die zu der nach Alamannien gelangten Form der iroschottischen Mission gehören, findet sich um die Gestalt des heiligen Beatus vereinigt: die vollständige, auf die Persönlichkeit allein abgestellte Verantwortung; das Stehen außerhalb des kirchlichen Priestertums, trotz der Verbindung mit demselben; das Fahren über das Wasser; der Bär; der überwundene Lindwurm; eine gegenüber andern Gestalten aus dem gleichen Kreis noch gesteigerte Naturverbundenheit; die einsame Höhle; der ohne fremden Beistand durchgemachte Tod und die Verbindung mit St. Michael. Nur der Name des Johannes scheint zu fehlen. Vielleicht ist die Johannesgestalt verborgen in dem Priester oder dem von der offiziellen Legende zu einem keltischen Typus stilisierten Begleiter und dienenden Mitbewohner der Beatushöhle.

Es mag jedoch genügen festzustellen, daß die ganze Landschaft, durch die hindurch sich die Beatuslegende erstreckt, die irische Mission aufgenommen hat.

In den Urkantonen webt sich das von Beronia-Beatus Ausgehende ineinander mit dem, was von Murbach–Luzern den Ursprung nahm. Murbach ist ebenfalls eine Gründung des Geschlechtes der Ethikonen in Verbindung mit den Elässer Iren.

Was von dieser Seite des Frühchristentums ausging, war überall durchströmt von Kräften, die ganz andere Wurzeln hatten als das iro-schottische Christentum und in eine gegensätzliche Richtung einliefen. Auch das ist nur durch die überlieferten Bilder zu fassen und noch viel weniger historisch belegbar als das nordwestlich-irische Element. Aber auch da finden wir einen strengen Zusammenhang von einer Bilderfolge, der sich wiederholt: Fromme Pilger legen durch ihr Dasein und Handeln Zeugnis ab für die Wirklichkeit des Christentums. Sie erregen den Zorn der an alten Machtprinzipien Roms festhaltenden Regierenden. Die tyrannischen Heiden unterwerfen diese Christen dem Martyrium, indem sie sie durch Feuer, Wasser oder andere Elemente umbringen lassen wollen. Aber kein Mittel führt zum Ziel, bis man sich entschließt, sie durch das Schwert zu enthaupten. Das Haupt fällt, aber die Hände des Enthaupteten ergreifen dieses und tragen es an einen bestimmten Ort, wo ein Heiligtum erbaut wird, und von wo aus eine erhöhte Wirksamkeit der Geopferten beginnt.

Das abgeschlagene Haupt erweitert sich zum Tempel, und das hingeopferte Blut wird Substanz eines sich ausbreitenden Lebens.

Diese einfache und eindrucksvolle Bilderfolge finden wir in der Vorschweiz an verschiedenen Orten. Sie geht zurück auf das Martyrium der in frühchristlichen Zeiten längs der obern Rhône, längs des ganzen Rheinlaufes und in der Poebene berühmten thebäischen Legion. Die Legende lautet in ihren Hauptzügen folgendermaßen:

Zu der Zeit, als der Kaiser Diocletian beschloß, das Christentum im römischen Imperium auszutilgen, ließ er in der ägyptischen Thebäis Soldaten unter den dortigen Christen ausheben. Eine thebanische Legion wurde nach Italien verschifft und über den großen St. Bernhard geführt, um sie gegen Gallien einzusetzen. Als diese Truppe bei Agaunum an der engsten Stelle des Rhônetales ihr Lager aufgeschlagen hatte, erhielt sie von dem in Octodurum (Martigny) weilenden Maximianus, dem Mitkaiser des Diocletian, Befehl, unverzüglich bestimmte heidnische Opfer zu vollziehen. Mauritius, der Führer der Legion, weigert sich im Einverständnis mit allen Untergebenen, den Befehl auszuführen. Der Kaiser läßt darauf jeden zehnten Mann niederhauen und den Befehl nochmals ergehen. Wieder weigert sich nach einer Ansprache des Mauritius die ganze christliche Armee. Nochmals erfolgt eine Dezimierung und letzte Erneuerung des Befehles. Doch kein Soldat wankt. Nun wird die ganze Legion bis auf den letzten Mann niedergehauen. Sechstausendsechshundert Blutzeugen erleiden das Martyrium.

Bald darauf entsteht an der Blutstätte eine Kapelle, und um diese herum bauen sich fromme Pilger ihre Wohnstätten. Nach allen Seiten verbreiten sich in den nächsten Jahrhunderten Reliquien und Kult von diesem Ort ausgehend, der nach dem gefallenen Heerführer den Namen St. Maurice annimmt.

Diese Urlegende mit ihren Abzweigungen ist in eine ganz andere Stimmung getaucht und steht in völlig anderer Weise im Ganzen der Welt als die im iro-schottischen Wesen verwurzelte.

Süd-Osten und Nord-Westen stehen sich in den zwei Gruppen gegenüber. Bei der einen ist nur der Mensch mit seinem eigenen Inhalt da. Die innere Opferglut führt zur Hinopferung des irdischen Wesens zum Zeugnis des Christentums. Das Opfer führt zu einer Lebenserneuerung in weitem Umkreis. Das Opferblut verströmt Leben verbreitend in allen Richtungen. Das Haupt, der Sitz der alten Weisheit, ist der Ort, wo der Tod angreifen kann, aber das abgetrennte Haupt wird Grundstein des neuen Gotteshauses. Blut, Haupt und Herz erscheinen wie drei verselbständigte Kräfte. Nachdem das Blut verströmt ist, hat das Herz noch Leben und handelt ohne das Haupt. Dieses wiederum wird von dem aus dem Herzen gelenkten Menschen von sich aus ergriffen und an ein bestimmtes Ziel getragen.

Nicht solche Rätsel der physisch-lebendigen Menschenwesenheit sind es, die aus den Bildern der andern Strömung heraus sprechen. Der Mensch steht nicht so abgeschlossen da mit seinen eigenen Tiefen. Er verbindet sich mit der äußern Natur. Orte, wo die Heiligtümer aufgebaut werden sollen, werden regelmäßig durch Jäger, ortskundige Leute oder Naturereignisse gewiesen oder bestimmt. Kämpfe mit äußerlich erlebten Dämonen, mit dem Drachen treten auf. Nicht die physische Hinopferung, sondern die Selbsterziehung und die Selbstverwandlung stehen im Vordergrund. Der Mensch ist einsam als Handelnder. In der Einsamkeit der Höhle – zurückgezogen in sein eigenes Haupt – muß er die Kräfte finden, sich in ein soziales Ganzes zielvoll hineinzustellen. Das soziale Element greift über das Menschliche hinaus in die äußere Natur hinüber. Der physisch lebendige Mensch, der sich vergeistigt, erwirkt ausstrahlende Heilkräfte. Heilungen an Leib und Seele vollziehen die Heiligen dieser andern Strömung. Kraftvoll stellen sie sich den verderblichen Mächten gegenüber. Bis in die Reliquienverehrung hinein geht der Gegensatz. Der hinterlassene Körper ist für die eine Richtung das höchste Gut, während bei der andern der Wanderstab, die Handglocke, ein benutztes Buch oder sonst ein mit dem Heiligen verbundener Gegenstand die höchste Verehrung findet.

Ebenso gegensätzlich wie sich in Griechenland das dionysische zu dem apollinischen Mysterienwesen gestellt hatte, so stellte sich in frühchristlicher Zeit auf schweizerischem Gebiet ägyptisch-thebanisches Wesen neben das iro-schottische. Die zwei Richtungen durchdrangen oder durchkreuzten sich gegenseitig so, daß fast überall wirksame Bilder aus beiden Richtungen durch die Jahrhunderte hindurch ihre Kräfte auf die Seelen ausgeübt haben.

Keine äußern Organisationen sind aus der gegenseitigen Befruchtung entstanden. Man muß das daraus Gewordene in den Tiefen des Volksgemütes aufsuchen, um die Wirklichkeit des bildhaft Überlieferten zu finden. Einige bedeutsame Züge der Legende sprechen allerdings deutlich genug davon, daß ein Wissen von der Vereinigung der zwei Ströme lebendig war.

Die Legende des heiligen Gallus spricht es in einem eindrucksvollen Bilde aus. Als der Heilige durch den Diakon in die Gegend geführt worden war, wo er sich niederlassen wollte, da nahm er eine Haselrute, bildete aus ihr ein Kreuz und pflanzte dieses in den Boden. An das Kreuz hing er eine Kapsel mit seinen köstlichsten Reliquien, darunter eine des heiligen Mauritius. In das Allerheiligste der werdenden iro-schottischen Kulturstätte legte der Begründer selbst das Köstlichste, was man haben konnte von der andern Kulturstätte in St. Maurice.

Eine Umkehrung dieses Bildes ist die Tatsache, daß in den Mittelpunkt des Kultes von St. Maurice eine offenbar irische Übung gestellt wurde. Wenn die Strättlinger Chronik erzählt, wie König Rudolf II., der Gemahl der berühmten Bertha, dazu kam, zwölf Kirchen um den Thunersee herum zu bauen, so tritt dieses Verhältnis wieder in Erscheinung. Dieser Rudolf II., König von Burgund, hatte nicht nur seinen Sitz in St. Maurice, sondern das Kloster gehörte zu der Zeit ihm selbst. Sein Vater, der Begründer des Königreiches Hochburgund, war daselbst schon «Abbacomes» – Laienabt – gewesen. Dieser Herr von St. Maurice wird durch einen Traum veranlaßt, um das Michaelheiligtum von Einigen am Thunersee herum zwölf Tochterkirchen zu begründen. Einigen ist Eigenkirche des Hauses Strättlingen, das die Chronik in dauernden Zusammenhang mit Burgund zeigt.

Hier wird eine Wirkensstätte des heiligen Beatus, – als solche kommt Einigen in der Beatuslegende vor – ein Michael geweihtes Gotteshaus, von einem in die Tradition von St. Maurice getauchten Haus als Zentrum von frommen Gründungen gewählt. Wieder kommt es hier nur auf das Bild an und die Gesinnung, die ein solches Bild formen und durch Generationen tragen konnte.

Die Strättlinger Chronik, die den zu Einigen gehörenden Legendenkreis festhält, ist zwar spät und mit ganz bestimmten Tendenzen aufgeschrieben worden; aber dennoch erkennt man ihre Bilder als in der Geschichte der Gegend verwurzelt. Man wollte in der Chronik nur eine Abschrift aus einer ältern Schrift aus Heisterbach erkennen, doch müßte nachgewiesen werden, aus was für Quellen der Heisterbacher

Mönch geschöpft hat, um aus der Tatsache einer ältern Fixierung der Bilder etwas ableiten zu können.

Die Strättlinger Chronik verknüpft den Michaelsdienst des Berner Oberlandes mit einem der wichtigsten frühmittelalterlichen Heiligtümer des Erzengels: mit dem Monte Gargano in Apulien. Dahin pilgert einer der Herren von Strättlingen und erwirbt sich ein Stück des Mantels Michaels. Auf dem Heimweg gerät er in Gefangenschaft lombardischer Räuber. Aber als die Not dringend geworden war, schickt ihm Michael den Teufel ins Gefängnis, damit dieser an ihm eine früher begangene Bosheit wieder gut mache: Der Teufel muß ihm den Mantel, den er ihm einst gestohlen hatte, zurückgeben, ihn darauf durch die Lüfte über die Alpen tragen und zu Hause absetzen. So langt der Ritter in seiner Burg an, gerade noch in dem Augenblick, da seine Gemahlin, ihn verloren glaubend, einem andern die Hand reichen wollte.

Einigen erscheint diese Bilderfolge sowohl im Zusammenhang mit Beatus, wie auch mit dem ganzen Zug frühmittelalterlicher Michaelheiligtümer, die sich von Süditalien bis nach Irland erstreckten.

Ähnlich wie mit der Oberländer Tradition verhält es sich mit der Form, die im Mittelalter die Legende der heiligen Verena angenommen hat. Obwohl es selbstverständlich ist, daß diese Heilige dem irischen Kreis angehören muß, ist es doch sehr aufschlußreich, wenn die mittelalterlichen Erzähler nicht anders können, als sie mit der thebäischen Legion zu verbinden. Nicht über die heilige Verena offenbart diese Tatsache etwas, aber über das Volksempfinden, das sich in beiden Strömungen erlebte.

Nach der im Volke lebenden Tradition war die heilige Verena eine Blutsverwandte des heiligen Mauritius. Ihn suchend folgte sie den Spuren der Legion nach Italien und über die Walliser Alpen. Sie findet in Agaunum (St. Maurice) die Grabstätten der Geopferten und betet am Grabe des Mauritus. Hier wird sie von den Heiden ergriffen und mißhandelt. Sie entflieht und gelangt schließlich der Aare folgend nach Solothurn. Hier heilt sie den römischen Statthalter, der St. Viktor und St. Ursus hatte hinrichten lassen. Lange Zeit lebt sie daselbst als Einsiedlerin in einer Höhle. Dann folgt sie wieder der Aare. Nach einem Aufenthalt in Baden geht sie weiter nach Koblenz und schließlich nach Zurzach. Hier lebt sie als Dienerin eines Presbyters und wird eine große Pflegerin und Heilerin von Aussätzigen und anderen Kranken.

Die Legende läßt sie die ganze Schweiz vom Süden nach dem Norden durchmessen. Bei ihrem Übertritt über die Alpen ist sie ganz in die thebäische Stimmung getaucht und wird, je mehr sie nach dem Norden in die Rheingegend kommt, zu einer Vertreterin der irischen Form des Christentums.

Alle diese Dinge könnten als Zufälligkeiten erscheinen, wenn nicht zahlreiche Orte und enger begrenzte Gegenden, sowie das Ganze des Landes, Traditionen und Bilder beider Strömungen in ihren Erinnerungen tragen würden. Lausanne, Sion, Moutier, Solothurn, der Zürichsee, St. Gallen, Disentis, das Urserental, Glarus, Luzern sind die bekanntesten dieser dadurch ausgezeichneten Orte. In Zürich sind die Priester der Wasserkirche – die, wie der Name sagt, von den Iro-Schotten herrührt – Pfleger der Grabes von Felix und Regula, den heiligen Thebäern.

Das Wallis, das durch seine natürliche Lage frühzeitig mit dem durchdrungen wurde, was von St. Maurice ausgehen konnte, muß durch Einwanderungen aus dem Berner Oberland stärkste Impulse aus dem Umkreis der Beatusmission empfangen haben. Die Bilder, die charakteristisch sind für diesen Kreis, finden sich im Wallis in viel größerer Reinheit wieder, als sie sich im Berner Oberland erhalten konnten. Es mag daran liegen, daß das Wallis von der Reformation nicht ergriffen wurde, oder daran, daß sich daselbst eine eigenartige Welt besser ausgestalten konnte.

Da später die Oberwalliser ihrerseits als Kolonisten in das Val Fogazzaro vordrangen und von dort aus – und auch von ihrer Heimat aus – als Valser Teile Graubündens besiedelten, so hat sich das ursprünglich von Beatus Ausgegangene fast um den ganzen Gotthard herumbewegt.

In besonders schöner und eindringlicher Weise könnte man das Wesen dieser Entwickelung kennen lernen aus den Oberwalliser Sagen. Nur eine einzige, aber lehrreiche Merkwürdigkeit möge hier erwähnt werden.

Die Walliser Kirche kennt einen heiligen Theodul, Bischof von Sitten, der sich unterscheidet von dem Theodul, der als Entdecker der

Reliquien von St. Maurice verehrt wird. Obwohl jener andere Theodul gar nicht historisch ist, sah sich die Kirche genötigt, dem Empfinden des Volkes nachzukommen und die kultische Verehrung zu genehmigen.

Dieser heilige Bischof des Wallis wird nach der Legende mit andern Bischöfen zusammen zu Karl dem Großen berufen. Der Kaiser ist in eine schwere Sünde gefallen und bittet die Bischöfe, ihn von deren Wirkung zu befreien. Jeder soll dreißig Messen für ihn lesen. Theodul liest eine einzige und schaut dabei, welcher Art die Sünde Karls war und welche Sühne dafür gesetzt ist. Er geht zum Kaiser und spricht ihm ins Gewissen. Karl gibt aus Dankbarkeit und Verehrung dem Bischof ein zweischneidiges Schwert, das Zeichen der hohen Gerichtsbarkeit.

Zu Hause angelangt, erfährt Theodul durch eine innere Schauung, daß auch der Papst im Begriffe sei, eine schwere Sünde zu begehen. Indem der Bischof noch darüber nachdenkt, erscheint ihm der Teufel in der Gestalt eines schönen, versucherischen Weibes. Theodul packt dieses ohne Umstände am Kragen, und der erkannte Teufel muß sich als das offenbaren, was er ist. Der Heilige, der ihn gefaßt hat, ergreift die günstige Gelegenheit und zwingt ihn, sich in ein Roß zu verwandeln. Auf diesem reitet er nach Rom. Dort bindet er das Tier an einen Pfosten und begibt sich zum Papst und bewahrt ihn durch seine Ermahnung vor der Sünde. Hocherfreut schenkt der Papst dem Bischof der Walliser ein Glöcklein aus sehr edlem Metall. Dieser bindet es dem Zauberroß um den Hals und reitet heim nach Sitten. – Viele Walliser Kirchen haben heute ein Körnchen von diesem Glöckchen in einer ihrer Glocken.

Das Wallis verehrt zwei Bischöfe, die geschichtlich gar nicht nachzuweisen sind, die sich also das Volk selbst gesetzt hat nach dem Bilde der in ihm wirksamen Kräfte. Beide Bischöfe tragen den Namen Theodul. Der eine war begnadet, die Reliquien der Märtyrerlegende aufzufinden, der andere war mit besondern Kräften ausgestattet, die ihn zum Richter und Heiler der obersten menschlichen Führer der Welt machten.

In diesem zweiten Theodul wirkt genau das gleiche, was auch die Überlieferung vom heiligen Beatus zu melden hat.

Die Herrschaft über den Dämon, nicht das asketische Sich-Fernhalten und nicht ein äußerer Auftrag machen den Menschen im Bewußtsein dieser Bergbewohner zum obersten Richter über die Sünde und zum wahren Heiler ihrer Wirkungen.

Wie der auf dem Zaubermantel über den See fahrende Beatus in der Kirche Tieferes schaut als der amtierende Priester, so steht der auf dem Teufel reitende Theodul an innerer Weisheit über dem Papst.

Fast ebenso seltsam unabhängig von der äußern Einrichtung der Welt hielt man sich in der frühchristlichen Zeit in der Churer Diözese. Der politische Herrscher des letzten Restes der alten Raetia Prima, der Praeses, konnte auch das Amt des Bischofs ausüben. Beide Ämter blieben lange Zeit in der Familie, deren Begründer nach der Legende die ersten Christen von Disentis verfolgt hatte, und dessen Nachfolger die eifrigsten Förderer des Gotteshauses wurden. Jenes Verhältnis in der Leitung des religiösen und des rechtlichen Lebens ist nicht eine Vorform der einreißenden Übung, Kirchenämter gewaltmäßig durch Laien zu ersetzen. Es hat mehr Ähnlichkeit mit den Gewohnheiten arianischer Volkskirchen.

Eine mittelalterliche Notiz in den Akten des Klosters Romainmôtier besagt das Folgende: Als Papst Stephan II. zum Ziele, Pipin den Kurzen zum Adoptivsohn der Kirche und zum römischen König zu weihen, nach St. Denis reiste, ruhte er nach dem Übersteigen der Alpen in St. Maurice. Auf der Weiterreise nahm er im Jura in dem Kloster, das damals den Namen Baulmes trug, für mehrere Tage Quartier. Es gefiel ihm da so gut, daß er aus Dankbarkeit dem Kloster den neuen Namen «Romanum Monasterium», Romainmôtier, verlieh, und dessen alte Marienkirche selber den Apostelfürsten Peter und Paul weihte.

Wenn auch diese Einzelnotiz durch keine andern Überlieferungen gestützt, von manchen sogar widersprochen wird, so weist sie doch wie ein Signal auf einen damals beginnenden Prozeß hin. Was geschildert wird durch den Annalisten mag für Romainmôtier nicht exakt sein, auf das Große und Ganze angewendet, ist es in exakter Weise historisch.

Von der Zeit an, wo die Karolinger am fränkischen Hof das Amt des Majordomus ausübten, werden im Gebiete der spätern Schweiz die äußern Eingriffe in die rechtlichen und religiösen Verhältnisse sichtbar. Die großen führenden Zentren des klösterlichen und des öffentlichen religiösen Lebens werden allmählich in die allgemeine Kirchenorganisation hineingenommen und das Land selbst mit dem fränkischen, zum Feudalismus hingehenden Verwaltungssystem durchdrungen.

Karl Martell soll schon bei seinen Kämpfen gegen die Alamannen nach Disentis gekommen sein und dort den Bau einer petrinischen Kapelle angeordnet haben. Einen Einblick in die Stimmung des alamannischen Volkes gegenüber den Karolinger Franken mag die St. Galler Überlieferung von der Gründung Reichenaus geben. Der heilige Pirmin, der drei Jahre nach der Errichtung des Klosters die Reichenau verlassen mußte, soll nach dieser Tradition deswegen von den Alamannen vertrieben worden sein, weil er, ähnlich wie Bonifazius, im päpstlichen Auftrag und auf Grund eines Schirmbriefes von Karl Martell gewirkt habe.

Was sich in solchen Verhältnissen keimhaft andeutet, wird einschneidende Gewalt, als jenes Ereignis eintrat, an das der Annalist von Romainmôtier sich erinnerte. Pipin, der Sohn Karl Martells, hatte im Jahre 751 den Papst zum Richter angerufen für seine Meinung, daß er, der als Majordomus die Macht in der Hand habe, dadurch der wahre König sei. Der Papst als Sprachorgan des Weltgewissens bekannte sich zur Meinung Pipins. Ein Jahr darauf reiste Stephan II., als der letzte Merovinger in ein Kloster gesteckt worden war, nach St. Denis, um dem neuen König die Weihe der Kirche zu erteilen: Pipin wird kultisch als Sohn der Kirche adoptiert und zum Patricius von Rom erhoben. Auch die Erbfolge des Königtums in seiner Familie wird ihm vom Papst zugesprochen. Dieses geschah wieder innerhalb der Grenzen des einmal an die Franken übergegangenen Restes des Römischen Imperiums.

Das Schicksal wollte es, daß sogar im Jahre 1871 der Gründungsakt des neuen deutschen Kaiserreiches wieder innerhalb dieses Gebietes vorgenommen wurde.

Als im Jahre 800 Karl, der Sohn Pipins, seinerseits nach Rom reiste, um die Krone des Theodosius vom Papst in Empfang zu nehmen, so wurde damals mit dem Haupte Karls zugleich eine längst eingeleitete Entwickelung gekrönt.

Für das Gebiet der Schweiz hatte dieser Schicksalsgang die Wirkung, daß es stärker als vorher in die Organisationen der zwei Gewalten eingespannt wurde. Schon vor der Krönung Pipins hatte dieser, noch zusammen mit seinem Bruder, den Alamannenherzog durch Verrat unschädlich gemacht und durch fränkische Grafen ersetzt. Jetzt wurde Alamannien, wie es für Burgund bereits in stärkerem Maße der Fall war, seiner angestammten Eigentümlichkeiten in der öffentlichen Verwaltung mehr und mehr entkleidet.

Durch Othmar, einen Alamannen, der wahrscheinlich aus Rätien kam, wurde im Jahre 720 das Kloster St. Gallen neu gegründet. Schon dieser Akt bedurfte der Einwilligung Karl Martells, die er unter der Bedingung gab, daß an Stelle der Columbanischen eine anerkannte Regel eingeführt werde.

St. Maurice kam zu dieser Zeit durch Laienäbte, die durch die politische Gewalt eingesetzt worden waren, ganz herunter. Auch hier wurde eine Art Neugründung nötig. Die Regel des Bischofs Chrodegang – dessen Aufgabe es gewesen war, in Lothringen die iroschottische Richtung zu bekämpfen – wurde hier zunächst geltend gemacht.

Karl der Große schaffte in Churrätien die alten, eigentümlichen Gewohnheiten der Bischofswahl durch Kurialen und Volk ab und setzte sogar, wider sein eigenes Versprechen, die allgemeine kirchliche und politische Verwaltungsordnung durch.

Der Bischof von Basel, der Reichenauer Mönch Hatto, gibt zu Karls des Großen Zeiten seinem Bistum noch eine sehr eigenartige Verfassung, aus der man vielleicht nicht nur seinen eigenen Willen zur Unabhängigkeit, sondern auch den seines Verwaltungsbezirkes erkennen kann. Aber sie beweist auch, wie durchdringend die Kirchenorganisation seiner Zeit schon geworden war.

Was sichtbar wird in den Wandlungen der vier diagonal zueinander stehenden Eckpunkte der späteren Schweiz, kann Bild sein für den Prozeß, der sich längs der ganzen Umgrenzung des Landes vollzog. Eine Art Erstarrung und Gleichförmigkeit wird von dem Moment an sichtbar, wo von außen stärker hineingewirkt wird. Ja, diese Einwirkung ist es überhaupt, die uns den Prozeß sichtbar macht. Aus den Konflikten, die sich ergeben, zeigen sich die Zustände, die sich schon vor dem Eingriff herausgebildet hatten.

In diesem Umkreis ist die Stimmung des einziehenden Christentums nicht mehr spürbar, aber eine Art Nachwirkung der besondern Art der Mission. In Basel mögen die berühmten Kapitularien des Hatto Zeugnis dafür ablegen. In der St. Galler Gegend, und im Zusammenhang mit dieser auch in Churrätien brachen scharfe Kämpfe aus. Schon Othmar, der zweite Begründer von St. Gallen, war in Konflikt geraten mit den fränkischen Kammerboten und starb wohl in der Folge der erduldeten Mißhandlungen. Die Kämpfe, die sich daran anschlossen, und die sich gegen den fränkisch-römischen Bischof von Konstanz und zum Teil auch gegen das, nach St. Galler Ansicht zu stark mit dem Bischof verbundene Reichenau richteten, gingen über hundertfünfzig Jahre hinweg. Hier offenbarte sich der alte Geist unter den neuen Formen.

In der Zentralschweiz aber ging die Entwickelung überhaupt wie unbeobachtet und unbeeinflußt noch eine Zeitlang weiter. Eingerahmt durch eine Kruste, die schon an der äußern Geschichte teilnahm, hielt sich im Innern, in den Bergtälern um den Gotthard herum noch ein Kern in unberührter Lebendigkeit. Ein Zukunftskeim gestaltete sich seinen eigenen Gesetzen gemäß langsam im Innern des Landes für ein späteres Hinaustreten auf die Bühne der äußern Geschichte aus. Aber noch durch Jahrhunderte hindurch verblieb alles Wesentliche dieser Entwickelung im mythischen Bereich, unberührt von den historischen Gewalten, aber unerreichbar dem gewöhnlichen historischen Bewußtsein, das auf Beweise angewiesen ist. Mit den mythischen Bildern, die aus den Erinnerungen an jene Zeiten auftauchen, läßt sich nichts beweisen. Man ist darauf angewiesen, anzuschauen, um in dieser Anschauung gewahr zu werden, daß in allen großen Erinnerungen der Schweiz die Verwandlungen der zwei Grundkräfte des Frühchristentums leben. Was sich ausdrückt in der alten Bildersprache durch das Opfer der ägyptischen Legion von St. Maurice und durch die Verwandlung der Wildnis in eine weithin leuchtende Kulturstätte durch den freien, unabhängigen Willen des Iren Gallus, das ist allem Spätern eingeprägt.

Im Einklang mit der Art und Weise, wie sich an den einzelnen Orten die zwei Strömungen selbst, oder was ihnen verwandt war, einlebten, findet man den individuellen Charakter dieser Orte bei ihrem spätern Eintritt in die Geschichte.

Es ist auch im Einklang damit, daß das thebäische Element bald in das Innere der Menschen hinein versinken mußte, während das andere ganz besonders die Außenseite des Schweizers geprägt hat.

Aber in allen großen Mythen und in allen großen historischen Taten des eigentlichen Schweizertums bricht die Opferfähigkeit und der Opferwille wie die Offenbarung eines im Grunde seines Wesens glühenden Feuers hervor.

Ebenso eigentümlich ist ihm der Kampf gegen die aus alten Zeiten stammenden Gewalten, welche die Entwickelung des individuellen Geistes im Menschen hindern wollen.

Das ist der Kampf mit dem Drachen.

DIE GESTALTUNGSKRÄFTE DES HOCHMITTELALTERS UND DIE WERDENDE SCHWEIZ

Die in der Zeit der Hochblüte der mittelalterlichen Kultur niedergeschriebene Gründungsgeschichte des Klosters Muri im Aargau stellt in wenigen, schlichten Zügen die ganze Mannigfaltigkeit der in das soziale Leben Mitteleuropas eingreifenden Kräfte des Mittelalters vor uns hin. Die Acta Murensia geben uns das folgende Bild von dem Werden des Klosters.

Als sich das erste christliche Jahrtausend zu Ende neigte, gab es im Freienamt im Aargau noch Gemeinden freier Bauern. Seit der Besitzergreifung des Bodens durch die Alamannen hatten sich diese Gemeinden eine vieles umfassende Freiheit für die Gestaltung ihres eigenen Lebens bewahrt. In Muri ging sie noch so weit, daß die dortige, dem keltischen Heiligen St. Martin geweihte, auf freiem Boden stehende Kirche Eigentum der freien Bauerngemeinde war.

Jetzt aber wurden die Zeiten in einer Weise unsicher, die es immer unmöglicher machte, sich zwischen mächtiger und mächtiger werdenden Nachbarn Recht zu verschaffen. Diese Nachbarn trugen eine ganz andere Entwickelungsrichtung in sich als die freie Bauernschaft. So war es gegeben, daß die Stärkern die Schwächern, wenigstens in den äußern Verhältnissen, in ihre Richtung zwangen.

Dem allgemeinen Gang der Entwickelung folgend, gaben die Bauern zu Wohlen ihre Güter dem reichen Gutsherrn Guntran zu eigen. Um die persönliche Freiheit zu retten, opferten sie die freie Verfügung über ihre Güter und wurden Lehensleute. Aber auch der Rest der Freiheit blieb nicht unangetastet. Durch List und Gewalt zwang der Herr seinen neuen Zinsbauern, die freiwillig seinen Schutz gesucht hatten, die Dienste auf, die er von ihnen haben wollte.

Noch übler erging es denen von Muri, die auch ihr früheres Eigentum von einem Herrn zu Lehen nahmen, der durch das Ansichbringen eines großen Hofes ihr Nachbar geworden war. Es war Lancelin, wohl fränkischen Geschlechtes, der selber in Altenburg bei Brugg saß. Sobald dieser die Leute in seiner Macht hatte, hielt er sich nicht mehr an sein Wort und vertrieb viele von ihnen, die ihm nicht paßten. Die

Güter, die ihr volles, freies Eigentum gewesen waren, mußten die heimatlos Werdenden an Hörige des neuen Herrn abtreten.

Weder die von Wohlen, noch die zu Muri waren imstande, sich beim Gaugrafen oder gar beim König Recht zu verschaffen.

Als die von Muri nach dem Tode ihres Unterdrückers zur Selbsthilfe griffen, wurden sie von den Bewaffneten seines Sohnes Radbot zurückgeschlagen. Radbot baute ein festes Haus in Muri, und das Dorf blieb endgültig unterworfen.

So wurde die Gegend von Muri eingeschaltet in die ritterlichen Machtverhältnisse der Zeit, die ihrerseits sich eingliederten in die großen politischen und kulturellen Strömungen.

Radbot gab die in Muri so erworbenen Güter als Morgengabe seiner Gemahlin Ita von Lothringen. Diese, als ihr Kunde geworden war, wieviel Leid an dem Geschenk haftete, erschrak und gedachte das Unrecht wieder gut zumachen. Das geschah aber nicht dadurch, daß man den Geschädigten zu ihrem Recht verholfen hätte, sondern es lag in der Denkrichtung der Zeit und des Standes, dem Ita angehörte, daß eine Sühne eingeleitet werden mußte durch eine fromme Stiftung. Ita beschloß, ein Kloster zu begründen. Bei dem Bischof von Straßburg, Wernher, der dem Hause ihres Mannes entstammte, holte sie die Wegleitungen dazu.

Zur selben Zeit, als Wernher der frommen Frau half, ihr Kloster zu begründen, wurde er nach der Überlieferung auch Mitbegründer der Habsburg, indem er zusammen mit Radbot die Burg erbaute. Das Geschlecht nannte sich in der Folge nach diesem neuen Sitz.

Muri wurde Habsburgisches Eigenkloster, dem Geiste nach aber gehörte es zu Einsiedeln. An der Stelle, wo einmal die den Bauern gehörende Martinskirche gestanden hatte, ließ der Probst von Einsiedeln, der mit der Einrichtung des Gotteshauses betraut wurde, die Klosterkirche errichten und an sie anschließend die Wohnungen der Mönche und die bäuerlichen Einrichtungen. Im Jahre 1064 wurde die neue Kirche dem Patron der vorangegangenen geweiht.

Die Bauern von Muri wurden so Gotteshausleute und hatten von nun an die Schicksale der großen kirchlichen Entwickelungen ebenso durchzumachen wie die Schicksale des habsburgischen Hauses, an das sie für Jahrhunderte gekettet blieben. Zuerst war das Kloster mit allem Gut und allen Einkünften Eigentum der Habsburger, und die daraus erfließende Macht brachte es mit sich, daß auch der Benediktiner Geist im Innern des Klosters nicht unbeeinflußt vom Willen der Grafen sich entfalten konnte.

Da erzeugte ein Einschlag von außen eine Wendung. Wernher von Habsburg, Nachfolger Radbots und Haupt des Hauses, fand es vorteilhaft, sich in den Kämpfen zwischen Kirche und Reich mehr auf kirchlicher Seite zu halten. Das brachte es mit sich, daß er sein Kloster der Cluniazenser Reform öffnete. Diese Bewegung setzte sich damals für die Durchtragung der Unabhängigkeitsbestrebungen der Kirche ein und wandte sich besonders gegen das weltliche Eigentumsrecht an rein religiösen Einrichtungen. Muri wurde der Hirsauer Kongregation der Cluniazenser angeschlossen. Damit war es gegeben, daß Wernher auf sein Besitzrecht am Kloster und dessen Gütern verzichtete. Sogar die Wahl des Vogtes überließ er der Leitung der Klöstervereinigung von Hirsau. Diesen letzten Entschluß bereute er aber sofort wieder und benützte seine Händel mit den kaisertreuen Lenzburgern, den Vögten des nachbarlichen Stiftes Beromünster, um die Vogtei über Muri wieder an sich zu bringen.

Im Jahre 1086 wurde dann in öffentlicher Versammlung von aargauischen Großen festgelegt, daß das Vogtamt von Muri immer beim ältesten des Hauses Habsburg zu verbleiben habe. Zugleich wurde das Kloster dem direkten Schutze des Papstes unterstellt. Das Eigentumsrecht der Habsburger und deren Verfügungsgewalt über die Güter des Klosters waren damit aufgehoben. Es blieben ihnen nur noch die Rechte und die Einkünfte des Schirmvogtes.

Später erlangte das Kloster von König Heinrich V. die Immunität. Es stellte sich damit außerhalb der gewöhnlichen Gerichtsbarkeit, die vom Gaugrafen abhängig blieb, und war in Rechtssachen nur dem Reich verantwortlich. Der eigene Vogt vertrat nun den König.

Diese Entwickelung zeigt deutlich, wie die zwei Gewalten, die in Papst und Kaiser gipfelten, die Kräfte des sozialen Lebens in sich sogen, und in ständiger gegenseitiger Auseinandersetzung eine Ausgestaltung ihrer Organisationen suchten.

Die Würde der persönlichen Freiheit jener alamannischen Bauern von Muri und ihre Fähigkeit selbstverantwortlich zu handeln, stammte aus alten Zeiten, die vor der Einwanderung ihrer Ahnen liegen. Die wechselnden Schicksale, die in dem halben Jahrtausend seit der alamannischen Besitznahme des Aargau über ihre Heimat gegangen waren, hatten diese Freiheit wohl allmählich beschränkt, aber ihre Wurzel noch nicht angerührt.

Den ersten Schlag gegen die hergebrachte Freiheit führte der Franke Chlodwig im Jahre 496, als er den alamannischen Stamm unterwarf. Für die südlich des Rheinlaufes zwischen Bodensee und Basel liegenden Glieder des Stammes hatte dieses Ereignis nur zur Folge, daß die einen unter burgundischen, die andern unter ostgotischen Schutz kamen. In das Walten der freien Gemeinden und Familien tasteten diese Verwandlungen der Rechtsverhältnisse nicht hinein. Auch die erste fränkische Herrschaft, die auf die burgundisch-gotische folgte, brachte darin keine spürbare Änderung.

Erst die karolingischen Hausmeier drückten das vom fränkischen Hof ausgehende Organisationsprinzip hinunter in das Bereich alter Freiheiten. Zunächst mußte der Kampf den Stammesherzögen gelten, die sich schon deswegen weigerten den Hausmeiern zu gehorchen, weil diese niederer Geburt waren als sie selbst. Nach der Gefangennahme des letzten Herzogs, Landolts, durch Pipin den Kurzen übten dann Kammerboten, also fränkische Beamte, die Rechte und Funktionen des Herzogs aus. Jetzt erst traf das fränkische organisierende Element unmittelbar auf das Volk auf. Nun konnte die Entwickelung auch hier einsetzen, die zum hochmittelalterlichen Feudalismus hinzielte und die untern Stände aus der selbständigen Mitwirkung an der sozialen Gestaltung herausdrängte.

Im Jahre 843 zerplatzte das ganze fränkisch-karolingische Reich in drei Teile, ohne daß in der damaligen Zeit die Gründe gefunden werden könnten, warum die Teilung so und nicht anders vor sich gegangen ist. Weder geographische, noch sprachliche Grenzen, auch nicht Stammesgrenzen oder die kirchliche Provinzialeinteilung Europas waren entscheidend bei der mehr oder weniger bestimmten Abgrenzung der drei Teilreiche gegeneinander. Die spätere Schweiz wurde zerlegt nach der uralten Trennlinie zwischen Ost und West, sodaß hier die Aare – allerdings nicht im exakten Sinne – Ost- und Mittelfranken schied.

Die auf die Teilung von Verdun folgenden Jahrhunderte zeigen aber, daß sich jene Grenzen nicht ganz zufällig ausgebildet haben konnten. Mehr und mehr offenbarte sich der Eigencharakter der einzelnen Teile. Aus dem so sonderbaren Mittelstreifen, den sich Kaiser Lothar I. bei der Teilung vorbehielt, traten später eine ganze Reihe politischer Individualitäten heraus. Die Niederlande, Belgien, die Schweiz und die italienischen Staaten errangen sich Selbständigkeit, Elsaß und Lothringen blieben, trotz der wechselnden Schicksalsverbindung mit den spätern Gestaltungen von Ost- und Westfranken, nicht nur politische Begriffe, sondern eigenartige Gebilde.

Am frühesten nahm innerhalb dieses Gebietes von Mittelfranken der Teil zwischen Jura und Alpen Selbständigkeit an, aus dem im Jahre 888 Rudolf I. von St. Maurice aus das Königreich Hochburgund gründete. Dieses Reich nahm bald einen beträchtlichen Teil des frühmittelalterlichen Burgunderreiches in sich auf und dauerte noch an zur Zeit der Begründung des Klosters Muri, das auf seinem Boden stand. Bald darnach hörte es aber auf selbständig zu sein. Das deutschrömische Reich bekam jetzt unmittelbaren Zugang zu den burgundischen Rechtsverhältnissen, indem es sich das Land einverleibte. Wie theoretisch solche Änderungen für die Volkssubstanz sind, zeigt die Entwickelung von Muri, die völlig unberührt von der Rechtsänderung blieb.

Auch in religiös-geistiger Beziehung hatte sich der Übergang von einer theoretischen zu einer durchgreifend tatsächlichen Eingliederung der Menschen in die Kirchenorganisation, die schließlich die einstmals freien Bauern von Muri ganz in sich aufnahm, nur allmählich vollzogen.

Man wird einen Blick auf die vorangegangene heidnische Organisation des religiösen Lebens werfen müssen, um manches Spätere zu verstehen.

Cäsar sah ein Unterscheidungsmerkmal zwischen Kelten und Germanen darin, daß die Kelten zu seiner Zeit noch ganz von der druidischen Organisation rechtlich und religiös abhingen, während er in den Germanenstämmen, die ihm begegneten, die Druidenordnung nicht mehr finden konnte. Wenn auch Cäsar kein vollgültiges und einwandfreies Auskunftsmittel für diese Verhältnisse sein kann, weil er den Druiden, die ihm viel zu schaffen machten, nicht grün war, und er nur wenige Randgermanen zu Gesicht bekam, so muß man doch in dieser Beobachtung ein wesentliches Element sehen. Die Germanen, wo sie geschichtlich auftreten, erscheinen weitgehend entlassen aus der alten Priesterordnung. Zwar sind ihre Edlen, soweit deren Ansehen über die patriarchalisch zusammengehaltene Familie hinaus wirksam ist, nichts anderes als Nachkommen von Inhabern vererbbarer priesterlicher Ämter. Die alte, priesterliche Ordnung blieb denn auch bei ihnen immer auf dem Punkte, wieder zu voller Macht zu erwachen.

Ganz aus der alten Ordnung der Drotten-Mysterien herausgetreten waren im Grunde nur die Gemeinfreien. Die Unfreien blieben nach unten, die Adeligen nach oben in alter Weise abgestuft. Aber der Inhalt der alten Religion, aus deren Gesetzen die Abstufungen herkamen, war in geschichtlicher Zeit bloße Erinnerung geworden, ohne Möglichkeiten einer Weiterentwickelung. Als dann das Christentum seine verjüngenden Kräfte bei den Germanen geltend machte, zeigte sich bald, daß eine Art erneuerter Druidenordnung sich anschickte aufzustehen und die Tendenz annahm, das ganze Volk wieder rechtlich und religiös von ihr abhängig zu machen. Gegenüber dem vorchristlichen Organisationsprinzip wies sie nur den Unterschied auf, daß früher eine einzige organisierende Oberschicht da war, während sich jetzt zwei getrennte Organisationen ausbreiteten. Vom Frankenreich ausgehend bildete sich der Feudaladel aus mit dem Anspruch, das gesamte Rechts- und Kriegswesen unter seine Vormundschaft zu bringen, und von Rom ausgehend wuchs die kirchliche Organisation mit dem ebenso universellen Anspruch auf die geistige Vormundschaft der Menschheit in die Welt hinaus.

Der Stand der Gemeinfreien wurde zermürbt, und die alte Scheidung der Menschen in Freie und Unfreie verlor nach und nach ihren Sinn. Der Dienstadel, obwohl unfreien Standes, erhob sich über den Stand des Gemeinfreien, der selber nach und nach mit den untern dienstbaren Ständen verschmolz.

Wäre diese äußere, überall sichtbare Entwickelungsrichtung allein herrschend geworden, so hätte sich in ganz Europa, das vom germanischen Element völlig durchdrungen war, das wieder ausbilden müssen, was Cäsar an den sozialen Verhältnissen der gallischen und britannischen Kelten beobachtet hatte.

Nun läßt sich in der Schweiz eine Tatsache feststellen, die in ausgedehnter und mannigfaltiger Weise im ganzen Gebiet der christlichen Mission bei den Germanen Bedeutung erlangte. Wie die ältesten oder auf älteste Verhältnisse gehenden Traditionen und Legenden lehren, waren für die Einführung des Christentums auf schweizerischem Boden jene Organisationen noch nicht maßgebend. Das Christentum kam namentlich durch die Iren, denen man vorwarf, keine Organisationsfähigkeit zu entwickeln, und durch östliche Impulse, die einzig durch ihre starken Wirkungen und die legendarischen Bilder faßbar sind, zu den Vorfahren des schweizerischen Volkes. Was von diesen Seiten kam, ergriff und erzog Ungetaufte und Getaufte und wurde zur eigentlichen Mission des Christentums in der Schweiz. Erst die Karolinger, namentlich Karl der Große, haben die Überreste davon, soweit sie faßbar waren, aus den Einrichtungen des Landes ausgetilgt und die allgemeinen Prinzipien der Kirche durchgesetzt.

In der Geschichte Muris begegnet man dann wieder einem Einschlag in das religiöse Leben des Westens, der ebensowenig aus der organisierten Kirche oder der parallel laufenden politischen Organisation stammt, wie die einstige Mission. Es ist die Cluniazenser Reform, deren einschneidende Wirkung uns in der Murenser Klostergeschichte entgegentritt.

Am 11. September 910 machte Wilhelm der Fromme, Herzog von Aquitanien, einem Abt Bernon und dessen Mönchen eine Schenkung von Gütern in Cluny bei Màcon zur Begründung eines Klosters. Die Bedingungen des Schenkungsaktes charakterisieren den Geist des zu gründenden Klosters deutlich. Unter anderem liest man darin: «Diese Mönche und alle diese Güter werden der Autorität des Abtes Bernon unterworfen sein, so lange dieser leben wird. Aber nach dem Tode des Abtes werden die Brüder nach der Regel des heiligen Benediktus zum Abte ernennen, wen sie wollen. .... Von diesem Tage an sollen sie weder uns, noch dem König, noch irgend einer Macht der Erde unterworfen sein. Kein weltlicher Fürst, kein Graf, kein Bischof, selbst nicht der Papst, ich beschwöre sie im Namen Gottes und der Heiligen, soll das Gut dieser Diener Gottes antasten dürfen. ....»

Mit aller Entschiedenheit wird die äußere Grundlage, womit diese Mönche das dann so großen Ruhm erlangende Cluny errichteten, außerhalb der politischen und der allgemeinen Kirchenorganisation in die Welt hineingestellt. Dieses wäre ohne Bedeutung, wenn nicht von Cluny aus auch ein erneuernder Geist durch die ganze westliche

Christenheit gegangen wäre, der nicht aus den sie verwaltenden Prinzipien stammte. Ebenso wie einmal die irische Mission von der Seite her eingriff in das Kulturleben, so kam durch Cluny wiederum von der Seite her, nicht aus dem allgemeinen Strom, ein neuer Einschlag. Was später, als der Cluniazenser Impuls erschöpft und veräußerlicht war, durch Citeaux (Zisterz) und darnach durch S. Giovanni da Fiore – aus der gleichen Quelle stammend – der Kultur an Erneuerungskräften gebracht wurde, war wiederum etwas, was die Organisationen des Mittelalters nicht aus Eigenkräften erzeugen konnten. Es wurde durch Persönlichkeiten in die Öffentlichkeit hinübergetragen, die noch aus andern Quellen schöpften, als denen, die ihnen von Amts wegen als Angehörigen der führenden Stände offenstanden.

Bei all diesen Kulturstätten finden wir die gleiche Erscheinung, wenn auch im Sinne der fortschreitenden Zeit abgewandelt, wie sie bei der Begründung von St. Gallen einmal aufgetreten war: Die Gründer wählen jungfräulichen Boden in der Wildnis, auf den sie sich scheinbar zurückziehen, um dann in großer und erneuernder Weise hinauszuwirken. Der Strenge, der Unerbittlichkeit und der Herbheit der Columbanischen Mönchsregel, die das gesamte Leben zu einer einzigen ernsten Anstrengung macht, begegnen wir wieder in Cluny, in Citeaux, in S. Giovanni da Fiore, wo man das Benediktinertum erneuern wollte. Zu der Zeit, da der große Heilige, Gelehrte und Dichter Bernhard von Clairvaux Abt der Zisterzienser war und als größte Autorität in Europa für die Führung der Menschheitsangelegenheiten von Papst und Königen anerkannt wurde, waren die hohen Herren einer päpstlichen Gesandtschaft einst genötigt gewesen, den Abt auf dem Felde beim Heuen aufzusuchen. Man mag daran etwas verspüren vom Geiste von Citeaux, der es ebenso streng mit den untern wie mit den obern Pflichten nahm.

Für das Verständnis des schweizerischen Beitrages zur allgemeinen Kultur wird es von großer Bedeutung sein, auf diese Tatsachen der Entwickelung hinzuschauen. Auch der schweizerische Beitrag stammt nicht aus den Prinzipien der großen Organisationen, die das Land in sich aufgenommen hatten.

Daß aber solche individuellen Beiträge, die in der Stille unbemerkt und unterhalb der historischen Schicht des Lebens heranreifen und dann im ausgereiften Zustande mit elementarer Kraft in die Geschichte hinaustreten, dem Ganzen zugute kommen, lehrt in eigentümlicher und eindrucksvoller Weise der Ausgang des Cluniazensertums. Denn nichts hat im Hochmittelalter mehr zur Macht und zum Ansehen der allgemeinen Kirche beigetragen als Cluny, das nicht auf ihrem Boden erwachsen ist, sondern absichtlich und ausdrücklich außerhalb ihrer Organisation gegründet wurde.

Im Februar 1049 kam der Bischof Bruno von Toul, ein Verwandter des Kaisers, als einfacher, barfuß gehender Pilger in Rom an, begleitet vom Bischof von Trier und dem Cluniazenser Mönch Hildebrand. Der Pilger war von einer kaiserlich geleiteten Synode zum Papst bestimmt worden. Er trat aber die Würde erst an, als er durch kanonische Wahl durch das Volk der Kirche Roms zu ihr erhoben worden war. Den Mönch Hildebrand machte der neue Papst Leo IX. zum Subdiakon. Nun begann dieser sein Reformwerk an der Kirche, zunächst als beständiger Ratgeber einer Reihe aufeinanderfolgender Päpste, dann, selber Papst geworden unter dem Namen Gregor VII., als direkter Leiter der kirchlichen Christenheit, und schließlich setzten seine eigenen Schüler bis auf Urban II., den Lenker der ersten Kreuzzugsbewegung, sein Werk fort.

Etwa ein halbes Jahrtausend nach dem großen Benediktiner Gregor I. trug der Cluniazenser Gregor VII. eine ebenso durchgreifende Reform wie jener in die abendländische Kirche hinein.

Zwei Maßnahmen, die er mit gewaltiger Willenskraft gegen eine Welt von Widerständen durchsetzte, gingen tief in den Schicksalsgang der Völker hinein:

Die Abschaffung der Simonie, das heißt des Kaufes der kirchlichen Ämter, und der Laieninvestitur, also der Verleihung rein kirchlicher Ämter durch ungeweihte Machthaber, gab der ganzen Kultur eine Richtung, die erst zur Entfaltung der Blüte des Hochmittelalters führen konnte. In der Verknäuelung der Gewalten hätte sie vorzeitig ersticken müssen.

Eine eigentümliche Wirkung mußte das unerbittlich eingeführte Prinzip des priesterlichen Zölibates haben. Die Ehelosigkeit, die bis dahin nur für das Klosterleben und die höhern Grade des Priestertums unbedingtes Erfordernis war, wurde auf den ganzen geistlichen Stand ausgedehnt. Dadurch wurde dieser nach der einen Seite hin herausgehoben aus der Gemeinschaft der Laien, aber auf der andern Seite wieder verwurzelt gelassen in der Gesamtheit der Stände. Denn dadurch war jede Gefahr der Bildung einer erblichen Priesterkaste ausgeschlossen. Dem Prinzip nach mußte für die Zukunft jedem Würdigen, ungeachtet des Geburtsstandes, die Weihe offen bleiben.

Die Weihe wurde dadurch eindeutig über die Geburt gestellt.

Damit war der geistliche Stand nicht nur durch seine Aufgabe, sondern auch substantiell gesondert von dem andern führenden Stand des Mittelalters. Für den Ritterstand, für den Adel überhaupt, war im Hochmittelalter das Normale eine Art Gleichgewicht zwischen Geburtsprinzip und Weiheprinzip. Um in jeder Hinsicht Vollritter sein zu können, war die edle Geburt, die Abstammung von adeligen Eltern, notwendig. Dazu mußte aber kommen das Hervorgehen aus geweihter Ehe und die Erlangung der ritterlichen Weihe.

Der priesterliche Urstand des Rittertums war durch dieses Gleichgewicht schärfer betont als bei dem neu erstandenen christlichen Priestertum selbst. Das Feudalrittertum, dessen Gesetze maßgebend für die ganze Adelskultur des germanischen Mittelalters wurden, hat seinen Ausgangspunkt am fränkischen Hof genommen. Ursprünglich bildete es sich heraus aus dem Beamtentum, dessen Substanz ohne Zweifel den adeligen Stufen der im fränkischen Reich vereinigten Völker, besonders der Franken selbst, entnommen war. Je mehr aber zu den reinen Verwaltungsgeschäften der Beamten militärische Aufgaben hinzukamen, um so mehr mußte sich die Notwendigkeit herausstellen, das Aufsteigen von unten in den Adelsstand zu ermöglichen. In den Zeiten, als das Wehrwesen mehr und mehr ausschließliches Recht einer Militäraristokratie wurde, ergab es sich von selbst, daß unter verschiedenen Umständen Gemeinfreie und Hörige in den Ministerialadel aufgenommen wurden. Aber in den Zeiten der gregorianischen Reformen war der Stand bereits gesättigt, und es mußte in ihm die Tendenz entstehen, sich völlig abzuschließen gegen unten und so dem Geburtsprinzip ein Übergewicht zu geben gegenüber der Weihe.

Damit stellte sich das Rittertum in völlig anderer Weise in die Welt hinein als das Priestertum. Die Folgen davon traten aber erst nach der Überschreitung der hochmittelalterlichen Blütezeit heraus, die damals erst ihren Anfang nahm.

Ein mächtiger Impuls ergriff das gesamte ritterliche Wesen im letzten Drittel des XI. Jahrhunderts. Am gleichen Hofe von Aquitanien, von wo aus das bedeutsame Dokument und die Schenkung ausgingen, die den äußern Anstoß gaben zur Cluniazenser Bewegung, trat nun ein anderer, ebenso umgestaltender Impuls in die Öffentlichkeit hinaus. Während die erste Bewegung den ganzen Klerus bis in die Weltgeistlichkeit hinein umwandelte, sollte die zweite das gesamte Rittertum gleichermaßen umgestaltend ergreifen.

Wilhelm IX. von Aquitanien, das Haupt eines angesehenen, mächtigen und reichen Geschlechtes, fing an Gedichte zu machen in der Volkssprache seines Landes, Melodien zu finden für seine selbst verfaßten Lieder und sie vorzutragen, nicht anders als es die «Jongleure» taten, die herumziehenden, halb heimatlosen Sänger des damaligen südlichen Frankreich. Ja, er nannte sich selbst «Jongleur» und «Troubadour». Aller offiziellen Sitte war damit Hohn gesprochen. Nicht nur das allein höfische Latein war vom Thron gestoßen, sondern auch kirchlich gültige Anschauungen wurden verletzt durch die Taten und Worte des kühnen Ritters. Mehrere Exkommunikationen hatte er zu ertragen, trotz seiner sonstigen Frömmigkeit, die ihn mit dem ersten Kreuzzug ins heilige Land führte.

Nach zeitgenössischem Bericht hat sich sein Beginnen wie eine Explosion alten Heidentums über den Süden Frankreichs verbreitet. So weit, wie fast gleichzeitig das Katharer- und Albigensertum öffentlich auftretende Angelegenheit wurde, erschollen mit einem Male die Höfe und Burgen der Ritter vom Gesange der Troubadours.

Aber mit unbegreiflicher Schnelligkeit ging die Bewegung nach dem Norden Frankreichs und nach Deutschland über, sie überschritt die Seealpen und verbreitete sich über die Lombardei, um schließlich in Sizilien eine allerletzte Blüte zu treiben.

Überall treten die gleichen Erscheinungen zutage. Man dichtet in der Vulgärsprache des Landes – nur in der Lombardei wird der provenzalische Dialekt übernommen – und trotzdem es Aufgabe des höfischen Sängers war, immer neue Weisen zu finden, ist die ganze von der Bewegung hinterlassene Lyrik so, daß man sie als die Übertragung eines einzigen individuellen Werkes in verschiedene Sprachen und Versionen ansehen könnte. Sie wurde rasch ausschließliche Übung des Rittertums und distanzierte sich von dem Jongleurwesen, das zu Zeiten Wilhelms noch in den Kreis hineingehörte.

Zwei Grundelemente machen den Inhalt dieser Lyrik aus: Nach der einen Seite hin wird Naturstimmung gesucht und nach der andern das höhere Geistige.

Jene Sehnsucht nach der Hirtenstimmung, die aus den höfischen Frühlingsliedern herauskommt, und auch die Tatsache, daß man im Winter nicht dichtete, wird oft als Rätsel empfunden. Es ist eine allgemeine Erscheinung, daß das Mittelalter hinwegstrebte von der Natur und kein Verständnis für sie aufbrachte. Im scheinbaren Widerspruch dazu erstand nun eine Frühlingslyrik, die in die sprossende Natur untertauchte. Doch bleiben die Lieder des höfischen Minnesangs, wo sie sich an den Frühling, die Blumen, die Vögel und den Landmann wenden, für unser Empfinden konventionell und nicht ursprünglich erwachsen. Die Töne dieser Lieder sind symbolisch, sie sind eine Art Schlüssel zu einer ganz besondern Stimmung, nicht Naturerlebnis.

Diese Hirtenstimmung – die «joi» der Provenzalen –, die den Sänger und Hörer heraushob aus den alltäglichen Geschäften, sollte das Innere offen halten für das Höhere, das erst jetzt nach dem Erzeugen der Stimmung gesucht werden konnte. Dieses Höhere, die andere Seite des Minnesanges, ist dem Gegenwartsbewußtsein nicht minder rätselhaft als die Naturseite der höfischen Lyrik. Während die Frau rechtlich unter den Mann gestellt und besonders in hohen Hofkreisen nur Mittel war, politische Verbindungen herzustellen und Familieninteressen zu dienen, wird sie in der Lyrik über alles erhoben. Während die eheliche Geburt Vorbedingung war für den normalen Erbgang und für das makellose Ansehen des Menschen und besonders des Ritters, wird der Ehe durch die Verse der Troubadours schärfster Spott zuteil.

Auch diese Erscheinung wird verständlich, wenn ein Ausspruch des heiligen Bernhard, der Ritter war durch Geburt und Geistlicher durch Erziehung, beachtet wird. Sie gibt einer im Kreise der höfischen Kultur allgemeinen Anschauung Ausdruck. In den «Cantica Canticorum» sagt der heilige Bernhard: Magna res amor, sed sunt in eo gradus –, und an anderer Stelle: Tres sunt status amoris Dei in anima christiana. Primus sensualis vel animalis, secundus rationalis, tertius spiritualis vel intellectualis.

Das heißt also, die große Sache der Liebe habe für den Menschen verschiedene Grade: einmal könne sie am Sinnlichen hängen, auf höherer Stufe werde sie psychisch-rational und erst die letzte Stufe offenbare ihr geistiges Wesen, dann, wenn sie spirituell werde.

Diese höchste Liebe ist Ziel des ritterlichen Sängers. Das andere ist ihm nur Symbol für das, was er in Wirklichkeit sucht.

Wie er nicht Interesse hat für den Bauern, sondern für die heilige Stimmung, die diesen mit der Natur verbindet, so sucht er in der Minne den höhern, den geistigen Menschen, der jungfräulich, unberührt vom Materiellen ist, und nicht das andere, was seine Worte auszudrücken scheinen, wenn man sie im materiellen Sinn ausdeutet. Der Spott gilt dieser Ausdeutung.

Die zwei Richtungen, welche die Lyrik nimmt, finden sich wieder in den Lebensregeln des wahren Ritters.

Die Grundregel, die das hochmittelalterliche Rittertum gestaltet, besteht wiederum aus zwei Teilen. Die hohe Geburt, sowie die zu erlangende Weihe – der Ritterschlag – verpflichten den Angehörigen dieses Standes, nach zwei Seiten hin zu streben, und schon seine ganze Erziehung ist daraufhin angelegt.

Was gesucht werden soll, hat das mittelalterliche Bewußtsein im Bilde der sieben Tugenden gesehen. Davon waren die vier untern, die platonischen oder moralischen Tugenden, der Teil, der den Ritter mit der irdischen Welt in der rechten Weise verband. Die drei höhern, die theologischen oder geistigen Tugenden, sollten ihn in der überirdisch-geistigen oder göttlichen Welt Wurzel schlagen lassen. Ins Irdische und ins Überirdische strebte das christlich gewordene Rittertum. Darin bewegte es sich in den gleichen Richtungen wie die der Regel des heiligen Benediktus folgende, also die gesamte westliche regulierte Geistlichkeit. Der Urkern dieser Regel war der Grundsatz: Ora et labora, bete und arbeite.

Die erste Tugend, um die sich der Ritter zu mühen und die er ständig zu üben hatte, war «die Masze», das rechte Maß in seinem Begehren und Wollen.

Die zweite war der besonnene Mut. Waffenübung und Unterricht bildeten den Mut oder die Stärke des Ritters aus, sodaß er ein Führer und Schützer seines Hauses und seiner Untergebenen zu werden vermochte.

Aber der Mut mußte so sein, daß sich der Ritter auch furchtlos für die höhern Ziele der geistigen und der irdischen Welt einsetzte.

Unermüdlich mußte Lebenserfahrung gesammelt werden, damit die «Tumbheit» besiegt und Weisheit erlangt werde. Diese Lebensweisheit war die dritte der unerläßlichen Tugenden.

Die oberste, das ganze Leben des Ritters erfüllende Tugend, deren Ausübung seinen eigentlichen irdischen Beruf ausmachte, war die Gerechtigkeit. Ohne zu rasten hatte der Ritter Ausschau zu halten nach Verhältnissen, die von ihm Recht verlangten. Er hatte die Welt in die rechte «Richtung» zu bringen. Wo die Weltordnung verletzt war, hatte er heilend einzugreifen. Waisen waren zu beschirmen, Witwen zu schützen, Jungfrauen zu verheiraten, Bösewichte zu bestrafen, Händel zu schlichten, und was sonst den rechten Gang des sozialen Lebens störte, war durch ihn zu richten. Durch die vierte Tugend machte er sich zum Organ der überpersönlichen Weltgerechtigkeit. Michael mit Schwert und Waage war sein Vorbild.

Die vier Tugenden: Maß, Mut (Stärke), Weisheit und Gerechtigkeit waren die Grundlage für die Erlangung der drei höhern Tugenden.

Auch diese Tugenden waren nicht bloße Ideale einer Weltanschauung, sondern Kräfte, die man in ununterbrochener Anstrengung zu üben hatte. Sie unterscheiden sich scharf von den moralischen Tugenden dadurch, daß jene immer in gegebene Verhältnisse eingriffen, diese aber nach Ungeborenem strebten.

Die Ziele der geistlichen Tugenden waren nicht in den irdischen Gegebenheiten zu verwirklichen. Sie gingen auf etwas, das man aus eigenstem Impuls suchen mußte, wozu man nicht durch die irdischen Verhältnisse gezwungen wurde. Ja, man mußte etwas suchen, das gar nicht erreichtbar war im gewöhnlichen, materiellen Sinne, etwas, das bei jeder erreichten Stufe nur Ausblicke auf noch höhere Stufen brachte.

Da mußte dann der Glaube so sein, daß er trotz aller erkältenden Erfahrungen immer wieder neu hervorsproßte. Daß die Anstrengungen schließlich doch ans Ziel führen, das mußte gewisser Inhalt des Glaubens bleiben. Er war als ständig wirksame, aktive Kraft lebendig.

Die Hoffnung galt dem Ritter als die Tugend, die die Treue aus sich gebar. Nur wenn sie die unerschütterliche Treue aus sich hervorgetrieben hatte, war alles Egoistische an ihr abgestreift, und auch sie stand als aktive Kraft im Geistesstreben da.

Die höchste Tugend, die Liebe, war nur für den Unwissenden, der sie gar nicht kannte, eine körperliche Angelegenheit – darum der viele Spott auf die Ehe. Was die Minne suchte, wurde in der Lyrik immer als unerreichbares Ziel dargestellt. Aber die Minne als Kraft durfte keinen Augenblick auslöschen. Der Mensch ohne Liebe ist tot, langweilig, eine bloße Last der Erde, sagt ein Troubadour. – Das Ewig-Weibliche im Menschen, das jungfräulich im Überirdisch-Geistigen Verbleibende, dem die Minne gilt, und das Reich, in dem es seinen Urstand hat, werden durch die verschiedensten, aber immer wiederkehrenden Symbole «der Blume», «der Rose», «der Dame» oder bestimmter Gestalten des alten und des neuen Testamentes angedeutet.

Friedrich II. tadelt in einem Gedicht die frivole Art, mit der von den Dichtern seiner Umgebung die hohen Ideale des Minnesanges angewandt wurden. Er sagt, daß er sehe, wie manche dichten über Glaube, Treue und Liebe, aber diese Tugenden sehe er bei diesen Scheinheiligen nicht. Was der Kaiser kurz vor dem Auslöschen der höfischen Poesie feststellte, das war bereits bei ihrem ersten Heraustreten im Languedoc zu sehen. Schon seit den Anfängen unterscheidet man zwei Richtungen: die eine, die nur künstlich Symbole und Bilder nach fertigen Regeln verwandte, und die andere, bei der jedes Wort ernst genommen werden muß. Auch in dieser moralischen Beziehung ist in der ganzen Erscheinung keinerlei Entwickelung zu sehen. Der Anfang war wie das Ende, wenn von Äußerlichkeiten abgesehen wird.

Wenn aber die höfische Poesie in den hundertzwanzig Jahren ihres Lebens keinerlei Entwickelung durchgemacht hat, sondern plötzlich in fertigen Formen dastand und fast ebenso plötzlich wieder erlosch, so kann das nur sein, weil sich die Entwickelung nicht in einer sichtbaren Sphäre, sondern unbeobachtet von der Öffentlichkeit vollzogen hat. Als bereits entwickelte Form kam sie zur allgemeinen Sichtbarkeit. Doch diese Form hatte, weil sie zu Ende entwickelt war bei ihrem Erscheinen, den Zerfall damals schon in sich. Trotzdem wirkte sie gewaltig umgestaltend in die Welt hinüber, indem sie die höfische Kultur verbreitete. Nicht nur das ritterliche Wesen wurde von dieser Kultur ergriffen, sondern über dieses hinaus wirkte höfische Sitte auf alles soziale Leben ein.

Wie ein künstlerisches Prinzip, das alle Teile eines architektonischen Werkes durchdringt, findet man die ritterliche Grundstruktur in der ganzen Verwaltungsorganisation des Hochmittelalters.

An den Höfen kommen zu den vier weltlichen Ämtern immer entschiedener drei andere hinzu, die Geistlichen übertragen werden, vor allem das so wichtige Amt des Kanzlers, dann das des Vorstehers des Kultes am Hofe und das des Erziehers des höfischen Nachwuchses. Daß diese Ämter nicht eingeengt waren in die Grenzen des Hoflebens, versteht sich von selbst.

Das Reich, das als Wahlreich aus dem fränkischen Erbreich hervorgegangen war, machte das ritterliche Wesen zum Grundmotiv seiner Architektur. Es muß daher Geburt und Weihe für den König in ein Gleichgewicht kommen. Das verlangte nach dem altgermanischen Wahlprinzip. Dieses gestaltete sich nach und nach so aus, daß es schließlich in eine gesetzliche Festlegung hineinging, die wieder genau die nämliche Grundstruktur aufwies. Vier weltliche und drei geistliche Kurfürsten hatten den römischen König zu wählen.

Das alles durchdringende Bauprinzip der weltlichen Organisation ist wiederum Bild des Ganzen. Neben der weltlich-ritterlichen Organisation steht eine ebenso durchgegliederte Kirchenorganisation.

Aber was hält dieses Ganze zusammen?

Eines unter den wenigen mittelalterlichen Spielen, die uns noch erhalten sind, hat die Antwort durch Jahrhunderte hindurch immer wieder bildhaft vor die Menschen hingestellt. Es ist das berühmte Antichristspiel, dessen Text und Regievorschriften in einer alten Handschrift in Tegernsee wieder aufgefunden worden sind. Darin tritt die Ecclesia als Allegorie auf und führt auf der rechten Seite den Papst und auf der linken den Kaiser mit sich. Was hier Bild ist, nämlich die himmlische Kirche, die Ecclesia, mit zwei auf Erden wirkenden Vertretern, das war eine Realität zur Zeit des heiligen Bernhard, als dieser von Päpsten und Königen als letzte Autorität angesehen war. Er, der Priester und Ritter, war Mund der himmlischen Ecclesia, durch den sie zu ihren beiden Gewalten sprach.

Von der höhern Macht, die man auf kirchlicher Seite Ecclesia nannte, und die man dort, wo man andere Namen anwandte, doch am gleichen Orte suchte, nämlich im Reich der wahrhaftigen Minne, glaubten beide Organisationen ihr notwendiges Dasein und ihre Funktionen herleiten zu können. Beide Ämter waren daher universell und ihre höchsten Gipfel, Kaiser und Papst, waren allgemein anzuerkennende Vertreter der göttlichen Weltenlenkung. Von ihr trug der Kaiser die Erde zu Lehen, und der Papst war über die auf Erden lebenden Seelen gesetzt. Wie alle Seelen, nach auch heute noch bestehender Anschauung der Kirche, ihr rechtmäßig angehören, mögen sie selbst das Recht anerkennen oder im Irrglauben verharren, so hatten sämtliche Könige der Erde ihr Land vom Reich zu Lehen, mochten sie die Tatsache anerkennen oder nicht. Die irdische Meinung hat keine Bedeutung gegenüber göttlicher Ordnung.

Mochten auch einzelne Könige die Lehenspflicht dem Reich gegenüber nicht erfüllen, im westlichen und mittleren Europa ging die Struktur der zwei Organisationen doch durch alles hindurch. Für den einzelnen Menschen, der nicht an einer entscheidenden Stelle stand, konnte es nahezu gleichgültig sein, ob der Landesherr sich für oder gegen den obersten Vertreter des Reiches stellte. Leiden und Pflichten des Volkes, namentlich aber die Richtung der Kultur, änderten sich dadurch nicht. Das Reich war nicht ein Mechanismus, sondern eine Organisation, deren Geist unmittelbar die Glieder ergriff und gestaltete.

Klerus und Rittertum standen nebeneinander als herausgehobene Träger der zwei die Menschheit ergreifenden und tragenden Prinzipien. Beide lebten nach festen, vom Wesen ihrer Mission selbst gestalteten Regeln. Beide stellten sich auf die Erde und strebten zugleich ins Überirdische. Beim Klerus war das Streben in das Geistige das vorherrschende und beim Ritter die auf die Erde gerichtete Mission. Aber bei beiden war sowohl das eine wie das andere Grundbedingung für die Gültigkeit ihrer Funktionen. «Ora et labora» hieß es für den Klerus. «Übe die vier untern Tugenden und strebe nach den drei obern,» war der Kern der ritterlichen Kultur.

Im Kloster schloß sich der Klerus ab von der profanen Welt, und auch der Weltklerus lebte mehr und mehr reguliert nach klösterlichem Vorbild.

In der Burg lebte der Ritter über dem gemeinen Volk. Aber auch sein Prinzip ging über die Burg hinaus wie das klösterliche Prinzip über die Klostermauern. Die Städte als Ganzes wurden gleichsam erweiterte Burgen und die Leute hinter den Stadtmauern «Bürger».

Was wir an der gotischen Kunst bewundern, das Ergriffensein jedes Teiles vom Geiste des Ganzen, der jede Einzelheit einordnet in den gleichen, emporstrebenden Strom, das müssen wir wieder bewundern im sozialen Leben des Mittelalters, mögen wir noch so viel an ihm auszusetzen haben. Die zweitürmige Kathedrale ist vollendetes Bild der sozialen Kräfte, die das westliche und das mittlere Europa durchdrangen.

Das auf die Erde gemauerte Kreuz des Grundrisses, und die durch das Mauerwerk brechende Lichtrose über dem Hauptportal brachten die zwei Richtungen des höhern Strebens der christlichen Menschheit symbolhaft zum Ausdruck.

Die Kreuzzüge, die von beiden Organisationen mit Eifer aufgenommen wurden, sprechen schon durch den Lauf, den sie innerhalb von Mitteleuropa nahmen, von beiden Gewalten. Der eine Strom ging vom Norden nach dem Süden, der andere vom Westen nach dem Osten. Die Züge, die südwärts gingen und sich in Süditalien nach dem Osten wandten, waren im engern Zusammenhang mit der Kirche; die andern, die ostwärts gingen bis in die Donauebene, um sich dann durch das Tor von Konstantinopel nach dem Heiligen Land zu wenden, wollten mehr auf dem Ritterelement beruhen.

Aber dieses Kreuz der Zugrichtungen, das auf den Boden Europas gezeichnet wurde, verrät noch anderes als das Dasein zweier Prinzipien.

Auf zwei Wegen suchte man das eine Ziel, das Grab des Erlösers, weil das Wollen dieser Züge noch anderes in sich trug als das eine Ziel. Schon der erste Kreuzzug hatte Keime in sich, die bei ihrer Entfaltung die Bewegung vernichten mußten. Politischer und persönlicher Egoismus mischten sich in die dem Urziele nach universelle Bewegung.

Aber auch die Sicherheit der Verwurzelung im universell Geistigen ging dem Hochmittelalter rasch verloren.

Friedrich II. kämpfte noch gegen eine Reihe von Päpsten um das Gleichgewicht der zwei Mächte, das vorhanden sein mußte, wenn der himmlische Auftrag Wirklichkeit war. Friedrich, der dieses Gleichgewicht und nicht das weltliche Übergewicht wollte, griff niemals zu dem Mittel, das seine beiden Großväter angewandt hatten:

Nie versuchte er einen Gegenpapst in die Welt hineinzustellen. Aber er hielt darum so fest an seinem Weltbild, weil es im Begriffe stand, Theorie zu werden. Die Sicherheit, im göttlichen Auftrag zu handeln, war bei ihm nicht mehr da. Darum versuchte er diesen Auftrag immer wieder zu beweisen und zu begründen, indem er auf das Wunderbare seines Schicksals hinwies.

Was Friedrich noch kämpfend verwirklichen wollte, das versuchte dann Dante in seinem Buche «De Monarchia» zum letzten Male philosophisch festzuhalten, aber umsonst.

Friedrich II. und sein Geschlecht gingen unter. Als Papst Bonifaz VIII. in seiner berühmten Enzyklika «Unam Sanctam» dogmatisch festgelegt hatte, daß dem Papsttum allein die oberste Führung der Menschheit anvertraut sei, gerieten die Päpste für lange Zeiten unter die Führung des französischen Königs. Weder dem Kaiser, noch dem Papst, noch auch dem Philosophen gelang es, die abgelaufene Zeit festzuhalten.

Die hervorragendsten Rittergeschlechter, die vornehmlich Träger der wahren höfischen Kultur gewesen waren, starben am Ende des XII. und am Anfang des XIII. Jahrhunderts mit unheimlicher Raschheit aus. Die großen Imaginationen der gotischen Dome wurden nicht mehr von solchen Geschlechtern ausgeführt, unter denen die Pläne hätten entstehen können, sondern von Nachfahren, die nur noch zu Ende bauen, aber nichts Ähnliches mehr erzeugen konnten.

Auf allen Gebieten der hochmittelalterlichen Kultur war die gleiche Tragik wirksam. Das Maßwerk war bis zu den letzten Möglichkeiten ausgemeißelt, eine weitere Entwickelung war nicht möglich. Es blieb nur der Zerfall.

Betrachtet man für die Zeit des Hochmittelalters das Gebiet, das einmal die Schweiz einnehmen sollte, so wird man bald auf bestimmte Unterschiede des sozialen Lebens gegenüber dem der Umgebung stoßen. Kulturhistoriker und Kunsthistoriker können die Grenzen der politisch noch nicht geborenen Schweiz in ihrem annähernden Verlauf schon für diese Zeit erspüren.

Das Auffälligste für dieses Gebiet ist ein gedämpfteres Auftreten aller Erscheinungen des Hochmittelalters, als es in den angrenzenden Ländern der Fall war.

Nie war eine so leidenschaftliche Teilnahme der Bevölkerung für die Streitigkeiten zwischen Kaiser und Papst, nie ein solcher Fanatismus für die städtische Kommune aufgeflammt wie in der Lombardei. Die südfranzösischen Ketzerbewegungen wurden nicht in dem Maße öffentliche Angelegenheit wie in benachbarten Teilen Frankreichs. Die gotische Kunst, vornehmlich die Architektur, kam nur im burgundischen Teil zu größerer Wirksamkeit. Aber trotz der bewunderns-würdigen Kathedralen der Westschweiz bleiben die nachgelassenen Werke hinter denen Nordfrankreichs, des Elsasses und des südlichen Deutschland zurück. Nie erschollen die Bergtäler der Schweiz vom Gesange ritterlicher Minnedichter, wie die des Tyrols. Keine berühmten höfischen Lyriker und Epiker, keine hervorragenden Musenhöfe sind so mit der Schweiz verbunden wie mit dem Elsaß, mit Süddeutschland und Österreich. Die wenigen Dichternamen, die auf schweizerische Orte gedeutet werden können, haben so wenig mit diesen zu tun, daß man sie ebensogut auf fremde Gebiete beziehen kann. Die Kreuzzüge haben hier kaum Erinnerungen hinterlassen; nie waren Maßnahmen nötig wie anderswo, wo in Zeiten großer Begeisterung ganze Gegenden durch Erlasse vor Entvölkerung bewahrt werden mußten. Die Hauptzüge gingen auch nie durch die Schweiz. Man zog durch Süddeutschland und durch die Po-Ebene ostwärts, durch Frankreich und über den Brenner südwärts.

An allen Erscheinungen hochmittelalterlicher Kultur, seien sie religiöser, philosophischer, künstlerischer oder sozialer Natur, hat das schweizerische Gebiet teilgenommen, aber keine hat ihr Leben völlig aufsaugen können.

Daß aber ein nach außen verborgenes Leben in anderer Richtung verlief, mag eine Tatsache wenigstens erahnen lassen. Als der noch junge Friedrich II. im Norden verweilte, verteilte er in beinahe unbegreiflicher Freigebigkeit Immunitäten und Freiheiten an kleinere soziale Individualitäten. Was darauf erfolgte, war im allgemeinen eine sofortige Reaktion der weltlichen und geistlichen Großen, die das befreite Gemeinwesen in kürzester Frist wieder in das allgemeine System hineinnahmen. Nur im Gebiet der spätern Schweiz war das genaue Gegenteil das Übliche. Die befreiten Städte und später die Länder, erhielten sich nicht nur die Freiheit, sondern es setzte eine Entwickelung ein, die zur Vermehrung der Selbständigkeit führte und unaufhaltsam weiterging.

Aber auch da, wo allgemeines, das Ganze Europas ergreifendes Geschehen dieses Land erfaßt, sieht man dessen alte Gesetzmäßigkeiten hindurchleuchten.

Als am Ende des IX. Jahrhunderts das Gebiet der heutigen Westschweiz zum Königreich Hochburgund mit der Residenz St. Maurice zusammengefaßt wurde, antwortete bald eine analoge Bewegung in der Ostschweiz darauf. Dort versuchte der Markgraf von Churrätien, ein Alamanne, ein selbständiges alamannisches Herzogtum zu erkämpfen. Sein persönlicher Wille brach sich am Widerstand des Bischofs Salomon von Konstanz, der zugleich vom König eingesetzter Abt in St. Gallen war. Aber die Kämpfe des Volkswillens gegen die vereinigten Organisationen von König und Kirche endeten mit dem Siege des von der Allgemeinheit als Herzog anerkannten Sohnes des Untergegangenen. Dieser, Burkhart mit Namen, wurde erster Herzog von Schwaben. Sogleich trafen die zwei Bewegungen, die burgundische und die alamannische, aufeinander, und nach einer kriegerischen Auseinandersetzung wurde die alte Trennungslinie Aare-Reuß als Grenze der Herrschaftsbereiche festgelegt. Die Tochter Burkharts wurde Gemahlin des zweiten Königs von Hochburgund, Rudolfs II.

Obwohl Hochburgund weit in das Gebiet mit vorherrschend alamannischer Kultur hineinragte, mußte es sein Vorschreiten einstellen, als es die alte Grenze erreicht hatte.

Das Eigentümlichste ist aber die Art und Weise, wie sich diese, vom politischen Standpunkt aus gesehen normalen Verhältnisse im Bewußtsein des Volkes spiegelten.

Bertha, die Spinnerin, die Tochter des alamannischen Herzogs, wurde die dem Volk am nächsten stehende Königin von Burgund. In ihr sah das Volk das Urbild der schicksalwebenden, Wohltaten verbreitenden königlichen Frauengestalt. Ihr weihte es als sichtbarem Bild seine Minne.

Der dem Volke am nächsten stehende Herzog von Schwaben, in dem es am meisten die ritterlichen Tugenden verkörpert sah, war der Sohn einer burgundischen Prinzessin. Dieser Herzog Ernst wollte seine von der Mutter herstammenden Erbansprüche auf Burgund gegen die größere Gewalt des salischen Königs Konrad II. geltend machen. Er ging in den Kämpfen unter, weil er auf seine persönliche Rettung verzichtete, um einem Freunde nicht untreu werden zu müssen. Das Volk erlebte nur die unpolitische Seite seines Schicksals und gestaltete in mittelalterlich bildhafter Weise das äußere Geschehen nach den Gesetzen um, die es in dem ritterlichen Schicksal seines Helden erspürte. Es läßt ihn gegen Ungetüme kämpfen, den seltsamsten Gewalten begegnen und schließlich äußerlich durch die Ungerechtigkeit des Königs untergehen, um die innere Tugend bewahren zu können.

Aus der Volksüberlieferung, die sich um die zwei Gestalten Bertha und Ernst sammelte, sieht man, wie tief im Volkstum alles wurzelte, was sich im Rittertum ausgetsaltet hatte. Aber im Volk lebt es völlig unpolitisch, unorganisiert. Für Burgund und Alamannien verbindet es sich dazu noch mit den Schicksalsgesetzen, die wenigstens für die schweizerischen Teilgebiete dieser Länder wirksam waren.

Angesichts solcher Tatsachen taucht die Frage auf nach den Unterschieden der volksmäßigen Entwickelung und der Entwickelung der Stände, welche sich zur politischen und geistigen Führung der mittelalterlichen Menschheit organisiert hatten.

Ohne Zweifel lebte auch im Volke die gleiche Zweiheit von treibenden Kräften, die der ritterlich-klerikalen Kultur zugrunde lagen. Die eine Art dieser Kräfte ordnete die irdischen Verhältnisse, die andere gehörte einer übersinnlichen Ordnung an. Im tugendhaften Ritter, der sich durch mannigfaltige Abenteuer zu schlagen hat, und in der Gestalt der königlichen Spinnerin waren diese Verhältnisse in der Art verbildlicht, wie es dem Mittelalter eigentümlich war. Man sieht in solchen und verwandten Bildern die zwei Richtungen klar getrennt, die man anderswo in Ritterschaft und Klerus, Reich und Kirche, Kaiser und Papst, in geistlicher und moralischer Tugend oder im Grundgesetz der abendländischen Klosterregel «bete und arbeite» in scharfer Unterscheidung wieder findet. Dennoch spürt man sofort, daß von einer gleichen Schärfe der Trennung, wie sie in der äußern Kultur Tatsache war, keine Rede sein kann, da, wo man auf das Volkstümliche aufstößt.

Weder das Bewußtsein des Volkes, noch sein Leben, kennt einen solchen Riß, wie er etwa nach der Gregorianischen Reform im Dasein des Klerus vorhanden war. Der Klerus als Gesamtheit ging jetzt hervor aus allen weltlichen Ständen der damaligen Ordnung. Er war körperliche Substanz der weltlichen Ordnung. Aber sein Leben hob ihn völlig heraus aus dieser Ordnung und fügte ihn ein in eine höhere Welt.

Im Volk war oben und unten ineinander verwoben. Eine Trennung war im Hochmittelalter nur keimhaft veranlagt. Aber diese Veranlagung findet man auf jeder Stufe der sozialen Ordnung, man mag so weit zurückgehen, wie man will. Weiter zurück als bis zur ältesten Opferversammlung eines Volkes kann man allerdings auch in Gedanken nicht gehen. Ob man im Osten oder im Westen oder sonstwo dem Urkeim der sozialen Ordnung nachgeht, man trifft zuletzt auf die kultische Opferversammlung, von der die spätern Gestaltungen des sozialen Lebens ursprünglich ausgegangen sind.

Diese Versammlung, ob sie groß oder klein war, stand selber in der Spannung von oben und unten. Durch das Opfer sollte eine irdische Gemeinschaft und deren Angelegenheiten in Verbindung gebracht werden mit dem überirdisch Göttlichen.

Die kultische Handlung war die eine Seite des Opferfestes. Die andere war die Verhandlung rein irdischer Angelegenheiten in allen möglichen Stufen. Der Austausch von Gütern, der Markt, ist die primitivste der Stufen.

Bei den alten Germanen hat die Bezeichnung «Ting» einen dreifachen Sinn: Opfer, Ratsversammlung und Markt.

Die ältesten Jahresopfer wurden nach der Überlieferung von Odin selbst geleitet. Dem Gotte zur Seite standen zwölf «Diar» oder «Drottnar», die Götternamen führten. Später amteten die obersten Könige des Reiches an Odins statt, auch sie umgeben von zwölf Unterkönigen, die ihre Geschlechter von den Göttern herleiteten. Sie hatten die Opfer in der rechten Weise zu vollziehen, das Land zu schützen und das Richteramt auszuüben. Dafür steuerte man ihnen oder dem Tempel. Nach oben mußten sie die Verbindung herstellen mit den Göttern, nach unten diese vertreten.

Auch das Volk wies schon in der Sagenzeit eine zweifache Organisation auf. Einmal war es geordnet durch die Blutsbande, indem es in Familien, Sippen und Stammesgemeinschaften lebte. Aber schon die Sage spricht von den Hundertschaften, «Hundari» oder «Harad». Diese Einteilung des Volkes nach Gruppen von einer bestimmten Zahl von waffentragenden Männern kommt nicht aus der Natur, sondern von einer andern Seite. Heute würde man sagen, sie komme vom organisierenden Denken. Wäre damit nur eine rationelle Heeresorganisation erzeugt worden, so wäre diese Feststellung ohne Sinn. Aber die Hundertschaft bekam neben dem außerhalb des Willkürlichen stehenden Sippschaftsverband eine stets wachsende soziale Bedeutung.

Offenbar waren die frühesten Führer der Hundertschaften ebenfalls Edle und trugen Tignarnamen, also fürstlich-priesterliche Bezeichnungen; im Norden hießen sie auch Haradskönige. Da «König» einen Geburtsstand bezeichnete, müssen sie Edle gewesen sein. Aber in späterer Zeit werden gerade diese Ämter von Männern eingenommen, die keine Tignarnamen mehr tragen dürfen, obwohl sie im mittelalterlichen Island zum Beispiel noch genau so amten wie früher der Opferpriester. Der Lagman ist dort «Godordsman», d. h. Sprecher des Gotteswortes.

Diese Männer sind nun nicht einfach durch königliche Geburt Führer und Richter einer Gemeinschaft. Sie bedürfen der Anerkennung oder der Wahl des Volkes.

Oberhalb der Beamten der Hundertschaft riß die Entwickelung, die man sich abstrakt als Fortsetzung denken könnte, ab – und zwar überall.

Die Vorsteher eines Gaues, der in verschiedene Hundertschaften eingeteilt war, mochten sie wählbar sein oder nicht, sind immer Leute, die durch die Geburt für ein solches Amt vorbestimmt waren. Noch höhere Zusammenfassungen verlangten entsprechend höhere Geburtsstände für die Führer. Gau und Stamm waren auch nie Zahlenbegriffe, sondern naturgegeben.

In der Zeit der Ausbildung des Feudaladels sieht man dann auch eine tatsächliche Spaltung zwischen der Hundertschaft – oder der an ihre Stelle tretenden Landgemeinden – und den höhern Ständen. Der Feudaladel durchdringt sich mit gewissen Prinzipien, die nicht aus den Kräften der Volksentwickelung stammen, und spinnt sich als ein Netz mit Eigentendenzen über die Volkskörper Europas. Er nimmt die Richtung zurück in die Zeiten, wo die Hundertschaft noch kein selbständiges soziales Vermögen in sich hatte, und erfüllt sich mit politischen Prinzipien des römischen Reiches.

Aber unter den Lebensformen, die den Völkern durch die zwei Organisationen, die klerikale und die feudale, aufgeprägt werden, wirkt das keimhaft Veranlagte in diesen weiter. Im Gebiete der

Schweiz geben überall auf dem Lande die bäuerlichen Verhältnisse einen kraftvollen Untergrund für das keimende Leben. Dadurch, daß die Höfe in ihrer Gesamtheit nicht nebeneinander stehen, sondern einander teilweise durchdringen – durch die Allmend- und auch die Dreifelderwirtschaft in den Tälern – verbleibt überall der Bauerngemeinde eine notwendige soziale Tätigkeit. Die Bauerngemeinde umfaßt Leute jeden Standes und hat die rein landwirtschaftlichen Verhältnisse zu ordnen. In dem Maße, als dieses Leben auf dem Boden der Schweiz intensiver war als in der Umgebung, in dem Maße blieb die durch die zwei obern Organisationen getragene Kultur zurück. Daß es intensiver war, zeigt allerdings erst die auf das Hochmittelalter folgende Entwickelung deutlich.

Die Richtung dieser Entwickelung ist entgegengesetzt der Entwickelungsrichtung des Feudaladels. Sie geht darauf aus, das zur Entfaltung zu bringen, was einmal veranlagt war durch die Übernahme von sozialen Verantwortlichkeiten durch die Hundertschaft.

Nicht ein revolutionäres Wollen, aber eine unaufhaltsame, langsame Entwickelung reifte in der Stille aus.

In Europa erwachte beim Absterben des Hochmittelalters das Bürgertum, im Herzen dieses Europa aber zugleich eine Kraft, die auch frei von der Stadtmauer blieb – was nicht jene Art von Ungebundenheit bedeutet, die in späteren Zeitaltern als Freiheit ausgegeben werden konnte.

Freiheit im mittelalterlichen Sinne bedeutete Aufgenommensein durch die Gesetze des «Reiches». Das Fallen außerhalb dieser Gesetze war Unfreiheit.

Wer im mittelalterlichen Sinne wirklich Ritter war, nahm mit seiner höhern Freiheit die Verpflichtung auf sich, nach strengern Regeln zu leben, als es der im geringern Grade Freie tat.

Den gleichen Ernst, der dem ritterlichen Verhältnis zur Freiheit innewohnte, findet man in allen bildhaften Überlieferungen, die das erste Hinaustreten des urschweizerischen Freiheitsimpulses in die geschichtliche Außenwelt bewußt machen wollen. Dieses Hinaustreten geschah genau in dem Moment, als der letzte Kaiser, der dieses Amt noch im Sinne des Hochmittelalters verwalten wollte, jener Entwickelung, die einmal vom letzten Stück Westroms ausgegangen war, den Schlußstein eingefügt hatte. Kaiser Friedrich II. hatte der

Verfassung seines sizilianischen Königreichs die aus Ostrom herübergeholten Grundsätze des rein römischen Rechtes eingepflanzt. Die Verfassung war als Muster für alle Landesverfassungen des Reiches gedacht. Diese Grundsätze waren damit nicht Reichsgesetz, sondern mehr: sie sollten richtunggebend sein für das juristische Denken im Reichsganzen überhaupt. Alle zukünftigen Gesetze, mochten sie Reichsgesetze oder Landesgesetzes sein, und alles zukünftige Richten sollten sich im Sinne der justinianischen Grundsätze gestalten.

Es liegt eine unermeßliche Tragik darin, daß Friedrich II. durch das Schicksal ausersehen war, der politischen Organisation des Abendlandes diesen Abschluß zu bringen und zugleich Mitbegründer zu werden der letzten Minnesängerschule.

Als Minnesänger dichtete er:

«Poi che ti piace, Amore,
che io deggia trovare ....»

Die Minne befiehlt ihm, er müsse unermüdlich suchen und finden.

In einem andern Gedicht spricht er aus, daß es Belehrung, Unterweisung sei, was er suche im höhern Reich der Minne, im Reich der «Donna sovrana».

Er bittet die Blume aller Blumen, «fiore d'ogni fiore», ihm, dem Kaiser gegenüber nicht zu verstummen.

Als mittelalterlicher Ritter trug er von einer Seite her den Trieb in sich, nach strengen Regeln in das Reich des «Fiore» aufzusteigen, dasselbe Reich, von dem Joachim da Fiore, der Beichtvater seiner Mutter, noch wirksam gesprochen hatte. Hier sollte in lebendiger Unterweisung oder Inspiration das Maßgebende für den Erdenlauf, für die zeitliche Reise und für das zeitliche Reich, dem er vorstand, empfangen werden.

Aber er sah sich gezwungen, die strengen Regeln, die Selbsterziehung bedeuten sollten, in das höhere Reich selbst zu verpflanzen, wo sie nun als von oben wirkender Zwang dem Selbst keine Entfaltung mehr erlauben konnten. Er setzte Augustus und Justinian als unabänderlich gleich bleibende Vorbilder in das Reich des «Fiore», der «Blume».

Als seine Ketzergesetze auch die Menschen treffen mußten, die im Sinne seiner sizilianischen Trovatorischule strebten, wird ihm in einem langen Gedicht eines «Getreuen der Minne» Verrat am Wesen des Fiore vorgeworfen und ihm vorausgesagt, daß er die gegenteilige Erfahrung des Vogels Phönix machen werde. Mit dem Feuer des Phönix aber wurde die Wirkung des Grales verglichen.

Vielleicht erschreckte es dieses Verrates an der Blume wegen die zeitgenössische Welt, als Friedrich in Fiorentino starb, also einem Ort, der, wie ihm prophezeit worden war, «Fiore» im Namen trug.

Dieser Friedrich II. war es und sein Sohn, der Reichsverweser in Deutschland, die den Talgemeinden von Uri und Schwyz die ersten Freiheitsbriefe ausstellten und sie unmittelbar ans Reich nahmen. Ebenfalls Friedrich war es, der nach dem Tode des letzten burgundischen Zähringers, Berchtoldt V., im Jahre 1218 den Berner Bürgern, die kaum erst die ländlichen Gemeinden und Verhältnisse verlassen hatten und erst ein noch ganz junges Gemeinwesen bildeten, die Reichsfreiheit verlieh.

Diese Bauern und Bürger konnten den selbständig strebenden Ritter in Friedrich II. verstehen. Ihre ihnen eingepflanzte Entwickelungsrichtung mußte aber dem römischen Organisator in ihm entgegenlaufen. Sie mußten durch die Entfaltung ihrer von alters her gepflegten Kräfte das Reich als eine sichtbare Ausprägung eines lebendigen Willens empfinden. Nicht Ideen, die man wechseln, ablehnen oder annehmen kann, standen sich da gegenüber. Das Reich, das sich verwirklichen wollte, und das Reich, das längst verwirklicht gewesen war, aber jetzt die alte Gewalt nicht ablegen wollte, begegneten sich, als derselbe Kaiser den starren Konstitutionen von Melfi Gesetzeskraft und den verfassungslosen schweizerischen Bauerngemeinden Reichsfreiheit verlieh. Die ausgeschliffenste, juristisch zu Ende gekochte Staatsverfassung und Gesetzgebung als gültiges Vorbild für alle zukünftige juristische Arbeit wurde gleichzeitig mit einem lebendigen Keim, der jeder festen und offiziell gewordenen Form entbehrte, ins Reich hineingepflanzt.

Nach dem Tode Friedrichs wurde beides wirksam.

Der schweizerische Impuls, der zunächst keine äußere Form hatte, läßt sich aber in damaliger Zeit gar nicht fassen mit den gleichen Begriffen, die auf äußere, scharf umrissene Formen ausgehen. Weil diese nicht da sind, findet man, wenn man fertig Präsentables sucht, nichts oder doch nur Unvollkommeneres als im übrigen Europa.

Geht man aber auf große Schicksalsgesetze ein, so offenbart sich sofort, wie das scheinbar Absonderliche, was sich hier entwickeln wollte, nicht eigensinnig und abgeschlossen war, sondern im Zuge großer Verhältnisse lebte.

Wie ein unverbrüchliches Gesetz ging es durch die Jahrtausende, daß sich das Gebiet östlich von der Aare-Reußlinie mit dem Gebiet westlich davon nie ganz unter einen Hut bringen ließ. Steinzeit-Bronzezeit, römische Verwaltung, Völkerwanderungszeit vereinigten die Gebiete nie. Für die anschließende Zeit wird es dann so, daß man in den ausführlichen Historien alle zwei oder drei Seiten davon liest, die zwei Teile der spätern Schweiz seien in einer Hand vereinigt worden. Dieses stets sich erneuernde «Vereinigen» dauerte durch Jahrhunderte. Aber man kann darin nur den Beweis sehen, daß keine Hand tief genug greifen konnte, um die Kraft zu finden, welche die Teile wirklich vereinigte. Immer blieben die Verhältnisse stärker als die Gewalt: die verschiedenartigen Charaktere ließen sich durch sie nicht zusammenspannen.

Endlich schien das Haus Habsburg doch ein solches Ziel erreichen zu können.

Das Aussterben großer Geschlechter, die vor allem die Träger der hochmittelalterlichen Ritterkultur gewesen waren, wie die der Babenberger, der burgundischen Zähringer, der Hohenstaufen, griff im XII. und im XIII. Jahrhundert weit um sich. Auch das Gebiet der Schweiz wurde fast plötzlich entblößt von den mächtigsten Adelsgeschlechtern. Andere kamen an die Stelle der Abgetretenen. Darunter waren die Habsburger die erfolgreichsten. Die Ehen, die sie mit Erbtöchtern aussterbender Geschlechter schlossen, brachten ihnen einen solchen Machtzuwachs, daß sie darauf ausgehen konnten, das ganze Gebiet zwischen Bodensee und Genfersee, samt den angrenzenden Alpentälern als Vögte oder Besitzer sich untertan zu machen.

Aber als dieser Prozeß in die entscheidende Phase hineintrat, hatte sich auch im Gebiete der spätern Westschweiz eine Macht herangebildet, die dem von der Ostschweiz ausgehenden Streben Habsburgs begegnete.

Der «Habichtsburg» auf dem Kalkfelsen des Wülpelsberges im Unteraargau stellte sich das Wasserschloß Chillon am Genfersee entgegen, dem wandelbaren Ritter Rudolf III. von Habsburg der Priester Peter von Savoyen, der den geistlichen Rock auszog, vorteilhaft heiratete und in die Spuren der einstigen Gegner seines Hauses, der Zähringer, trat. Die ganze Westschweiz kam unter seinen Einfluß, besonders die Städte fanden ihren Vorteil darin, sich den mächtigen Savoyer zum Schirmherrn zu erwählen. Die Berner Tradition bewahrt seine Ritterlichkeit in dankbarer Erinnerung. Der Kampf nahm aber solche Formen an, daß es scheinen konnte, Savoyen wolle sich den ganzen Raum erobern, den die Habsburger als ihnen von Natur zukommend ansahen.

Da traten Ereignisse ein, die von außen die entscheidende Wendung brachten.

Im Jahre 1267 begleitete Rudolf III. den jungen Konradin von Hohenstaufen, den Enkel seines kaiserlichen Paten Friedrich II., nach Verona. Dort überließ er und das übrige Geleite den Knaben, der das Imperium seines Großvaters wieder aufrichten wollte, dem Schicksal. Zu der Zeit verkündete Papst Clemens IV. in öffentlicher Predigt: «Dieses Kind wird durch seine Berater wie ein Lamm zur Schlachtbank geleitet. Das sage ich aus sicherem Wissen, nehmt es als Glaubenssatz.» Wenige Monate später rollte der Kopf des Jünglings, vom Henkerbeil abgeschlagen, auf den Marktplatz von Neapel. Zum Entsetzen der Zeitgenossen raffte sich kein Hof Europas zu einem Protest gegen das schmähliche Vergießen königlichen Blutes auf.

Fünf Jahre nach dem Tode des letzten erbberechtigten Hohenstaufen erwählten die Kurfürsten einen neuen König. Die obern Drei waren für Rudolf III. von Habsburg, und auch drei von den untern Vier stimmten ihnen aus mannigfaltigen, nicht nur überpersönlichen Gründen zu.

Das Reich erhielt wieder einen König, der ihm zwar nicht einen neuen, aber doch einen andern Geist einpflanzte.

Diesen anderen bekam das schweizerische Gebiet mehrmals zu fühlen.

Zuerst wurde den Schwyzern die Bestätigung der Reichsfreiheit abgeschlagen, weil der neue König nichts anerkennen wollte, was sein Pate im Zustand eines von der heiligen Kirche Gebannten vollzogen hatte. Dann wurde Bern durch Gewalt dazu gebracht, die ihm nicht genehme Reichssteuer zu erlegen. Das Wirksamste war aber, daß der neue König rastlos seine ihm durch die hohe Stellung zukommenden Machtmittel benutzte, im ganzen schweizerischen Gebiet Güter und Rechte für sein Haus zu erwerben. Die bloße Aufzählung der Erwerbungen Habsburgs während der Regierungszeit Rudolfs, vom Westen bis zum Osten und besonders in den zentralen Teilen der heutigen Schweiz, lassen es wie ein Wunder erscheinen, daß die keimhaften Äußerungen der Selbständigkeit innerhalb des Landes nicht erstickt worden sind durch dieses gewaltsame Vordringen des heraufgekommenen Hauses.

Aber in der Innerschweiz standen die Gemeinden der Waldstätte zusammen, und im Westen ergriff Bern die Führung gegen die Gewalten, die Vergangenes mit der Überlegenheit der Routine gegenüber einer zur Selbständigkeit ausgereiften sozialen Kraft geltend machten.

Als nun aus dem Willen des Volkes heraus, das westwärts und ostwärts der alten Grenze die Führung der eigenen Angelegenheiten selbst an die Hand nahm, der Entschluß entstand, eine Schicksalsgemeinschaft über die alte Grenze hinweg einzugehen, wurde dieses erste Bündnis zu einem «ewigen» Bund.

Während früher auch äußere Gewalt ein inneres Zusammengehen nie erzwingen konnte, war das erste Bündnis zwischen Bern und den Waldstätten eine Schicksalskraft. Man müßte den dadurch geschaffenen Zustand beinahe umgekehrt schildern als den vorangegangenen. Obwohl die Wege der Selbstentfaltung Berns und der innern Orte grundverschieden waren, lösten sie sich nie mehr von einander. Der Bund ergriff die Tiefen, in denen das Schicksal hinter den äußern Tatsachen waltet.

Bauern und Bürger begründeten aus dem Inhalt ihres klar gefühlten Willens heraus ein Zukunftsschicksal, das nicht nur Ostschweiz und Westschweiz im Laufe der Jahrhunderte zusammenführte, sondern das auch für die übrigen Völker Europas von hoher Bedeutung wurde.

DER TELL
UND DIE DREI EIDGENOSSEN DES RÜTLIBUNDES

Hirtenbuben zelebrierten einmal aus Mutwillen auf der Weide vor ihren Tieren die Messe. Die Schändung der heiligen Handlung – so erzählt die Sage – zog einen furchtbaren Dämon an, der einen Geißbock von sich besessen machte. Dieser wuchs sich zu einem grausamen Untier aus, das im ganzen Tal Uri wütete und Hirten und Herden zerriß. Ein frommer Mann riet dem Volk, das schönste Stierenkalb im Lande mit Milch allein, ohne andere Nahrung, aufzuziehen und den Stier so zu pflegen und zu zähmen, daß er sich von einem kleinen, unschuldigen Mädchen an einem Zwirnfaden führen lasse. Dieser Stier, sagte der Weise voraus, könne das Ungetüm besiegen.

Man befolgte den Rat und nährte den Stier mit Milch, bis er voll ausgewachsen war und so zahm wurde, daß ihn ein Mädchen auf die Weide führen konnte, wo der Geißbock hauste. Der Stier setzte sich sofort gegen das heranstürmende Ungeheuer zur Wehr. Nach schwerem Kampfe besiegte er es. Aber sobald der Geißbock tot und das Land aus der Not erlöst war, starb der Stier.

Die von großer Kraft und einem tiefsinnigen Inhalt erfüllten Bilder dieser Sage vom Uristier haben ein Motiv in sich, das allen dem werdenden Schweizertum entsprungenen Sagen in irgend einer Abwandlung eigentümlich ist.

Der Unterwaldner Drachentöter Winkelried stirbt in dem Moment, als er das Land von dem in den Tälern Schrecken und Tod verbreitenden Untier befreit hat. Er war zur Sühne eigener Missetat und zur Rettung des Landes zum Kampf ausgezogen. Als er nun nach seinem Sieg das blutgetränkte Schwert zum Himmel erhob, um für den göttlichen Beistand zu danken, träufelte Drachenblut auf seine Hand, und er erlag dem Gifte.

swâ si kumbr oder prîs bejagent,
für ir sünde si daz tragent ...

(Wolfram, Parzival)

Das zum Opfer sich steigernde Heldentum erreichte seine Höhe und seine größte Reinheit im Winkelried von Sempach. Dieser geht mit klarem Bewußtsein in den Tod, indem er mit gewaltigem Arm die Spieße der österreichischen Ritter erfaßt, die sie ihm in die Brust bohren. Er stirbt, indem er den Eidgenossen eine Gasse macht zum Siege und zur Befreiung.

In den Tiefen dieser Bilder scheinen die Urbilder zu leben, die sich mit dem frühesten Christentum den Seelen auf dem schweizerischen Boden eingeprägt hatten: In St. Gallen und den andern Zentren irischer Mission wurde der Erzengel Michael verehrt, der Drachenbekämpfer. St. Maurice aber trägt den Namen von dem Heerführer Mauritius, der sich in dem Walliser Felsental für die christliche Wahrheit opferte.

Das überirdische Bild des klaren Willens und milden Mutes und das irdische Bild des Opfers für die Wahrheit senkten sich tief in die Seele des Landes. Als das eigene Wollen dieses Landes herangereift war, um selbständig nach außen zu wirken, trug es in seinen reinsten Äußerungen immer die Gesetze jener Bilder in sich.

Der Tell, der im Mittelpunkt des Befreiungserlebnisses des Schweizertums steht, ist darum auch Träger der beiden Impulse: Er befreit das Land von dem gefährlichsten seiner Unterdrücker und macht seinen Landesgenossen eine Gasse für deren eigenes Wollen. Nach der Befreiung des Landes stirbt er den Opfertod.

Selbst noch in der nüchtern und voll historisch gewordenen Zeit ist es im Einklang mit dem tiefsten Empfinden des Volkes, daß ein Held wie der Appenzeller Uli Rotach das Leben hingibt. Wer als Held das Menschenmaß überragt, opfert das irdische Menschensein.

Benedikt Fontana, der Held an der Calven, steht schon in der angebrochenen Neuzeit und völlig im Licht der Geschichte. Auch er, der zur Pfingstzeit 1499 zur entscheidenden Wendung im Schwabenkrieg beitrug, lebt darum als Lieblingsheld in der Erinnerung der Bündner, weil er die beiden Richtungen des frühschweizerischen Heldentums in sich vereinigte. Den gewissen Tod vor Augen, verkündet er seinen Mitkämpfern den Willen des Landesschicksals.

Aber auch ein Kampf wie der bei St. Jakob an der Birs hat Bild und Wirkung des heldenhaften Opfers in sich. Wäre der Angriff der anderthalb Tausend Eidgenossen auf ein Berufsheer von zwanzigfacher Übermacht nur eine Tat der Tollkühnheit gewesen, wie es unserer modernen Anschauung erscheinen will – und wie es auch einigen Zeitgenossen erschienen ist –, dann wäre weder Wirkung noch Widerhall im ganzen Gefüge der damaligen Welt denkbar, von denen zahlreiche

Zeugnisse künden. Beteiligte und Unbeteiligte, selbst grimmige Feinde der Eidgenossen konnten sich jener innern Erschütterung und Bewunderung nicht erwehren, die immer auftritt, wo die Sprache von Schicksalsgewalten vernommen wird.

Auch die Niederlage von Marignano, die das kriegerische Hinauswirken der Eidgenossenschaft als eines sozialen Gebildes abschloß, hat die Größe des Opfers in sich, das nach der sieghaften Entscheidung gebracht werden muß.

Niederlage und Rückzug von Marignano erschütterte die damalige Welt und wirkten auf die Schweizer selbst wie eine Mahnung des Schicksals zur Selbsterkenntnis. Noch einmal hatte sich die alte Eidgenossenschaft zu ihrer Größe erhoben und das Sühneopfer gebracht für die Taten der vorangegangenen Jahrhunderte.

Als die letzten Reste des nachwirkenden Mittelalters aus dem sozialen Leben hinausgetrieben werden sollten, offenbarte sich auch da jener seit alten Zeiten dem Schweizertum einwohnende Geist. In einem wichtigen Wendepunkt der französischen Revolution, als im Jahre 1792 das Pariser Volk in die königlichen Gärten der Tuilerien einbrach, läßt der König seinen Schweizer Gardisten den Befehl überbringen, die Abwehr einzustellen. Nun lassen sich alle Schweizer vom Pöbel zerreißen, ohne sich zu wehren. Sie fragen nicht, ob das Opfer andern sinnvoll erscheinen möge. Ihr Manneswort war, wie es in alten Urkunden immer heißt, «ohne Gefährde» gegeben. Das aber bedeutet: alles ist in einem solchen Wort selbst enthalten. Es kann nicht ausgelegt werden. Keine Hintergedanken werden bei Abgabe des Wortes zurückbehalten und keinerlei Ausdeutungen sind nachher möglich. Der vom Wort abgesonderte Witz des Menschen bleibt außerhalb seines Bereiches. Das Wort und seine ihm einwohnende eindeutige Wahrheit stehen höher als das irdische Dasein. Damit das Wort ungebrochen fortbestehe, opfert man das Leben.

Wie eine Sühne für das abgelaufene Söldnerwesen und wie ein Zeugnis für den Geist, der im Innersten des alten Schweizertums wirkte, steht das Opfer im Tuileriengarten da.

Das weiße Buch von Sarnen hält einen wichtigen Zug der alten Telltradition fest, wenn es den Befreier des Landes von Anfang an aus dem Bereich des «Witzes» der gewöhnlichen, menschlichen Verständigkeit herausstellt. Als der Vogt den Tell fragt, warum er den

Hut nicht grüße, erhält er zur Antwort: «Es ist geschehen ohne Gefährde; ich habe nicht gewußt, daß es euer Gnaden so hoch aufnehmen sollte; denn wäre ich witzig, so hieße ich anders und nit der Tall.»

Ein Tall, Tell oder Till handelt so, daß die Handlung «ohne Gefährde» im altschweizerischen Sinn ist. Die Handlung ist «gerade», ohne Hintergedanken. Man darf keine solchen darin suchen. Umgekehrt offenbaren die Gedanken der Menschen ihr Verhältnis zum Leben, wenn ein Till sie in seinen Taten darlebt. Sinnlosigkeiten stellen diese Taten dar, weil sie exakt im Sinne der gewöhnlichen Gedanken ausgeführt sind. Die Gedanken eignen sich nicht zur unmittelbaren Verwirklichung im Leben. Sie müssen eine Wiedergeburt durchmachen in einem Bereich, wo nicht der Witz herrscht.

Unmittelbar aus diesem Gebiet heraus handelt der Tell. Er geht an dem Hut vorüber, weil ihn seine Geschäfte daran vorbeiführen. Nebenabsichten bei einem solchen Gang kann man nur haben, wenn man kein Tell ist. In sich selbst findet und sucht er keinen Grund, den Hut zu grüßen. Er kann auch nicht untersuchen, ob andere besondere Gründe haben, den Hut grüßen zu lassen, oder ob es vorteilhaft oder nachteilig ist, sich so oder anders zu verhalten. Daß es nicht Mangel an Lebensweisheit ist, die Tell zu seiner Antwort veranlaßt, liegt in der Antwort selbst, die den Witz ja beurteilt und sein Dasein wohl beachtet.

Aber diese Antwort, durch welche sich der Tall – soweit er im Bewußtsein seiner Landsleute bis zum Ende des XV. Jahrhunderts lebte – außerhalb des Bezirkes des Verstandes stellt, fordert eigentlich von jedem Beurteiler, daß er diesen Tell von einem andern als dem Standpunkt des Witzes oder Verstandes aus anschaue.

Geßler, der den Tell selber vor Augen hatte, ist dieser Aufforderung nachgekommen. Er hat den Tell sofort bei dessen Tugend der ursprünglichen Gerechtigkeit und Geradheit ergriffen. Um ihn nach dem Apfelschuß zu einem Geständnis zu bringen über die Bestimmung des zweiten Pfeiles, gibt er ihm sein Wort: «Sage mir die Wahrheit, ich will dich deines Lebens sichern und dich nicht töten.» Dieses Wort nimmt der Tell als «ohne Gefährde» gesprochen. Er verrät darauf seine vorsorgliche Absicht, und nun legt der Landvogt sein gegebenes Wort aus. Er gibt ihm einen Hintersinn, den er nicht in dieses hineingelegt, sondern für sich zurückbehalten hatte. Das Wort war so gegeben, wie es der Tell verstehen mußte. Nur so konnte es diesen zum Reden veranlassen.

Durch jene zwei Sätze des Weißen Buches, welche die Antwort des Tellen und das Versprechen des Geßler wiedergeben, sind nicht zwei private Persönlichkeiten einander gegenüber gestellt: es sprechen sich darin zwei gegensätzlich gerichtete Welten aus.

Der habsburgische Vogt und Beamte des römischen Königs vertritt eine Macht, deren Herrschaftsanspruch sich vom vorchristlichen Magiertum herleitet, dessen äußeres Zeichen in einer ganz bestimmten Bekrönung des Hauptes bestand. Diese konnte sich abwandeln von der Federkrone des Indianerhäuptlings bis zur Goldkrone des orientalischen Herrschers. Jetzt hing der «Hut» auf einem dürren Stecken.

Der menschliche Träger des Herrscherhutes sprach in alten, vergangenen Zeiten das unverbrüchliche Wort des Gottes, dessen Zeichen er trug – «Gotteswortsprecher» hieß er noch ausdrücklich im frühmittelalterlichen Island. – Jetzt aber drehte der Vertreter des alten Prinzips das verpflichtende Wort unter dem Hut in seinem eigenen Kopf nach Belieben zum persönlichen Vorteil.

Der alte Eidgenosse gab ein Wort, das im sozialen Leben wirksam sein sollte, so daß es nicht gedeutet werden durfte, und auch die Handlungen stellte er so in das allgemeine Leben hinein, daß sie «ohne Gefährde» waren. Er fühlte, daß es ganz und gar unmöglich ist, ein soziales Leben zu erhalten mit einem ausdeutbaren Recht. Gedanken des Kopfes sind durch sich allein nicht imstande, ein soziales Verhältnis herzustellen. Sie erzeugen den Zwang zu herrschen.

Alles lebt in der Gegenüberstellung von Geßler und Tell, was zu den großen Kämpfen der Eidgenossen führen mußte, und was durch die Entscheidungen des Schwabenkrieges seinen äußern Abschluß fand.

Das Drama, das sich aus dieser Gegenüberstellung entwickelt, kann seiner Natur nach nicht logisch sein im Sinne dessen, was man unmittelbar unter dem Hut denkt. Der Tell vernichtet den Geßler und verschwindet. Andere treten auf und geben durch ihre Handlungen der Tat des Tellen den realen Sinn. Wäre das nicht geschehen, so hätten die Habsburger einfach einen andern Vogt in das Land geschickt, denn sie besaßen einen großen Überfluß an solchen Leuten.

Erst als die Befreiung gesichert war, tritt der Tell nochmals auf, aber nicht um einzugreifen, sondern um sich zu opfern. Er rettet ein ertrinkendes Kind und stirbt in den Wellen des Schächenbaches. Die alte Macht hatte er überwunden, das junge Leben gerettet und bringt nun die Sühne wie alle Helden der einstigen Eidgenossenschaft.

Dieser Schicksalsgang entspricht dem Rechtsgang des jungen Bundes.

Der Rechtsgang beruht nicht mehr auf dem vorchristlichen Gotteswort, das jetzt wurzellos geworden war und darum unter dem Hut ausgelegt werden konnte. Er beruht auf dem unverbrüchlichen und undeutbaren aus dem Menschen hervorkommenden Wort.

So führt der Schicksalsweg des christlichen Helden nicht zum Triumph. Der Triumphator ist vorchristlicher Vertreter einer Gottheit, deren Willen er der Erde von außen einzupflanzen hatte. Nur der Triumph konnte das Ziel der äußern Herrschaft sein.

In christlicher Zeit offenbart der äußere Untergang die über die bloß irdischen Verhältnisse hinausragende Geisteskraft. Die auf der Erde gefundene christliche Zukunftskraft sprengt den bloß irdischen Raum und die Begrenzung der Zeit eines Erdenlebens. Durch den Opfertod für die erkämpfte Sache wird Zeugnis abgelegt für deren Ewigkeitswert.

Im Tell sind die aus vorchristlicher Zeit herkommenden Formen mit neuem, christlichem Inhalt erfüllt. Was bei Toko, dem berühmten nordischen Apfelschützen, noch ganz im vorchristlichen Kult verbleibt, ist beim Tell wie eine Schale. Aber diese Schale ist erfüllt und durchglüht von einer jungen Kraft.

Schon der Umstand ist wichtig, daß der Tell ein Bauer, ein Berghirte ist, und nicht wie der Toko ein Glied im königlichen Hofgesinde oder auch ein Gaukler, wie es die wunderbaren persischen Schützen waren, die Apollonius von Tyana im siebenten christlichen Jahrzehnt auf seiner Durchreise am Hofe eines persischen Königs getroffen hatte. Diese sah Apollonius ihre eigenen Söhne an die Wand stellen, wie es der spätere Toko tat, und so scharf nach ihnen schießen, daß die Pfeile ihre Haut gerade berührten, ohne sie aber zu verletzen. Ausdrücklich wird gesagt, daß diese Hofleute ihre Kunst auch im trunkenen Zustand auszuüben vermochten. Mit Nachdruck wird auch von Toko am Hofe des Königs Harald mehrmals erzählt, daß er sich in der Trunkenheit seiner überragenden Kunst gerühmt hätte.

Die Gebundenheit an den Hof, der natürlich nicht ein moderner, sondern, wie die Umstände es schildern, ein nach kultischen Regeln geführter war, und die Trunkenheit, die ebenfalls wie jene Regeln eine göttliche Verbindung herstellen wollte, sind Elemente, wodurch jene Schützen noch als an die Vergangenheit gefesselt erscheinen.

Die Kunst des Bogenschießens, und zwar das Ins-Zielfassen des eigenen Blutes, tritt in der Urschweiz als freie Kunst des Hirten auf. Sie wird auch nur bei vollkommenster Besonnenheit ausgeübt und unter ganz bestimmten Umständen.

Zwei Pfeile hat der Tell. Den einen versendet er nach dem Apfel auf dem Haupte des eigenen Kindes. Er trifft den Apfel – der im Mittelalter, zum Beispiel im Reichsapfel, Zeichen der Erde war – ohne das Kind zu verletzen. Der andere Pfeil durchbohrt das Herz des Trägers der alten, zur Unterdrückung gewordenen Macht. Das, was früher beim Landvogt gewesen war, ist nach dessen Tod beim Volke des Landes. Im Volke selbst entfaltet sich nun die Weisheit, die der Vogt einmal verwaltet hatte. Was außen gewesen war und zu unerträglicher Härte erstarrt war, ist jetzt im Innern der Menschen und wird als notwendige Äußerung des sozialen Menschen empfunden.

Aber nicht ohne weiteres wird die alte Gewalt abgeschafft, es werden vorher ganz bestimmte Proben abgelegt. Man braucht nur die Antwort des Tellen, womit er sich selber charakterisiert, in ihrem vollen Gewicht zu nehmen, um zu sehen, daß er Lebensweisheit in sich trug – aber eben Lebensweisheit, nicht Verstandeswitz. Dieser wird nicht einsehen, daß man mit ihm nicht auskommt im Leben. Die Taten des Tell sind nicht «witzig», sie haben einen ernsteren, tieferen Untergrund, von dem aus die Wirkung und das Dasein des Verstandes wohl beurteilt und gewürdigt werden können. Der Tell ist nicht deswegen nicht witzig, weil ihm die Gabe des Verstandes fehlte, sondern weil er nach andern Gründen als denen des Witzes seine Handlungen bestimmt.

Als ihn dann der Vogt zwingt, seine Kunst des Apfelschießens öffentlich zu zeigen, also von einer verborgenen Fähigkeit, die ihrem Wesen gemäß im Innern bleiben sollte, eine furchtbare äußere Probe abzulegen, nimmt der Tell nicht einen, sondern zwei Pfeile heraus.

Damit bezeugt er, daß sein Mut zwei Richtungen habe: er ist zugleich Selbstvertrauen und Kraft, für das höhere Recht einzustehen. Wäre durch einen Fehlschuß eine Blutschuld des Vogtes entstanden, so hätte der Tell dem Recht Wirkung verschafft.

Aber das kam ihm erst zu, als er noch eine weitere Probe abgelegt hatte.

Durch die tückische Auslegung des gegebenen Wortes gibt Geßler dem Geschehen einen Verlauf, der alle Gemüter bis ins Tiefste aufwühlen mußte. Die äußern Elemente machen die innern Stürme mit. Da ist der Tell, der am meisten von dem Unrecht betroffen war, der einzige, der im Sturm Besonnenheit und klare Kraft genug besitzt, um das Schiff über den Urner See zu steuern. Er hat das, was der Ritter «Maße» nannte, die Fähigkeit, den Aufruhr, alle Unmäßigkeit zu dämmen und zu beherrschen, am vollkommensten ausgebildet unter allen, die mit ihm im Schiffe waren.

Nun erst durfte er die umfassendste der vier Tugenden, die auf Selbstbeherrschung, zwiefach gerichteten Mut und auf Lebensweisheit beruhte, die Gerechtigkeit, für sich beanspruchen.

Er übt aus sich Gerechtigkeit, weil er die Proben bestanden hat, die im Sinne des Rittertums dafür die Voraussetzung sind. Er übt die vier moralischen Tugenden aus, die im Mittelalter dem Wesen des wahren Rittertums zugrunde lagen.

Geßler hingegen übt eine Gewalt aus, die nur auf dem auf einem Stecken aufstellbaren Hut beruht.

Er ist «ungerecht». Er vermag sich weder durch sich, noch durch die Seinen im Sturm zu halten. Er bringt ein schuldloses Kind in Gefahr, was aller Tapferkeit widerspricht, und quält Wehrlose. Er vermag das tiefste Wesen im Tell nicht zu erkennen. Es fehlt ihm an Lebensweisheit. Er kann nur im alt-kultischen Sinn feststellen, daß der Tell ein Bogenschütze besonderer Art ist. Aber die lebendige Wandlung entgeht ihm.

Doch der Fortgang der sagenhaften Handlung zeigt, daß der Tell derjenige ist, der das ganze Land repräsentiert. Er ist nicht ein «Führer». Seine Tat erweist sich dadurch als schicksalsgemäß, daß sie durch seine Landsleute die rechte Fortsetzung erfährt.

Der ganze Ablauf liegt außerhalb des Bereiches, in dem die Gründe des Verstandes gelten. Man ist genötigt, eine Entwickelung zu überschauen, um von den großen Zusammenhängen etwas zu erfahren – wie der Mensch die Weisheit, die im eigenen Schicksal waltet, nur aus dem Überblick des Schicksalsganges erkennen kann. Die eigenen Ziele, die er sich setzt, sind nur von Bedeutung, wenn sie sich in diesen Gang einfügen.

Die Entwickelung des Telldramas zeigt uns, wie sich die ureigene Tat des Einzelnen, des individuellen Tell, einfügt in ein soziales Gewebe, das bereits so weit ausgestaltet ist, daß die Tat gefordert wird. Das ist ein Grundunterschied gegenüber all den Tellen, die man aufweisen kann in einem bestimmten weitgespannten Kulturkreis. Der schweizerische Tell vollbringt eine Tat, die nach zwei Seiten hin als berechtigt und notwendig ausgewiesen ist.

Der Tell legt die Tugendproben ab und beweist durch sie die Reife im Sinne des einstigen Rittertums, – zu seiner Zeit war das hochmittelalterliche Rittertum am Aussterben – die Gerechtigkeit verwalten zu können. Ohne äußern Auftrag, ohne Rücksicht auf einen Geburtsstand und ohne Weihe durch überlieferte Einrichtungen stellt er sich als Träger der Tugenden neben den gebürtigen Adeligen, den geweihten Ritter und beauftragten Landvogt. Der Geßler hat bloß den Hut als Ausweis, den Hut, der an einem dürren Stecken hängt. Die Reverenz vor dem Hut muß durch Gewalt erzwungen werden. Keine innere, menschliche Berechtigung für sein Amt hat Geßler vorzuweisen.

Aber nach der andern, der sozialen Seite ist des Tellen Tat ebenso in einer Wirklichkeit verankert wie nach der persönlichen. Der Tell zwingt dem Land nicht einen Zustand auf, der dessen Entwickelung nicht entspräche, wofür noch keine Reife vorhanden gewesen wäre. Nicht er, der Tell, sondern seine Landsleute setzen das Angefangene fort und gestalten es so aus, daß etwas Neues in der Welt aufgeht. Sie bezeugen dadurch, daß die Befreiung vom Landvogt durch die Entwickelung der sozialen Fähigkeit des Landes notwendig geworden war. Die Tat des Tellen ist herausgehoben aus seinem persönlich-beschränkten Kreis, sie ist in einer überpersönlichen Entwickelung verankert. Nicht nur Landesangelegenheit, sondern Menschheitsangelegenheit war sie. Dadurch, daß die Menschheit eine bestimmte Stufe ihrer Entwickelung erreicht hatte, war die Notwendigkeit eingetreten, das alte Element, das die Entwickelung rückgängig machen wollte, zu vernichten.

Geßler ist Empörer gegen die Entwickelungsgesetze der Menschheit.

Der Reifeprozeß, der zur selbstverantwortlichen Übernahme der Leitung der eigenen Angelegenheiten führt, geht aber keineswegs blind vor sich. Die Sage erzählt uns, daß ein geheimer Bund, eine verborgene Eidgenossenschaft, bestanden habe. Im Zentrum der Vereinigung stand eine Dreiheit von Männern, die ebenso scharf und eindeutig charakterisiert sind durch die Sage wie der Tell.

Der Urner, Walter Fürst, ist ein Mann hohen Alters. Er steht im Rufe großer Weisheit. Zu ihm wenden sich die zwei andern, mit denen er eine Eidgenossenschaft eingeht, eine Vereinigung, die nur auf dem Worte der Männer beruht.

Der Unterwaldner, Arnold von Melchthal, wie ihn die spätere Überlieferung nannte, ist im Gegensatz zum Urner ein junger Mann. Sein Wille ist noch ungestüm. Er brach unaufhaltsam hervor bei der ungerechten Forderung des Vogtes. Die rasche Tat wurde Ursache der Blendung seines Vaters. Er selbst flieht über das Gebirge zu demjenigen, von dem er weisen Rat erhofft.

Der Schwyzer steht sowohl an Lebensjahren wie durch seine Eigenschaften zwischen den zwei andern. Er tritt in mittlern Mannesjahren stehend zu ihnen. Eben hat er den Bau eines Hauses vollendet. Aber die Stattlichkeit des steinernen Hauses hat dem Landvogt mißfallen. Der Bauer darf nach Gesetz kein wehrhaftes Haus besitzen.

Stauffacher handelt nicht unbesonnen wie Melchthal, er stellt sich dem drohenden Vogt gegenüber in die Gesetzmäßigkeit des Reiches. In dieser Ordnung kommt dem Kaiser die Lehensherrschaft über das Erdganze zu. Er hat die Erde von der Gottheit zu Lehen, und alle untern Stände fügen sich in die Lehensordnung ein. Stauffacher fühlt aber das Ungenügende seiner Rechtfertigung. Sein eigenes, festes Haus sprengt die alte Ordnung. Aber auch die Mächte, die über ihm stehen, sind nicht imstande, die Ordnung weiter zu tragen. Sie ist unsicher geworden, weil die obern nicht mehr verwurzelt sind im alten Geist, und sie ist durchbrochen, weil die untern sich zu selbständig auf die Erde stellen.

Das Gefühl Stauffachers läßt sich durch keine Leidenschaft trüben, findet aber die sichere Weisheit nicht, die zum richtigen Handeln führen könnte.

Eine weise Lebensgefährtin ist ihm aber verbunden, die ihn aus seinem Zaudern und Zweifeln hinauszuführen vermag. Sie spürt den Willen des Schicksals und heißt ihn den Rat des Weisen in Uri suchen.

Die drei Männer, die Vertreter sind von drei Lebensstufen, von drei Ländern und von drei der Menschenseele einwohnenden Kräften werden so durch Schicksalsfügung zusammengeführt. Sie vereinigen das, was sie sind, zu einem Bund, der keinen Vorsteher hat. Als Trinität von Weisheit, fühlendem Vermögen und Willenskraft stehen sie inmitten des Ringes der zu ihnen tretenden Genossen.

Drei königliche Gestalten, nicht durch äußere Abzeichen, aber durch innere Qualitäten, stellt die Sage in die Mitte der Ureidgenossenschaft.

Königlich kann man diese Dreiheit deshalb nennen, weil sie die gleichen Kräfte vereinigen wie jene Könige, die im Mittelpunkt zahlloser altorientalischer Traditionen stehen. Die Repräsentanten der gleichen Gewalten, die sich durch die drei Eidgenossen nebeneinander stellen, treten in zeitlicher Folge auf als goldener, silberner und erzener König. Aber auch nebeneinander stehen sie in vielen Überlieferungen, entweder mit den entsprechenden Symbolen ausgestattet oder dann auch, in späterer Zeit, einfach durch ihre Taten charakterisiert, wie dieses bei den drei im Mittelpunkt des Rütlibundes stehenden Männern der Fall ist.

Am erhabensten treten die drei Könige des Evangeliums vor die Menschheit. Das ganze Mittelalter war erfüllt von dem Geheimnis dieser drei weisen Könige oder Magier aus dem Morgenland. Ungezählt sind die Bildwerke, die uns noch heute davon Zeugnis ablegen, ungezählt die dramatischen Darstellungen auf öffentlichen Plätzen und die volkstümlichen Gebräuche, die durch Jahrhunderte hindurch das Bild dieser hohen Dreiheit im Volksbewußtsein wachgehalten haben. Überall da, wo diese Bilder noch einem sichern Empfinden entsprungen sind, ist die Dreiheit eine Vereinigung übermenschlicher Kräfte, die als Weisheit, fühlendes Erleben und Weltenwille auftreten können. Wesentlich daran ist, daß Übermenschliches oder doch Überpersönliches durch die Könige vertreten wird.

In der Urschweiz führt die Sage den Unterwaldner durch das Schicksal seines Vaters und den Schwyzer durch den Rat seiner Frau zu dem Urner. Durch seltsame Fügungen, nicht durch persönliche Bekanntschaft, zieht der Weise von Uri die zwei andern zu sich hinüber.

Diese Dreiheit bildet dann das Geschick des Landes geistig vor. Der Tell führt das Vorbereitete durch seine Tat in die äußere Wirklichkeit hinaus. Aber noch merkwürdiger ist die Beziehung des Tellen zu den drei Eidgenossen, als es die Bande sind, die sie selbst miteinander verbinden.

Zweierlei Überlieferungen sind schon recht früh entstanden, und man wird mit dieser Tatsache rechnen müssen, wenn man ein Verständnis der dahinterliegenden Triebkräfte sucht. Die eine Richtung der Tradition hält den Tell für einen Genossen des Rütlischwurs, die andere trennt ihn mit aller Schärfe davon ab. Der ganze, gesetzmäßige Verlauf des Geschehens beweist, daß der Tell nicht zum Rütlibund gehören kann. Daß ihn einige doch dort einordnen, allerdings ohne Mehreres darüber zu sagen, kann wohl nur dem Gefühl entspringen, daß er untrennbar in den Schicksalkreis hineingehört.

Wie einmal die heiligen drei Könige dahin gingen, wo das Kind geboren war, das die Welt erlösen sollte, und die Hirten ebenfalls dahin geführt wurden, ohne von jenen zu wissen oder sie zu treffen, so kommen die drei Eidgenossen als Vertreter von den drei überpersönlichen Prinzipien von der einen Seite und von der andern Seite der Tell als Mensch, der in jenem Moment ganz aus sich heraus, ohne eine Spur fremder Unterstützung handelt. Das ganz Einzigartige dabei ist die Tatsache, daß die drei Gestalten, die ältere Zeiten «Könige» – natürlich nicht im gewöhnlichen, politischen Sinn – genannt hätten, in ihrer Vereinigung so handeln, daß es harmoniert mit dem, was aus dem einzelnen Individuum herauskommen kann, und daß der Einzelne so handelt, daß das von höhern Kräften vorbereitete Schicksal verwirklicht wird.

Darin hat man auch den Unterschied erfaßt zwischen dem schweizerischen Tell und den sagenhaften Apfelschützen von Island bis Persien, aber auch den, der die drei Eidgenossen trennt von den alten Königen des Ostens und des Südens.

Westen und Osten begegneten sich am Gotthard, aber sie wurden da aufgenommen von etwas ganz Neuem, sodaß sie sich von Grund auf verwandelten.

Nichts geschieht für die Gesamtheit als Folge der Taten der früheren Sagengestalten, deren Pfeile den eigenen Sohn nicht verletzten, aber den Tyrannen töteten.

Die alten, vorchristlichen Könige mußten von außen herrschen, um ihre Kräfte der Welt einverleiben zu können; sie konnten nicht auf die freie Tat warten.

Aber ebensowenig wie der Tell sind die drei Eidgenossen «Führer». Ebensowenig wie er greifen sie äußerlich ein, als das Land das Schicksal auf sich genommen hatte, das von ihnen vorbereitet worden war.

Im Tell und den drei Eidgenossen treten die sieben mittelalterlichen Tugenden, von denen die klösterliche wie die höfische Kultur Zeugnis ablegen, in neuer Gestalt und in neuer Vereinigung auf. Eine freigewachsene Bauerngemeinschaft stellt sie als erneuerte soziale Kraft in die allgemeine öffentliche Welt hinaus.

Der individuelle Mensch wird Träger der vier moralischen Tugenden. Er ist unabhängig vom Geburtsstand und unabhängig von solchen Regeln, denen man nur am Hofe oder im Kloster oder, in vermindertem Maße, hinter Stadtmauern nachleben kann.

Bauern, die der Außenwelt unbekannt sind, treten nächtlich auf einer verborgenen Wiese am See so zusammen, wie es in alten Zeiten eingeweihten priesterlichen Königen zukam. Dort vereinigten sie die drei höhern, geistigen Tugenden zu einem unlösbaren Verband.

Was der Einzelne und was der Bund tat, ergab ohne äußere Maßnahmen einen Zusammenklang. Die Harmonie ist auch gewahrt durch den Ausgang der Sage. Wie der Tell auf ganz bestimmte, sein Wesen charakterisierende Weise aus der irdischen Welt scheidet, so verlassen auch die «drei Könige» den Schauplatz ihres Wirkens, wie es den überpersönlichen, von ihnen vertretenen Mächten entspricht. Diese Mächte sind nicht sterblich. Aber sie sind nicht mehr solche Mächte, die der Triumphator der Erde einprägt, und durch die man von außen herrscht, wie in vorchristlichen Zeiten. Sie warten darauf, daß der Mensch sie gebrauchen will, daß er ihre Gaben verwenden kann. Durch den Tell, der nicht am Königshof lebt, der sich in Freiheit selbst erzieht und trotz des ihm auferlegten Zwanges aus eigener Kraft handelt, wird die einstige Königskraft in das äußere soziale Leben eingeführt, nicht durch Gebot und Gesetz.

Leise tönt das Evangelium an, daß mit den Königen aus dem Morgenland eine Veränderung vor sich ging, als sie nach dem heiligen Land kamen. Während in der Erzählung großes Gewicht darauf gelegt wird, daß die Magier aus dem Orient kommen, wird nachher nicht gesagt, daß sie wieder nach dem Orient zurückgekehrt wären. Es heißt nur, sie seien auf anderen Wegen in ihre Region gegangen. Nimmt man «Region», Herrschaftsreich, im Sinne des Magiertums, also nicht räumlich-physisch, so wird der Ort, wo man sie später zu suchen hat, im Bereich des Geheimnisses belassen. Daß der «Witz», der den rein-irdischen Angelegenheiten angemessen ist, wohl Lösungen ersinnen kann, ist seinem Wesen gemäß, aber sie sind nicht verbindlich.

Die Innerschweizer Sage von den drei Tellen – so werden dort die drei Eidgenossen bezeichnet – erzählt, daß sich diese in eine Felsenhöhle am Vierwaldstättersee zurückgezogen haben: Niemand kann den Eingang der Höhle finden, der ihn sucht. Aber einmal gelangte ein Hirte, einer verlaufenen Geiß folgend, zu einer Felsspalte, und als er eindrang, fand er sich in einer mächtigen Höhle. Darin saßen die drei Tellen und schliefen. Da erhob einer das Haupt und fragte: «Welche Zeit ist in der Welt?» Der Hirt antwortete: «Es ist hoch am Mittag.» «Dann ist es noch nicht unsere Zeit», sagte jener und schlief wieder ein.

Für das Bewußtsein des Volkes, das diese Bilder durch die Jahrhunderte trug, haben sich die drei Tellen in die Tiefen zurückgezogen, die dem Mittagsbewußtsein verborgen bleiben müssen. Schon zu den Zeiten, da die Drei dem Volke erreichbar waren, kamen sie in der Nacht – nicht am Tage – zusammen auf der Rütliwiese, einer Aussparung des Waldes. Dort hielten sie Rat mit den andern Männern.

Unserm mittäglichen Verstand, der ganz abhängig ist von dem, was man im Mittagslicht sehen kann, sind durch die Bilder der Urschweizer Sage die größten Rätsel aufgegeben.

Auf der einen Seite tauchen Schritt für Schritt alte kultische Bilder auf, die uns sowohl nach dem Nordwesten, wie nach dem Südosten der großen Welt führen. Aber sobald man nachsieht, wie diese Bilder an andern Orten im Leben verwurzelt sind, stößt man auf so grundlegende Unterschiede und auf so entschiedene Widersprüche, daß man jedes Vergleichen wieder aufgeben muß.

Was in der Welt der schweizerischen Befreiungssage lebt, sind lauter Gesetze, die in alten Zeiten nur von auserwählten Ständen verwaltet werden konnten. Die aus diesen Ständen Ausgeschlossenen hatten gar nicht die Fähigkeit, das zu vollbringen, wozu die Bevorzugten bestimmt waren. Noch im Hochmittelalter wird deutlich sichtbar, daß ganz bestimmte Lebensformen und Lebensgrundlagen erforderlich sind, um ein soziales Gebilde zu leiten.

Klöster und Ritterburgen sind die Stätten, wo das führende Element der Kultur zu Hause ist.

Die Klöster, wenigstens seit der allgemeinen Durchführung der Benediktinerregel mit ihren Abwandlungen, nehmen die Lebensgesetze vorchristlicher Mysterienstätten des Ostens an. In der Klausur geschieht das Wesentliche.

Die Ritterburg mit ihren Lebensgesetzen wiederholt mehr altkeltische oder keltisch-germanische Mysterienprinzipien. Erhöht über der gewöhnlichen Menschheit auf Felsengipfeln, durch Wall und Graben von dieser abgeschlossen, hausen die Verwalter des Rechtes. Ihr Leben ist wie das des Klerus geregelt nach alten Gesetzen.

Durch die Abgeschlossenheit von den profanen Lebensbedingungen suchte man nach dem Vorbild vorchristlicher östlicher und westlicher Mysterien einen höhern Bewußtseinszustand zu erwerben oder zu erhalten. Durch diesen hielt man sich nach uralten Ordnungen allein befähigt, Gesetze zu finden, die im sozialen Leben richtig wirken konnten.

Die klerikale Ordnung bildete sich allmählich zu einer Hierarchie aus, die von einem Gipfelpunkt aus bestimmt werden konnte, ähnlich der orientalischen Theokratie.

Die feudale Ordnung hingegen bildete sich um ein Zentrum herum aus, das immer wieder zum Nullpunkt wurde. Die Aristokratie, die sich über den ganzen Westen lagerte, bewahrte überall genau das gleiche Organisationsprinzip. Ihr Mittelpunkt, das Reichsoberhaupt, hatte nie die Möglichkeit, «Papst» innerhalb Europas zu werden. Die Tatsache des Reichs war dennoch überall anerkannt; auch die Könige von Frankreich, England, Spanien und Sizilien, die keine Lehenspflicht ausübten, strebten nach der Krone des heiligen römischen Reiches. Sie empfanden sich in ihm, obwohl sie eine selbständige Politik verfolgten.

Der Kaiser war Symbolum eines Reiches, dessen eigentliche organisatorische Kraft im Rittertum lag, nicht im Zentrum.

Nun trat inmitten des so regierten Europa etwas auf, das die Gültigkeit der bisherigen Ordnung durch sein Dasein vernichtete.

Aus dem Willen einer Bauerngemeinschaft erflossen Taten, deren Gesetze die Verwalter der alten Ordnung erschüttern mußten.

Das Auftreten der Talgemeinden muß auf die Vertreter der alten Ordnung so gewirkt haben wie ein gewisses Ereignis auf den sagenhaften nordischen König Harald Hildetand. Dieser, bereits erblindet, zog zum Kampf aus gegen seinen jungen Neffen Sigurd Ring. Als er die Schlachtordnung seines Heeres herstellen wollte, fragte der alte König: «Wie stellt Sigurd sein Heer auf?» Man sagte ihm: «In Keilform.» Erschüttert rief der König aus: «Ich habe geglaubt, das könne nur Odin und ich.» Er spürte, daß sich die Welt geändert hatte. Er läßt sich auf dem Streitwagen mitten in das anhebende Schlachtgetümmel fahren. Nach der Schlacht findet man ihn erschlagen unter einem Haufen Leichen.

Eine Gehorsamsverweigerung der Bauern wäre ohne Bedeutung gewesen für die ihnen übergeordneten Stände. Zahllose Auflehnungen waren niedergeschlagen worden in den Zeiten des Durchgreifens der Feudalordnung.

Aber in der Innerschweiz waren die Handlungen geordnet nach großen Gesetzen, deren Verwaltung als Privilegium einer erhöhten Menschenklasse angesehen war. In ganz erneuerter, mit jungem Leben durchdrungener Form wuchs eine neue Kraft am Gotthard mitten in dem großen europäischen Gebiet, das von zwei durchgebildeten Organisationen verwaltet wurde, in das Tagesdasein hinaus.

Bauern verwirklichten das Reich, und freie Individualitäten waren Träger der Tugenden geworden, die gesetzgebende Fähigkeiten aus sich hervorgehen lassen. Nicht ein phantastischer Plan und nicht ungeordnete Begierden stellten sich gegen die gottgewollte Ordnung, sondern diese Ordnung selbst kam in verjüngter Form aus dem Menschen heraus, den sie bisher von außen beherrscht hatte.

Im Innersten wirkte die Kraft der Minne, im unsentimentalen Sinn der wahrhaftigen Minnesänger. Die «Minne» vereinigte die drei in ihren Fähigkeiten ganz verschiedenen Ur-Eidgenossen. Auch zwischen dem Tell und dem Bund ist keine äußere Beziehung da; die Verbindung muß wieder im Reich der Minne, im übersinnlichen Reich, gesucht werden. Hier ist ein Zusammenwirken in der Form Tatsache geworden, die immer für das Verhältnis von Kaiser und Papst gefordert worden war. Kaiser und Papst dachte man sich als Gipfel der zwei herrschenden Organisationen hineinragend in das Reich der Minne. Dort sollte ihre Verbindung liegen. Weil dieses nicht Tatsache werden konnte, mußte der eine den andern sich unterzuordnen trachten. Das geistige Verhältnis, das nicht zu erreichen war, sollte durch ein politisch-äußerliches ersetzt werden.

Die Sage vom Tell und dem Rütlibund läßt alles, was im Reich der Minne, also außerhalb des Menschenwitzes liegt, durch das Walten des Schicksals sich vollziehen. Die Menschen handeln nach Maßgabe der Tugenden, die ihnen als Menschen, nicht als Angehörigen ihres Standes zukommen. Alles geschieht «ohne Gefährde», ohne Hintergedanken.

Die Tugenden, die gesetzmäßig zusammenklingen, münden in ein Reich, in dem das Schicksal auch gesetzmäßig wirkt.

Darin liegt ein Grundunterschied der schweizerischen Auffassung des Reiches und der Auffassung Friedrichs II., des letzten Reichsoberhauptes im hochmittelalterlichen Sinn, von dem der älteste schwyzerische Freiheitsbrief ausgestellt worden war.

Friedrich II. war der Überzeugung, die irdische Ordnung des Reiches sei ein notwendiges Remedium gegen die Wirkung der Erbsünde. Er lebte im Glauben, daß jeder Mensch, der sich außerhalb der wohltätigen Ordnung des Reiches halte, unter dem Einfluß der Erbsünde unbedingt fehlgehen müsse. Wie das Wasser eines Flusses bei einem Dammbruch durch seine ihm einwohnenden Gesetze die Felder überschwemmen muß, so müsse ein nicht durch die ordnenden Gewalten des Reiches geleiteter Mensch durch die Triebkraft der Erbsünde sich selbst und den andern zum Unheil werden.

Die Tellsage, die nicht nach der Vergangenheit, sondern nach der Zukunft schaut, offenbart eine ganz andere Welt. Ihre Dramatik spricht aus, daß der Mensch, unabhängig davon, wie er in die äußere Ordnung eingespannt ist, innere Tugenden ausbilden kann, und daß diese sich im wahren «Reich» gesetzmäßig ordnen. Daraus entwickelt sich auch für das Zusammensein der Menschen eine neue Ordnung, die allerdings nie in den Einzelheiten festgelegt sein kann. Eine gotische Architektur des sozialen Aufbaus wäre Tyrannei für einen so strebenden Menschen. Der Aufbau muß sich unentwegt erneuern, weil das «Reich» nicht tote Ordnung bedeutet, und weil die «Erbsünde» tatsächlich immer in Tätigkeit bleibt und aller Ordnung feind ist.

Die Verhältnisse auf der Erde müssen immer wieder geheilt werden durch die Heilkräfte desjenigen Reiches, in das man durch die menschliche «Tüchtigkeit», die «Tugenden», gelangt.

In dieser Gesetzmäßigkeit lebt die Imagination der Höhle am See. Sie spricht aus, daß sich die Bedingungen der Zeiten ändern, daß der Mensch in neuen Zeiten auf neue Weise die Tugenden ausbilden muß, um die Königskraft, die zum sozialen Gestalten befähigt, zu finden.

Ein Hirte, der sein Amt ausübt, findet die drei Tellen, ohne sie gesucht zu haben, rein dadurch, daß er ein verlaufenes Tier retten will – also ohne daß er ein egoistisches Ziel verfolgt.

Die verborgene Höhle spricht ausdrücklich und eindringlich vom Wandel der Zeiten, wie er sich für die Volksweisheit darstellt. Die Könige warten auf ihre «Zeit», das ist auf die Reife der menschlichen Tugenden.

Diese Sage kann den Blick wieder hinauslenken in die Welt, weil sie eine Bilderfolge enthält, die unzählige Male auftritt in solchen Sagen, die große Wendepunkte der Kulturentwickelung verkünden oder schildern wollen.

Apokryphe Überlieferungen erzählen, daß die Hirten in der Christnacht die heilige Jungfrau mit dem Kinde in einer Erdhöhle gefunden haben. Diese Form des Hirtenereignisses haben besonders die frühen mittelalterlichen Maler und Mosaikkünstler für ihre Darstellungen bevorzugt. Hirten sind die ersten, die die Verkündigung des welterneuernden Weihnachtsereignisses vernehmen. In einer Erdhöhle finden sie die heilige Familie.

Ein Hirte war es auch, der nach der alten Tradition die Felsenhöhle auf dem Monte Gargano fand, von wo aus sich ein besonders vom Rittertum aufgenommener Kult in der Folge verbreitete.

Die Sage erzählt: Dem Hirten Gargano, der seine Herde in der

Gegend von Sipontum weidete, entlief einmal ein außerordentlich schöner Stier. In großer Sorge um das Tier durchsuchte der Hirte Wälder und Berge. Endlich fand er es auf einer Anhöhe vor einem Höhleneingang kniend. Da übermannte ihn der Zorn, er spannte seinen Bogen und zielte auf den Stier. Aber er traf sich selbst mit dem Pfeil, denn dieser wendete sich auf den Schützen zurück und verletzte ihn. Der Schmerz brachte ihm die Selbstbesinnung. Er sah nun, daß in der Höhle Engel anwesend waren, die eine heilige Handlung vollzogen. Sie hatten den Ort zu einer Kirche umgewandelt und verrichteten selber den Kult, dessen Lenker der Erzengel Michael war. – Der Hirte verkündete das Gesehene in Sipontum, dessen Bischof, ein Verwandter des Kaisers von Byzanz, die erste Prozession anordnete nach dem Berge, der dann den Namen des Hirten bekam. Das war am 9. Mai 495. Seither wiederholt sich alljährlich die Prozession bis zum heutigen Tage. Der Monte Gargano wurde Wallfahrtsziel ungezählter Ritter und blieb das ganze Mittelalter hindurch in Verbindung mit einer großen Reihe von Michael-Heiligtümern in ganz Europa, die alle nach der Tradition von dort her den Kult empfangen haben. – Auch die Herren der Michaelskirche von Einigen im Berner Oberland pilgerten nach der Legende zum Monte Gargano.

Der Hirt, der auf den Witz verzichtet und als Tor vor der witzig gewordenen Menschheit wandelt, findet, was er nicht bewußt, nicht in egoistischer Absicht, sucht. Er, der alte Fähigkeiten der Menschheit bewahrt, findet den Geist, der Erneuerung bringen will.

In die Hirtenstimmung versuchten sich die Trovatori zu versetzen, die den Geist bewußt zu «finden» – «trovare» – anstrebten.

Die ganze höfische Poesie lebt in dieser Gesetzmäßigkeit, die wir auch in der Antike finden. Auch dort dichten Sänger und Poeten, die den größten Geheimnissen des Menschheitsschicksals nachgehen, Hirtenlieder, Bucolica, wie der Minnesänger Frühlingslieder anstimmt, um sich durch deren Stimmung in das «Reich der Minne» zu versetzen.

Der arme Hirte, der nichts «hat», der die Erde nicht in egoistischer Weise in Besitz nimmt, der aber derjenige ist, der findet, lebt auch auf klerikaler Seite im Hintergrund der Orden mit dem Armutsgelübde.

Innerhalb der sagenhaften und mythischen Überlieferungen gibt es eine bestimmte Gruppe, die dem Hirten den pfeilversendenden Bogen oder die Schleuder so zuordnet, wie zum Sänger das Saiteninstrument oder zum König die Krone gehört.

Offenbar tritt diese Eigentümlichkeit dort auf, wo Formen des apollinischen Kultes zutage treten.

Der Minnesang hat solche in sich. Er tritt dort auf – wenn auch von ganz anderer Seite angeregt – wo einmal keltische und nordische Sänger durch ihre Musik Kultur verbreitet hatten, zuletzt im einstigen Wirkungskreis des Pythagoras, der als Druide und Orphiker angesehen wurde.

Die keltischen Barden sahen ihren Inspirator in der Gottheit, die in späterer Verdolmetschung «Abellio» oder «Belenus» und schließlich, nach der Durchsetzung des Gebietes mit römischer Kultur – wie in Helvetien – «Apollo» genannt wurde. Die nordischen Sänger hingen ebenso zusammen mit Odin, der im Gesang und in poetischer Weise sich aussprach, und in einer Art, daß alle seine Sprüche unmittelbar als Wahrheit wirkten und erkannt wurden. Von Römern und Griechen, die seinen Kult kennen lernten, wurde Odin dem Hermes oder Merkur verglichen, also der Gottheit, die am meisten dem Ganzen des «Dreifachen Apoll» nahe kam.

Das Reich des Gesanges war das mittlere Herrschaftsgebiet Apollons. In diesem walteten die Phorminx oder andere Saiteninstrumente, die heilende Kräfte vermitteln.

Apoll stieg aber auch in tiefere Regionen. Er war Hirte, besaß Rinderherden. Unten verwandelte sich das Musikinstrument in den nicht mehr Töne erregenden, aber Pfeile versendenden «Bogen». Die Pfeile Apolls trafen immer, sie konnten nicht fehlgehen. Sie wehrten die Wölfe von den Herden und bekämpften überhaupt die Bestien.

Wenn es Winter wurde auf der Erde, stieg Apollon in das hyperboräische Reich, wo nicht durch Instrumente Musik hörbar gemacht wurde, sondern wo im Weltenwasser die Sphärenharmonie erklang.

Apollon mit seinem Kreis war im griechischen Kulturgebiet Inspirator der sozialen Fähigkeiten, welche zur «Polis» und zur Politik im griechischen Sinn, zum Städtewesen, führten. Genau so war Odin Inspirator aller sozialen Formen der nordischen Reiche.

Apollon brachte den Menschen das, was die Griechen «Demokratie» nannten: die Möglichkeit, aus dem Menschen heraus die rechte Richtung für eine überschaubare soziale Gemeinschaft zu finden.

Die Begründung der Polis, des Stadt-Staates, im Unterschied zur frühern orientalischen Stadt, die Residenz eines Fürsten, ein erweiterter Fürstenhof, war, empfand der Grieche als den entscheidenden Durchbruch eines neuen sozialen Prinzipes.

In den Bildern des delphischen Apollokultes wurde die Geburt des neuen Zeitalters als lebendige und wirksame Erinnerung durch die Generationen getragen.

Am Anfang der mythischen Bilderfolge steht der Drachenkampf. Die alte Pythische Göttin bewohnte in Drachengestalt die Erdklüfte am Fuße des Parnassos. Der Drache beherrschte durch die von ihm gehütete Weisheit das Land.

Apoll will die Menschen von ihm befreien und besiegt den Drachen in einem Kampf, in welchem dieser den unfehlbaren Pfeilen des Sonnengottes erliegt.

Nach dem Kampf nimmt Apollon Knechtesdienste auf sich. Um die Tötung zu sühnen, verzichtet der Gott auf sein geistiges Dasein und steigt zu den Sterblichen herunter, lebt als irrender und dienender Mensch.

Nachdem die Sühne vollzogen ist, richtet er den Kult von Delphi selber ein. Singend und seinen Gesang mit der Phorminx begleitend führt Apollon bei seinem Einzug in Pytho-Delphi den Priesterreigen selber an. Er ist nun im Besitz der alten pythischen Weisheit. Aber er verwaltet sie nicht, um seine eigene Macht zu mehren, sondern er will, daß sie den Menschen unmittelbar diene.

Eine Priesterin muß fortan den suchenden Menschen die Weisheit verkünden, die sie für ihr Heil brauchen. Die aus der Erdhöhle stammende, aber durch äußern Kampf und innere Tugend dem Apoll zugefallene Weisheit dient vornehmlich dazu, dem Menschen die Richtung zu weisen für das Erdenleben. Aus ihr stammen die Verfassungen der griechischen Städte.

Aber die Weisheit erwirbt nur, wer die Aufforderung am Eingang des Tempels erfüllt: «Erkenne dich selbst.» Die Antworten der Pythia auf die Fragen der Menschen sind so, daß der Mensch das, was er erfragt, in sich selber finden kann.

Der weise Lehrer Sokrates ist wie ein Abbild des apollinisch-pythischen Tempels. Er lehrt nur durch Rätselfragen, die den Schüler auf den Weg bringen, die Antworten in sich selbst zu finden. Sein Tod erfolgt durch das freiwillige Trinken des Giftbechers. Dieses Scheiden von der Welt gehört zu seinem apollinischen Wesen.

Im Mythos des delphischen Apoll, der eine neue Fähigkeit im Menschen erweckte, nachdem der alte Drache überwunden war, erscheint dieser Drache als die alte Form der Weisheit, die von außen herrschen wollte und den Fortgang der Entwickelung gewaltsam hinderte.

Nach der Tötung des Drachen durch die nimmerfehlenden Pfeile des Gottes, wird die vom Drachen behütete Weisheit frei für den sich selbst erkennenden Menschen.

Aber der Gott selbst bringt eine Sühne für die Tötung der Pythonschlange. Dieser Zug des Mythos war schon den Griechen ein großes Rätsel, wurde aber trotzdem mit Sorgfalt im Kult erhalten.

Im Tell-Mythos tötet derjenige, der die vier Tugenden in sich ausgebildet hat, den Unterdrücker des Landes, der mit jener alten Weisheit herrschen will, die der Inhaber des Hutes hütet.

Nach der Tötung ergreift nicht der Überwinder die Herrschaft, sondern die Gesamtheit derjenigen, die aus sich selbst die Weisheit finden, nach der die Gesellschaft leben kann.

Der Befreier ertrinkt in den Wellen des Schächenbaches. Der Tod in den Wellen ist in der apollinischen Vorstellung der Tod der Hyperboräer, der Lieblinge Apolls. Wenn sich diese ersättigt haben am äußern Leben, stürzen sie sich in die Wellen des Weltenozeans, um darin aufzugehen und Erneuerung in anderer Daseinsweise zu suchen.

Schon die Fahrt über den See nach dem Apfelschuß nimmt sich wie eine Verkehrung des apollinischen Bildes von der allherbstlichen Fahrt des Gottes über das Wasser aus. Während Apoll frei über die Wasser dahinfährt, von seinen Schwänen gezogen, um nach dem ewigen Licht Hyperboreas zu fahren, will Geßler den Tell gefesselt über den See führen, um ihn in die Tiefen des Turmes zu werfen, wo er Sonne und Mond nie mehr sehen soll.

Aber die Fahrt führt den Tell durch seine Eigenkraft zur Befreiung.

Bilder uralter Weisheit leben im Tellmythos. Es sind Bilder, die immer den Anbruch einer neuen Zeit künden. Durch die Überwindung eines überlebten Prinzipes, das sich empört gegen den rechten Fortgang der Weltentwickelung, wird der neuen Kraft Raum gegeben.

Im Tell finden wir das Apollonische der vorchristlichen Zeiten gewandelt. Jetzt wird nicht wie in Pytho-Delphi die überwundene Macht zur Inspirationsquelle gemacht. Der Rütlibund, in dessen Zentrum die königliche Dreiheit steht, ist das Urbild der nun eingreifenden sozialen Kraft. Nach der Überwindung der alten Herrschaft wird also etwas völlig anderes wirksam in dem Land, das von Geßler und dessen Prinzip beherrscht gewesen war. Es ist nicht die Weisheit des Überwundenen, die einen neuen Träger findet, sondern eine neue Kraft wandelt die alten Formen.

Darin ist auch der grundlegende Unterschied zu sehen gegenüber der städtischen Kommune Oberitaliens, die sich im XII. Jahrhundert zur lombardischen Liga zusammenballte und dem Reich entgegenwarf. Die lombardische Stadt ist dadurch charakterisiert, daß sie die Adelsgeschlechter der Umgebung zwingt, in die Stadtmauern zu ziehen und sich aus Burgherren zu Bürgern zu machen. Die Fähigkeiten des Adels werden aufgesogen vom Bürgertum, wie einmal die Fähigkeiten der sieben römischen Könige auf die Bürger Roms übergeleitet wurden. Wie damals die Königskraft vom «Superbus» auf den «Brutus» übersprang, so ging hier das Herrschaftsprinzip der Nobili direkt über auf die Kommune. Nicht Neugeburt, sondern Übernahme des Alten findet hier statt.

Durch eigentümliche Schicksalsfügung wurde im alten Rom ein zweiter Brutus zum Anlaß der Einführung der absoluten Gewalt.

Dadurch, daß Brutus den Cäsar aus dem Weg räumte, machte er dem Imperator Platz. Dieser Brutus lebte bis tief ins Mittelalter hinein im allgemeinen Bewußtsein als Empörer.

Daß es nicht mehr auf die bloße äußere Überwindung alter Gewalten ankomme und auf den äußern Erwerb ihrer Weisheiten, sondern auf eine Wiedergeburt, davon waren besonders die Kreise des Mittelalters tief durchdrungen, die von den Bildern der Gralslegende berührt waren.

In ausgeprägter Weise kommt dieses Verhältnis zum Ausdruck durch die Wolframsche Fassung der Parzivallegende.

Sie läßt den zukünftigen Gralskönig zwischen Bauern und Hirten aufwachsen, ohne jede Berührung mit der Kultur seiner Zeit. Der junge Parzival verfertigt sich selbst Bogen und Pfeile und schießt nach den Singvögeln. Wenn dann die verstummten Sänger tot zu seinen Füßen liegen, ergreift ihn eine Trauer, die ebenso übermächtig ist wie das Gefühl, das ihr Gesang in ihm erregt hatte. Die intensivste Naturverbundenheit charakterisiert den Knaben.

Als ein «Till» zieht er in die Welt hinaus, der nicht Harmonie herstellen kann zwischen dem Denken der Menschen und dem unbewußten Wollen und Empfinden. Die von außen empfangenen Lehren führt er wörtlich aus, ohne sie aus sich neu zu gebären. Die Rätsel, die er antrifft, führen ihn nicht dazu, so zu fragen, daß in den eigenen Tiefen die heilsame Antwort erweckt wird. Die Gralsburg stößt ihn wieder aus, nachdem er sie unbewußt gefunden hatte.

Parzival wird nach vieljährigen Irrfahrten zu der Höhle des Einsiedlers Trevrizent geführt. Durch dessen Unterricht gelangt er erst zur Selbsterkenntnis. Er erkennt, daß er selbst der Drache ist, von dem seine Mutter geträumt hatte, und daß er bei seiner Ausfahrt den eigenen Blutsverwandten tötete, als sein «Gabilot» das Auge und Haupt des Ritters Ither durchschnitt, dessen geraubte Waffen und Wehr er seither trug.

«genam ich ie den rêroup,
so was ich an den witzen toup.
ez ist iedoch von mir geschehen.»

Was er ohne Wissen getan hat, nimmt er auf sich und bringt die Sühne.

In drei Kämpfen, die ohne Zeugen begonnen werden und dadurch den Charakter der Selbstüberwindung haben, verwandelt er sich selbst.

«ich han mich selber überstriten»

sagt er nach dem ersten dieser Kämpfe, als er in dem Gegner den blutsverwandten Gawan erkennt.

Nach dem letzten Kampf steht er wehrlos da. Sein dem Ither geraubtes Schwert zerbrach am Helm des eigenen Bruders.

Aber jetzt, nachdem er sich selber tiefer erkennen gelernt hat, leuchtet die kosmische Sternenschrift auf. Er wird zum Gral berufen.

Drei Könige sind ihm im Amte vorangegangen: Titurel, der noch durch weisen Rat der Ritterschaft beisteht, obwohl er sich seines Körpers nicht mehr bedienen kann; Frimutel, sein Sohn, der im Minnedienst gefallen ist, und der kranke Anfortas. Dieser hatte in unreinem Drang einen Kampf gewagt und trug daraus eine giftige Wunde davon.

Eine neue Zeit ist mit Parzival angebrochen. Im Gegensatz zu den vorangegangenen Königen mußte er sich selbst zur Gralshüterschaft würdig machen.

Diese Zeitenwende lag nicht da, wo die Gralsromane und Epen aufgeschrieben wurden. Die äußern Sitten des hochmittelalterlichen Rittertums sind zwar mit Recht – denn sie sind Veräußerlichungen von Bildinhalten des Gralsrittertums – in die Legendenliteratur eingegangen. Aber die kultischen Bilder, die aufleuchten, gehen weiter zurück; sie erinnern an Zeiten, in denen die kirchenpolitischen Anordnungen Karls des Großen noch nicht durchgedrungen waren, welche die letzten Reste der ältern Kulte aus dem Westen auszutilgen trachteten. Jetzt, zur Zeit der Sammlung der Gralserinnerungen hatte die Legende schon eine Fortsetzung erfahren, nach welcher der Gral dem menschlichen Finden entrückt wurde. Die Bedingungen, zu ihm zu gelangen, waren nicht mehr da.

In diese Zeiten hinein fallen die Bilder der Tell-Rütlisage, die in geänderter Zeit und auf anderer Ebene aufleuchten.

In diesem Sagenkreis tritt ein Mensch in dem Moment auf, wo er bereits reif ist, die Tugendproben abzulegen. Er ist ein bewußter Till, in dem Sinn, als er das Dasein und das Gebiet des Witzes kennt, aber nichts davon in seine Taten hineinfließen läßt. Er ist einer, der weiß, warum er den Namen «Tell» trägt.

In außerordentlicher Konzentriertheit drängen sich die Bilder der Tugendproben des Tellen zusammen bis zu dem Moment, wo er, wehrlos gemacht, in den finstern Turm geworfen werden soll. Doch was unveräußerlich in ihm selbst als Tugend verwirklicht ist, rettet ihn in diesem Augenblick und führt zur Befreiung seiner selbst und des Landes. Es führt aber auch zu der Verwirklichung dessen, was durch die drei königlichen Gestalten vorbereitet worden war. Diese stehen – nebeneinander, nicht im zeitlichen Nacheinander – in unsichtbarem Zusammenhang mit dem Tell. Was am Tag durch den Einzelnen geschieht, erweist sich im Einklang mit dem, was in der Nacht, im Verborgenen, vorbereitet wird.

Was aber in den ältesten Niederschriften dieser Bilder enthalten ist, zeigt schon die Spuren einer Zeit, in der ein Tell nicht mehr möglich ist. Das Bild der drei in der Höhle schlafenden und nicht findbaren Tellen hatte in diesem Augenblick schon volle Gültigkeit.

Im Beginne dieser Zeit kam eine merkwürdige Persönlichkeit auch nach Basel, die in weitem Umkreis Aufsehen erregte. Es ist diejenige, in der Goethe das Urbild des strebenden Menschen der Neuzeit sah. In seinem dichterischen Hauptwerk läßt er sie in dem Moment auftreten, in dem sie sprechen muß:

«Da steh' ich nun, ich armer Tor!»

Der Doktor Faust erkennt sich als Tor, nachdem er durch alle Fakultäten gegangen ist und selber schon seit zehn Jahren die Studenten an der Nase herumführt. Nicht den Mangel an Wissen, sondern das Wissen selbst erlebt Faust als Torheit, die sich nicht zurechtfinden kann im Leben.

Er versucht durch Magie den makrokosmischen Geist zu beschwören; aber die Welt, mit der Parzival noch durch heilige Kräfte verbunden war, kann Faust auf diesem Wege nur noch als bloßes Schauspiel von außen erleben.

Nun ruft er den Geist der Elemente auf, den wir bei Tell noch kräftig erspüren, Faust aber vermag sich diesem gegenüber nicht aufrechtzuerhalten.

Nicht in weiser Gelassenheit, wie Sokrates, sondern aus Verzweiflung will er den Giftbecher trinken:

«Ins hohe Meer werd' ich hinausgewiesen,
Die Spiegelflut erglänzt zu meinem Füßen,
Zu neuen Ufern lockt ein neuer Tag.»

Die erklingenden Osterglocken retten ihn vor der Verlockung und führen ihn zur Erde zurück. Hier beginnt er ein neues Leben, von dem Punkt ausgehend, an dem er steht. Durch den Versuch, den er unternimmt, das Johannesevangelium zu übersetzen, wird sein Standpunkt offenbar. Er sieht sich genötigt, die ersten Worte des Evangeliums umzuprägen, indem er hinschreibt:

«Am Anfang war die Tat.»

Die Schöpfung wird auf den Kopf gestellt. Die Tat, in die hineingestorben ist, was vorangegangen war, wird an den Urbeginn versetzt.

In dem Moment, wo er das Evangelienwort umdreht, wächst sich der Pudel hinter dem Ofen zu einem gewaltigen Untier aus. Aus diesem springt der Teufel heraus und wird der ständige Begleiter des Faust.

Auf zwei Wegen strebt aber Faust aus dem Bereich des Teufels, des Meisters des kalten Witzes, heraus.

Er sucht ein tieferes Verständnis der Natur, in deren wahre Tiefen ihn der Teufel nicht begleiten kann, denn ihm ist dies nur Selbstbelügung.

Unentwegt sucht Faust auch nach den höchsten geistigen Geheimnissen. – «In deinem Nichts hoff' ich das All zu finden», sagt er zu seinem überklugen Begleiter, der ihm auch dahin nicht folgen kann.

Faust wird aus dem Machtbereich des Teufels errettet in dem Augenblick, wo er ihm wehrlos ausgeliefert schien.

Ein Vergleich der apollinischen Elemente, die in diese verschiedenen Kreise eingegangen sind, offenbart, daß sie sich ganz wesentlich verwandeln in den aufeinanderfolgenden Zeiten und in den verschiedenen Lebenskreisen. Daraus geht hervor, daß man das eine nicht durch das andere beurteilen kann. Wollte man vom kosmischen Standpunkt des Parzivalereignisses aus das beurteilen, was auf dem Rütli und der Tellsplatte sich abgespielt hat, so würde man zu einem Richter werden, der «nicht Landsmann» ist, der die Bedingungen des zu Beurteilenden nicht kennt. Die Ablehnung eines Richtertums von außen war aber ein Hauptmoment in den Urschweizer Bestrebungen. Würde man, ausgehend von der sozialen Atmosphäre des Tellkreises, in dem alles darauf ausgeht, die rechte Richtung für eine soziale Gemeinschaft zu erringen, über den Faust urteilen, er müßte als Egoist erscheinen, der nur für sich etwas tut, nur sich selbst entwickelt ohne Rücksicht auf eine Gemeinschaft.

Umgekehrt gilt auch, was Wolfram für Lohengrin, den Sohn Parzivals, meldet: Dieser, der aus der Weisheit des Grales Recht spricht bei den Menschen, muß sofort hinweg, wenn die Menschen von ihrem gewöhnlichen Standpunkt aus nach Namen und Herkunft des Ritters fragen.

Die drei Eidgenossen und Tell würden in dem Augenblick nicht mehr «da-sein», wo wir sie einer Inquisition unterziehen, die von einem verstandesmäßigen Standpunkt der Gegenwart ausgeht. Wir müssen das Ganze der Bilderwelt mit der Umgebung im Auge behalten und sogar beachten, daß einige Elemente der Überlieferung – wie der Tod Geßlers und der Zusammenhang zwischen Rütli und Tell – in unsicheren und verschiedenartigen Formen überliefert sind. In diesen Punkten kommen uns aber die historischen Dokumente zu Hilfe.

Aus ihnen geht hervor, daß es sich in der Urschweiz keineswegs darum gehandelt hat, das Hergekommene zu vernichten, obwohl es im Bilde des dürren Steckens mit darauf gehängtem Hut dargestellt war. Die alten Bundesbriefe bestätigen die alten Rechtsverhältnisse und lassen in diesen das junge Leben, das aus ganz andern Gründen stammt, aufkeimen. Wo alte Rechte dem jungen Leben aber hinderlich sind, werden sie abgelöst und die alten Rechtsträger entschädigt.

Im ganzen Wachstumsgesetz der alten Eidgenossenschaft offenbart sich, was zwischen Tell und den drei Eidgenossen vorgeht. Ohne zu wissen voneinander, entfalten sich die verschiedenen Orte nach ganz individuellen Gesetzen, aber im gleichen Geiste, sodaß die äußern Taten schließlich alle mit den drei Urkantonen, die im Mittelpunkt stehen, zusammenführen.

Jedes Bündnis hat seinen besondern Inhalt, der bestimmt ist durch die Individualität des neu hinzutretenden Ortes.

So hat auch alles, was der Tell tut, die Qualität seiner Persönlichkeit. Nicht durch das schließliche Wegschaffen des Geßler ist er ein Held, sondern dadurch, daß er ihn im geistigen Zweikampf restlos überwindet durch die Kraft seiner Tugenden. Wie alle wunderbaren Taten der Jungfrau von Orléans nichts Besonderes wären, hätte sie ein gewöhnlicher Schlaukopf durch List vollbracht, so sind die Taten des Tell dadurch etwas Großes, daß in ihnen die Tugenden des Individuums in neuer Weise zusammenklingen.

In einer Zeit, als die Rufe sich wiederholen: «Zurück zur Natur» und «Freiheit, Gleichheit, Brüderlichkeit», als die Welt Sehnsucht nach dem «Hirten» und zugleich nach der Herrschaft der «drei Könige» fühlte –, denn diese verbergen sich hinter den drei Idealen der französischen Revolution – besuchte Goethe drei Mal die innere Schweiz. Zum Jahr 1797 notierte er: «Zum dritten Male besucht' ich die kleinen Kantone, und weil die epische Form bei mir gerade das Übergewicht hatte, ersann ich einen Tell unmittelbar in der Gegenwart der klassischen Örtlichkeit.»

In einem Brief an Schiller aus derselben Zeit lesen wir: «Ich bin fast überzeugt, daß die Fabel vom Tell sich werde episch behandeln lassen, und es würde dabei, wenn es mir, wie ich vorhabe, gelingt, der sonderbare Fall eintreten, daß das Märchen durch die Poesie erst zu seiner vollkommenen Wahrheit gelangte, anstatt daß man sonst, um etwas zu leisten, die Geschichte zur Fabel machen muß. ... Das beschränkte, höchst bedeutende Lokal, worauf die Begebenheit spielt, habe ich mir wieder recht genau vergegenwärtigt, so wie ich die Charaktere, Sitten und Gebräuche der Menschen in diesen Gegenden, so gut als in der kurzen Zeit möglich, beobachtet habe, und es kommt nun auf gut Glück an, ob aus diesem Unternehmen etwas werden kann.»

Goethe gab dann die Früchte seiner Vorarbeiten für das geplante Epos an Schiller, der sich durch sie zu seinem Drama anregen ließ.

Es kann als höchst bedeutungsvoll erscheinen, daß Goethe sich anläßlich seiner Reise nach Zürich und Stäfa im Jahre 1797 gedrängt fühlte, die klassische Örtlichkeit der Tellbegebenheiten zum dritten Mal aufzusuchen. Zwei Jahre vorher hat er zu den Horen die «Unterhaltungen deutscher Ausgewanderter» beigesteuert. Den Schluß dieser Unterhaltungen bildet ein Märchen, das vom «Alten» erzählt und seine Zuhörer «an alles und nichts erinnern» sollte.

Dieses Märchen kann uns an alles erinnern, was wir aus dem Tellkreis bis zur verborgenen Höhle am Vierwaldstättersee vernehmen, und zugleich an nichts, weil es eine zukünftige Verwandlung der gewesenen Zeitbedingungen darstellt. Es ist das berühmte Märchen von der grünen Schlange und der schönen Lilie:

Die grüne Schlange gelangt, in den Felsklüften am Wasser Gold suchend, in eine Felsenspalte und durch diese hindurch in eine unterirdische Höhle. Darin findet sie Bildwerke, die drei thronende Könige darstellen. Der eine König ist aus Gold, der andere aus Silber und der dritte aus Erz gebildet; ein vierter, aus einer chaotischen Mischung der Metalle gegossen, lehnt aufrecht an einer Säule.

Ein alter Mann, als Bauer gekleidet, folgt der Schlange. Er trägt eine Lampe, die mildes Licht aussendet, in der Hand. Das Gespräch zwischen den Königen und dem Alten führt dazu, daß dieser mit gewaltiger Stimme ruft: «Es ist an der Zeit.»

Bald darauf fährt der Alte, wie auf Schlittschuhen stehend, über den See zu dem Garten der Jungfrau, der schönen Lilie, wo man ihn dringend benötigt.

Der «Jüngling», der bereits Krone, Szepter und Schwert verloren hatte, ist durch die unzeitige Berührung mit der «schönen Lilie» gelähmt und leblos dahingesunken. Der Alte bringt ihn mit allen Personen, die sich bei der schönen Lilie eingefunden haben, in den unterirdischen Tempel.

Der goldene König fragte: «Woher kommt ihr?» – «Aus der Welt» antwortete der Alte. «Wohin geht ihr?» fragte der silberne König. – «In die Welt», sagte der Alte. «Was wollt ihr bei uns?» fragte der eherne König. «Euch begleiten», sagte der Alte.

Nachdem sich daraufhin der unterirdische Tempel von selbst verwandelt und ans Licht heraufdringt, ruft der Alte: «Drei sind, die da herrschen auf Erden, die Weisheit, der Schein und die Gewalt.» Beim ersten Wort stand der goldene, beim zweiten der silberne und beim dritten der eherne König auf. Der vierte König aber sank in sich zusammen.

Von den drei Königen empfängt der Jüngling Schwert, Szepter und Eichenkranz, wodurch er wieder zu neuem Leben erweckt wird.

Jetzt erst kann er sich durch die Kraft, die noch früher als die Könige und noch allgemeiner in der Welt gewaltet hat, mit der schönen Lilie verbinden, nämlich durch die Kraft der Liebe – «die nicht herrscht, sondern bildet», wie der Alte sagt.

Die großartige Zukunftsimagination dieses Märchens, in dem das Apollinische in nochmaliger Wandlung ersteht, läßt es begreifen, daß Goethe keine Telldichtung mehr schreiben konnte. Aber um so größer wird unsere Verwunderung darüber, daß Schicksal und innerer Drang den Dichter dieses Märchens drei Mal in die Urkantone führt, deren älteste Rechtstitel mit Eindringlichkeit und ausnahmslos die Minne vor das Recht setzen, und in deren sozialem Wesen ein Vorglanz jener von Goethe geschauten Zukunft in die Welt hineingetragen worden ist.

Die Beziehung Goethes zum Tell ist um so bedeutungsvoller, als er sich nicht nur literarisch um die Gesetzmäßigkeiten des Stoffes kümmerte, sondern sich mit vollem Lebensernst selber in die großen Gesetze hineinbegab, die er künstlerisch darstellte.

Er ging nicht «zurück zur Natur». Seine «Hirtenstimmung» führte ihn über die gewöhnliche Naturwissenschaft hinaus in solche Tiefen der Natur hinein, in denen er die lebendigen Gesetze der Pflanzenmetamorphose finden konnte.

Auf der andern Seite stellte er nicht Ideale auf, die der Vernunft zwar einleuchten, aber nicht in das Leben übertragen werden können. Rastlos strebt er nach «höherem Geheimnis», wie es sich durch seine Dichtung offenbart.

So findet er die neue Metamorphose der uralten Gesetze, die im Tellmythos die für einen wichtigen Wendepunkt der Geschichte gültige Offenbarung gefunden hatten.

Eine Grundbedingung für die Verwirklichung der Fortsetzung des einmal Angefangenen ist der Entschluß der Schlange, den sie dem Alten ins Ohr zischt: «Ich werde mich opfern, bevor ich geopfert werde.» Die Schlange opfert sich selbst, und der stehende König sinkt von selbst in sich zusammen. Der Hirte braucht nun keine Pfeile mehr, ein äußerer Drachenkampf ist nicht mehr nötig. Der Alte trägt eine Lampe in der Hand, deren mildes Licht nicht tötet, sondern wandelt. Seine Handlungen sind treffend, sie gehen nie fehl. Genau im richtigen Augenblick, nicht zu früh und nicht zu spät, greift er ein. Durch das, was er tut, gelangt der Jüngling in den Tempel und erlangt die sozialen Kräfte der aufgestandenen drei Könige.

DER SCHICKSALSGANG
DER ACHTÖRTIGEN EIDGENOSSENSCHAFT

Mit der Niederschrift und Erklärung von Sagen hat es die gleiche Bewandtnis wie mit der Sammlung und Ausdeutung von Mundart-Worten. Niemand könnte auf den Gedanken kommen, ein schweizerisches Idiotikon anzulegen, wenn nicht Anzeichen da wären, daß die kräftigsten Sprachgüter des schweizerdeutschen Dialektes im Ersterben sind.

So wurde erst im XV. Jahrhundert das Bedürfnis empfunden, die Sagen über die Befreiung der Waldstätte aufzuschreiben, in einer Zeit also, da die Gesetzmäßigkeiten, die sich in ihnen finden, ihre Urkraft schon abgegeben hatten. Da es sich um Lebensprozesse handelt in dem, was die Sagenbilder aussprechen, findet man ihre historische Verwirklichung dem Grundgesetz alles irdischen Lebens unterworfen: dem Wachstum und dem nachfolgenden Ersterben. Die Formen, in denen die Sagen aufgeschrieben wurden, zeigen, daß den Eidgenossen des XV. Jahrhunderts schon Vieles rätselhaft geworden war von dem, was sie als Gesetz des Handelns ihrer Vorfahren empfanden, daß also der ursprüngliche Bewegungsimpuls im Abflauen begriffen war. Die älteste und zugleich genialste schriftliche Form der Sage, die uns aus der Urschweiz selbst erhalten ist, stammt aus dem Beginn der siebziger Jahre des XV. Jahrhunderts. Es ist die Erzählung des weißen Buches von Sarnen, eines Urkunden-Rodels der Obwaldner Staatskanzlei. Der das Buch einleitende geschichtliche Bericht ist eine Kopie eines nicht erhaltenen Schriftstückes, von dem man nicht wissen kann, ob es älter ist als die Anlage des Buches, oder ob es zu Handen der Kanzlei von einem Zeitgenossen des Staatsschreibers verfaßt wurde. Auf jeden Fall steht auch die Form der Sage im Weißen Buch zu den ihr dort nachfolgenden Urkundenbeschreibungen, wie andere Sagen zu dem entsprechenden historischen Stoff: der Übergang und Zusammenklang ist nicht ohne weiteres gegeben.

Ebenso sind die vielen Gralsromane und epischen Behandlungen der Gralssage in der Zeit entstanden, als die Rittergeschlechter, die am meisten in den Traditionen der Gralslegende verwurzelt waren, sich dem Verfalle näherten. Was sich durch die Legenden offenbarte, kann mit keinem bekannten historischen Ereignis aus der Vergangenheit jener Geschlechter völlig zur Deckung gebracht werden.

Ebenso läßt sich die sagenhafte Erinnerung der Völkerwanderungszeit der germanischen Stämme nicht vollständig vereinbaren mit dem historischen Geschehen, das andere Völker von außen an den Germanen haben beobachten können.

Alle diese Sagen enthalten, wie die Befreiungssage der Eidgenossen, einen Überschuß an Inhalt über das historisch Begreifbare und Feststellbare hinaus.

Die Tell-Rütlisage hat die spätern Historiker angeregt, den sogenannten historischen Kern in drei Perioden zu suchen, von denen jede durch ein auf uns gekommenes Dokument markiert ist. Eine ältere Gruppe von Historikern, die nicht mehr im Sinne der mittelalterlichen Chronisten erzählte, sondern schon Historie als Wissenschaft betrieb, glaubte gewisse Ereignisse, die zum Morgartenkrieg geführt haben, in den Sagenbildern erkennen zu können.

Im XIX. Jahrhundert trat eine weitere Gruppe von Historikern auf, die ihre Vorgänger kritisierte und zugleich die alten Chronisten korrigierte. Sie glaubte, die Ursache der Sagenbildung liege in den historisch betastbaren Vorgängen der vierziger Jahre des XIII. Jahrhunderts.

In neuester Zeit hat Karl Meyer in seinem Werk «Die Urschweizer Befreiungstradition» sehr wesentliche Gründe dafür vorgebracht, daß namentlich die Sarner Gestalt der Sage auf die Bewegungen der Jahre 1290/1291 gehen, also auf das, was die alten Eidgenossen zur Erneuerung ihres Bundes im August 1291 nötigte.

Sollte es einmal gelingen, den Tell und die anderen Personen seines Schicksalskreises unzweifelhaft festzustellen, so wird bestehen bleiben, was man auch jetzt schon sicher wissen kann: Durch die Menschen, auf welche die Sage zurückgeht, wirkte mehr, als was sie zu verkörpern vermochten. Denn eine ganze Reihe von Generationen steht unter einem Impuls, der sich stufenweise verwirklicht. Immer wieder erkennt man an ihren historischen Taten den Charakter des Tell-Rütli-Urbildes. Nur deswegen, weil die Vorgänge verschiedener Zeiten etwas Verwandtes mit dem Telldrama haben, konnten sie damit verglichen werden. Diese Tatsachen offenbaren, daß auch dann, wenn eine der oben genannten historischen Richtungen die Wahrheit in der zeitlichen Festlegung trifft, der durch diese Festlegung nicht veränderte Charakter der Ereignisse der andern Epochen trotzdem noch durch die Bilder der Tellsage gezeichnet bleibt.

Die erste über Notwehr und Fehde hinausgehende, durch Dokumente feststellbare Regung des selbständig gewordenen Willens der Urschweiz gehört dem mit 1240 beginnenden Jahrzehnt an.

Das Breve des Papstes Innozenz IV. vom August 1247 läßt keinen Zweifel darüber aufkommen, daß man damals in den Waldstätten selbständig, ohne Rücksicht auf die unmittelbar übergeordnete Gewalt, zu den Vorgängen in der großen Welt Stellung genommen hat. Das päpstliche Diplom delegiert den Propst von Olenberg nach den Waldstätten zur Untersuchung einer Angelegenheit, die Rudolf der Schweigsame von Habsburg, der Onkel des späteren Königs, vor den Papst gebracht hatte. Danach haben sich die Leute von Sarnen und Schwyz jeder Herrschaft entzogen und sind dem gebannten und vom Konzilium von Lyon abgesetzten Kaiser Friedrich II. angehangen, unter Mißachtung der kirchlichen Verordnungen und der im Hause Habsburg vererblichen Rechte. Das Breve kann über Uri nichts aussagen, da der Kläger Rudolf von Habsburg-Laufenburg in eigener Sache und nicht als Anwalt der Kirche auftritt und daher Uri, wo er keine Rechte besitzt, nicht vor den Richter ziehen kann. Aber es erwähnt Luzern und beauftragt den Propst, zugleich mit den zwei Orten auch die Stadt mit dem Interdikt zu belegen, falls sie nach seinen Untersuchungen Verbindungen mit jenen pflege und die Habsburger Anklage zu Recht bestehe. Es ist also in jenen Jahren schon die Wahrscheinlichkeit einer Verbindung der Waldstätte untereinander zu Ohren des Papstes gedrungen.

Die entscheidenden Schritte zur Selbständigkeit der einzelnen Orte sind schon aus den vorangegangenen Jahren verbürgt, nur aus Unterwalden fehlen schriftliche Zeugnisse. Uri besitzt seit 1231 einen Freiheitsbrief vom jungen Reichsverweser in Deutschland, Heinrich, dem Sohne Friedrichs II., worin der Rückkauf des Tales durch das Reich aus den Händen der Habsburger bestätigt und die Erklärung der künftigen Unveräußerlichkeit abgegeben wird. Man kann also den Brief als bloßes Zeichen einer Handablösung oder einer einseitig vom

Reichsoberhaupt ausgehenden Maßnahme deuten. Doch wird man die Führung eines eigenen Landessiegels der Gemeinde – seit spätestens 1243 – als kaum vereinbar empfinden können mit einer nicht selbständig handelnden Landsgemeinde.

In überaus bestimmter und ausgeprägter Form bringt der Schwyzer Freiheitsbrief von 1240 das freie Entscheiden der Schwyzer Talgemeinde zum Ausdruck. Er ist im Feldlager von Faenza von dem damals von der Kirche gebannten Kaiser Friedrich II. gegeben und spricht in einer für derartige Dokumente nicht gewöhnlichen Sprache von der freien Entschlußkraft der Bauerngemeinde: «Nachdem wir Briefe und Boten von Eurer Seite empfangen und Uns durch diese Eure Hinwendung zu Uns kundgetan worden ist, kommen Wir Eurem klaren Willen mit gnädiger und gütiger Zuneigung entgegen und loben Eure Ergebenheit und Treue nicht wenig deshalb, weil Ihr den Eifer, den Ihr allezeit für Uns und das Reich gehabt habt, durch den Erfolg der Tat bezeugt habt, indem Ihr unter Unsere und des Reiches Fittige, sowie es Euch zukam, Zuflucht genommen habt, als freie Leute, die allein auf Uns und das Reich Rücksicht nehmen mußten. Dieweil Ihr also aus freien Stücken Unsere und des Reiches Herrschaft erwählt habt, empfangen Wir Euere Treue mit offenen Armen..., indem Wir Euch unter Unsern und des Reiches besondern Schutz nehmen usw.» Diese Sätze zeugen mit genügender Eindringlichkeit von der Art des Auftretens von Schwyz. Die Unterwaldner der damaligen Periode beweisen uns durch kein Pergament, sondern nur durch die Tat, indem sie von Anfang an mit Uri und Schwyz auf der historischen Bühne erscheinen, die Selbständigkeit ihrer sozialen Befähigung.

Luzern, in ähnlicher Weise wie St. Gallen im Zusammenhang mit einer iro-schottischen Gründung erwachsen – einer Stiftung aus dem VIII. Jahrhundert, von Murbach ausgehend – bezeugt 1253 seine vorausgegangene Entwickelung zur Selbständigkeit durch die erhaltene Zustimmung des Vogtes zu seinem «Geschworenen Brief», einer Art Stadtrecht.

Vieles und Gewichtiges spricht dafür, daß die alten Bündnisse der inneren Orte untereinander, die 1291 eine Erneuerung erfahren haben, wie der zufällig erhaltene Bundesbrief aussagt, bei jener Erneuerung etwa ein halbes Jahrhundert alt gewesen sind. Mit guten Gründen wird von S. Breßlau und andern der erste Bund in das Jahr 1241 verlegt.

In jenen Zeiten wurde auch in der spätern Westschweiz das älteste bekannte Bündnis geschlossen, indem Bern und Freiburg sich im Jahre 1243 in einem Ewigen Bund zusammenfanden.

In der Ostschweiz entstand zu gleicher Zeit ein Geheimbund zwischen den Gotteshausleuten der Stadt St. Gallen und mehreren Landgemeinden, der sich gegen die Übergriffe des damaligen Vorstehers des Klosters richtete. Der Geheimbund war seiner Natur gemäß von Persönlichkeiten, nicht von Gemeinschaften, getragen.

Diese Bewegungen innerhalb der Grenzen der spätern Schweiz, insbesondere in deren innerstem Zentrum am Kreuz des Vierwaldstättersees, entstanden in einem bedeutsamen Wendepunkt der europäischen Geschichte und hoben sich in bestimmter Weise aus den Vorgängen der Umgebung heraus.

Daß ein tiefgehender Unterschied besteht zwischen diesen Bewegungen im Zentrum Europas, besonders in den Urkantonen, und den zahlreichen Bündnissystemen die in der damaligen Zeit aufkamen, lehrt die Geschichte der Eidgenossenschaft mit aller wünschbaren Deutlichkeit. Einzelne Orte und Gruppen von Orten der alten Eidgenossenschaft traten zahlreichen Bündnissen jener temporären Art bei, und solche Verbindungen unterschieden sich nicht nur im Bewußtsein der Parteien, sondern auch im Gang des Schicksals von den Ewigen Bündnissen der schweizerischen Orte untereinander.

Damals kamen die Städtebünde an den großen Wasserstraßen Deutschlands und des Nordens auf, die in ihre Systeme zahlreiche fürstliche Mächte aufnahmen. Daß aber diese Bünde, soweit die Handelsstädte das Übergewicht hatten, zu stark auf wirtschaftliche Rücksichten und zu wenig auf den Menschen gebaut waren, zeigte sich schon sehr bald am Schicksal des Rheinischen Bundes. Schon nach kurzer Zeit konnte er von außen durch Geld und durch die Einzelgliedern gebotenen Vorteile gesprengt werden. Kein einziger dieser Bünde, auch diejenigen nicht, an denen sich Eidgenössische Orte beteiligten, trat die Entwickelung der Ewigen Bünde der Urschweiz an. Alle blieben temporäre Machtgebilde.

Interessant ist, daß sich besonders der Rheinische Bund an die Landesfriedensordnung von 1235 als Grundlage der Bundesgesetzgebung hielt. Diese Ordnung basiert im Innersten auf zwei Pfeilern, dem Fürstentum und dem Amt des Hofjustiziars. Der von Friedrich eingesetzte Hofjustiziar mußte mit Notwendigkeit einen zentralen Gerichtshof mit einer Beamtenhierarchie formen. Diese zwei Kräfte traten tatsächlich in der Zukunft dominierend an die Oberfläche und drängten das städtische Bürgertum noch einmal aus der Teilnahme am sozialen Gestalten zurück. Derselbe Friedrich II., der jene erste, in deutscher Sprache abgefaßte Rechtsordnung von 1235 dem Reiche einverleibt hatte, reiste von dem Mainzer Reichstag, wo das geschehen war, nach Oberitalien zurück, um dort die Liga der Oberitalienischen Städte zu bekämpfen. Wenn er auch nicht Sieger blieb, so bedeutete doch sein Kampf das Ende der lombardischen Städtefreiheit. Sie wurde abgelöst durch eine Tyrannis, die ihrerseits in die Fremdherrschaft mündete. Die auf antiken Formen beruhende Politik dieser südlichen Nachbarn der Eidgenossen hielt sich merkwürdigerweise nur so lange wie das mittelalterliche Rittertum. Sie erstarb mit diesem, dem sie einmal in der Herrschaft hatte nachfolgen wollen, im gleichen weltgeschichtlichen Augenblick.

Gleichzeitig wurde eine andere Bewegung von außen her ausgetilgt.

Im Jahre 1229 erschien Roger Bernhard de Foix vor der päpstlichen Kommission, welche, von einem Kreuzheer begleitet, nach dem Süden Frankreichs gekommen war, um die letzten Zufluchtsmöglichkeiten des Albigensertums zu zerstören. Er hielt vor der Legation des Papstes folgende Ansprache:

«Ich habe immer nur für die Freiheit gekämpft, und ich verstehe nicht, wie ich den Papst habe beleidigen können. Nie hat er etwas Gerechtes von mir verlangt, ohne daß ich ihm gehorcht hätte. Was aber die Religion betrifft, so darf er sich nicht einmischen, da jeder darin frei sein muß. Mein Vater ermahnte mich immer, diese Freiheit zu erringen, damit selbst dann, wenn der Himmel zusammenstürzen sollte, ich mit sicherem und festem Auge das berstende Gewölbe anschauen könne, wohl wissend, daß es mich nicht in seinen Untergang hineinzureißen vermöge.

Denkt nicht, daß es Furcht sei, die mich euren Leidenschaften biegsam mache und mich zwinge, meinen Willen zu erniedrigen, damit er euren Begierden diene. Nur die Sorge um meine Untertanen, jene durch Güte und Großherzigkeit eingegebene Furcht, mein Land und meine Untergebenen dem Ruin und dem Elend auszuliefern, bringt mich zum Äußersten. Ich will nicht als Starrkopf gelten und nicht der Feuerfunke sein, der einen Frankreich zerstörenden Brand verursacht. Wären diese Sorgen nicht, so wäre ich eine breschenlose und keiner Kühnheit meiner Feinde ersteigbare Mauer.»

Diese Worte, mit denen der letzte Widerstand leistende Fürst seine Stadt dem päpstlichen Willen unterwarf, setzten den grauenvollen Kreuzzügen gegen Katharer und Albigenser, welche das einst blühende Languedoc in ein Land des Schreckens und des Elends verwandelt hatten, ein Ende.

Die Ansprache des Roger Bernhard offenbart, daß hier nicht eine wirtschaftliche Kultur und nicht eine politische Bewegung, sondern ein geistiges Prinzip gebrochen wurde. So kann nur jemand sprechen, der im Geist Boden gefaßt hat, der nicht an politischen Leidenschaften hängt oder in wirtschaftlichen Sorgen aufgeht. Trotz dieses Stehens im Geiste war der Süden Frankreichs vor den Ketzerverfolgungen eine Region, in der politische Reife und wirtschaftlicher Wohlstand die weitesten Kreise durchdrang. Obwohl die «Perfecti» der Katharer, deren Geist alle Kreise der Bevölkerung, selbst ein Teil des Klerus ergeben waren, unnahbar auf ihren Burgen wohnten und ihre tiefsten Geheimnisse keinem Ungeweihten offenbarten, bewirkte ihre Erziehung nicht Weltflucht, sondern eine viel bewunderte, alles Soziale durchdringende Kulturblüte. Schweigend und klaglos starben die «Amis de Dieu» auf den Scheiterhaufen; aber auf vielen Wegen ging manches, was bei ihnen den Ausgangspunkt genommen hatte, in die Zukunft hinüber.

Es ist seltsam, daß auch in dieses Drama der Kaiser Friedrich II. verflochten war. Bestimmte Beziehungen seiner Vorfahren gingen nach der Provence, und er selbst stand bei vielen Zeitgenossen und Nachfahren, bei Freunden und Gegnern, im Geruch eines Ketzertums, das verwandt war mit der südfranzösischen Form.

Er war es aber auch, der in seine als Modell gedachte Gesetzgebung für Sizilien die berühmten Ketzerartikel aufnahm, auf die sich die weltliche und geistliche Ketzerverfolgung berufen und stützen konnte.

Der Kaiser stand im Brennpunkt des ganzen widerspruchsvollen Geschehens seiner eigenen Epoche und auch zwischen Vergangenheit und Zukunft. Sein universelles Wesen ist einer Zeit, in der Parteistandpunkte dominieren, unverständlich.

Fast zu gleicher Zeit hatte Friedrich II. den deutschen Landen eine Rechtsordnung gegeben, die auf dem Fürstentum mit seiner patriarchalischen Ordnung beruhte, und der Bauerngemeinde von Schwyz Reichsfreiheit verliehen unter Mißachtung alles Herkommens. Diesen Akt vollzog er, als er dabei war, die – wie er selber sich ausdrückte – «verruchte Freiheit» der lombardischen Städte auszutilgen. Die Art, wie er dieses tat, widersprach wiederum den Grundsätzen der Konstitutionen von Melfi, die als Urbild aller Staatsverfassungen des Reichs gedacht waren. Er begünstigte in Oberitalien die heraufdrängenden Tyrannen, wogegen er in Unteritalien die unpersönliche Beamtenhierarchie als Grundgerüst der öffentlichen Ordnung verkündet hatte.

Aber alle diese Widerspüche innerhalb ein und derselben Persönlichkeit mußten in lebensnotwendiger Weise entstehen, weil dieser Kaiser überall in die vorhandenen Wirklichkeiten hineingriff und sein Handeln wenig nach abstrakten Plänen richtete.

Das ihm vorschwebende Ideal eines Beamtenstaates, dessen Juristenhierarchie wie ein Abbild der kirchlichen Priesterhierarchie erscheint, konnte er damals nur in Sizilien verwirklichen, weil er es diesem Land nicht aufoktroyieren mußte. Er brauchte nur aus dem Chaos seiner Epoche wieder heraufzuholen, was vor vielen Jahrhunderten durch die Mohammedaner dort schon eingeführt gewesen war. Nicht die ersten arabischen Eroberer Siziliens, sondern die Fatimiden hatten die Grundsätze des Beamtenstaates in den ersten Jahrzehnten des X. Jahrhunderts dahin verpflanzt, indem sie damals ihre orientalische, hierarchisch gestufte Sektenordnung Sizilien aufzwangen.

Was sich zunächst nur an einem Punkte des Reiches festsetzen konnte, wurde in der Folge siegreiches Prinzip in ganz Europa, als das alte, zerfallende Reich von den sich bildenden Nationalstaaten abgelöst wurde.

In der Zeit der großen, politischen Veränderung wurde auch die Kirche in bedeutsamer Weise umgestaltet. Die Bettelorden kamen auf und stellten sich in den Dienst der Kirche, indem sie durch ihre Heere wandernder Mönche dieser einen ungemessenen Machtzuwachs brachten. Franziskaner und Dominikaner fanden ihre Wege nicht nur in die Hütten der Armen, deren äußeres Los sie teilten, sondern es wurden ihnen auch die Schlösser der Könige geöffnet, und selbst die höchsten Stellen in der Kirchenorganisation waren ihnen zugänglich. Eine Weile sind Dominikaner und Franziskaner überhaupt die bestimmenden Mächte der geistigen Kultur Europas gewesen.

Alles Gewordene schien von innen her zu zerbersten, und von außen brandeten die wilden Mongolenhorden der Nachfolger des Tschingis-Chan heran und drohten, der ganzen zivilisierten Menschheit das Los Persiens und anderer Länder zu bringen, wo sie in großen Gebieten jede Spur von Leben ausgerottet hatten.

In einer Zeit zerfallender Ordnungen keimte in den Talfurchen um den Vierwaldstättersee eine völlig neue Ordnung auf mit eigenen Lebensgesetzen. Aber wie eine einzelne Pflanzenart ihre Sondergesetze hat, ohne die großen Gesetze des Pflanzenreiches zu sprengen, so ist der urschweizerischen Ordnung, trotz ihrer unbedingten Neuheit, der Atem ihrer Zeit und ihrer Welt eigen. Dadurch daß sie eine allgemein menschliche Entwickelungsstufe in einer besondern Weise verwirklichte, hatte sie Bedeutung für die allgemeine Welt und die auf den Abschluß der Entwickelung folgenden Geschlechter.

Die uns erhaltenen Äußerungen des Lebens der ersten eidgenössischen Generationen sind so mit der Wirklichkeit des Geschehens in ihrer Außenwelt verbunden, wie es die Handlungen des Bauern sind. Der Bauer erfüllt nicht ein erdachtes Programm, sondern handelt nach den Umständen des Wetters, des Pflanzenwuchses und des Stalles. Doch wird niemand sein sinnvolles Handeln als Reaktion deuten auf das Naturgeschehen. So ist nicht die Reaktion auf äußern Druck, sondern die Aktion des einwohnenden Geistes wesentlich an der eidgenössischen Erhebung.

Während die Eidgenossen eine soziale Ordnung begründeten, die nicht auf vergangenen Formen beruhte, sondern die Kraft in sich trug, alte Formen zu wandeln, erwuchs gleichzeitig ein Geschlecht innerhalb des Gebietes der zukünftigen Schweiz, das den umgekehrten Weg einschlug. Das Haus Habsburg hielt nicht bloß fest an den Ordnungen des untergehenden Rittertums, sondern es suchte diese durch Prinzipien zu stützen und zu stärken, die aus längst vergangenen Zeitaltern heraufgeholt wurden. Im gleichen Momente, als der Keim der Eidgenossenschaft sichtbar wurde, wuchs die habsburgische Macht zu solcher Stärke an, daß es eine Weile scheinen mochte, sie werde in Kürze das ganze Gebiet an sich reißen, das bestimmt war, in die allmähliche Entwickelung der Eidgenossenschaft einbezogen zu werden. Als das emsigste Glied des Hauses, Rudolf, der Patensohn Friedrichs II., auf den Vorschlag der geistlichen Kurfürsten – gegen die vereinzelt bleibende Stimme Böhmens – Römisch-Deutscher König wurde, waren in dessen Hand so bedeutende Macht- und Erwerbsmittel vereinigt, daß es beinahe unbegreiflich erscheint, daß sich die zwei Bewegungen die Wage halten konnten und nicht das eidgenössische Wesen unterdrückt wurde.

Den habsburgischen Mitteln des Erwerbes von Rechten und Gütern durch Heiraten, Erbschaften, durch Kauf mit Steuergeldern und Einsetzung der Militärmacht des Reiches hatten die Eidgenossen nichts entgegenzusetzen als den entschlossenen Willen der Persönlichkeiten ihres Bundes.

Das Eindringen Rudolfs von Habsburg in das ganze Gebiet der Urkantone – durch Aufkauf der Rechte seiner Verwandten von der jüngeren Linie im Jahre 1273, derjenigen des Klosters Murbach im Jahre 1291 und durch die Ausübung der Reichsvogtei in Uri – trägt noch die schwer übersichtliche Kompliziertheit der mittelalterlichen Rechtsverhältnisse in sich, aber zugleich die eindeutige Richtung der habsburgischen Bestrebungen. Den Freiheitsbrief der Schwyzer bestätigt Rudolf als König nicht, unter der Begründung, daß der Brief wegen des über den Aussteller verhängt gewesenen Kirchenbannes nicht rechtsgültig sei.

Urkunden, die nach dem Tode Rudolfs verfaßt wurden und Rechtszustände festsetzen wollten, die vor des «Küngs Zyten» verwirklicht gewesen waren, lassen etwas vom Druck spüren, den seine wachsende Macht auf das Land ausübte.

Die zwei einander entgegengesetzten Richtungen kämpften in dieser Periode noch vornehmlich mit den Rechtsmitteln der Zeit. Aber auf beiden Seiten spürt man deutlich, daß die hochmittelalterlichen Rechtsformen Kräfte in sich trugen, die das Übernommene mehr und mehr verändern mußten. Es ist eine bemerkenswerte Tatsache, daß die Geschichtsschreibung sich bis heute überwiegend darauf beschränkt hat, die Veränderungen, die von den Eidgenossen ausgingen, als revolutionär anzusehen, nicht aber die einseitig von den Habsburgern und ihren Geistesverwandten eingeführten Reformen der mittelalterlichen Ordnung.

Mit aller Deutlichkeit treten die Neuerungen der sozialen Verwaltung schon zu Rudolfs Zeiten am Hofe Albrechts, seines Sohnes, auf; weniger ausgesprochen, aber doch nachweisbar, auch im Reich. Die alten Hofämter werden zu bloßen Dekorationen, verbunden mit einträglichen Lehen, während die Arbeit durch eingesetzte und absetzbare – allerdings auch durch Lehen entlohnte – Beamte ausgeführt wird. Den gemäß alter Übung nur nach Bedürfnis einberufenen Versammlungen und Tagungen der Stände, werden sogenannte «tägliche Räte», also berufsmäßige Hofbeamte, entgegengesetzt. Ungezählte Angehörige des alten Ministerialadels samt seinem Anhang wurden, besonders in Österreich, dem Raubrittertum ausgeliefert durch das Überflüssigwerden ihrer Dienste. Vom Hof ausgehend wird eine Beamtenhierarchie zwischen die bestehenden Verwaltungsstellen gebaut, und diese Hierarchie versucht die einflußreichen Vertreter des Volkes sich einzugliedern, indem sie Schultheißen der Städte und Ammänner der Landgemeinden von sich abhängig macht. Gegen solche Verhältnisse mag der im August 1291 – bei der Erneuerung des alten Bündnisses zwischen den Eidgenossen der drei Urkantone – aufgenommene neue Beschluß gerichtet gewesen sein. Der Zusatz zu der alten, durch Eid in Kraft gesetzten Bundesurkunde lautet:

«4. Wir haben auch nach allgemeinem Rat und durch einhellige Zustimmung einander gelobt, festgesetzt und angeordnet, daß wir in den genannten Tälern keinen Richter, der sein Amt um irgendeinen Preis oder Gold erworben hätte, oder der nicht Einwohner unseres Landes oder unser Landsmann wäre, irgendwie annehmen oder anerkennen.»

Man wehrt sich gegen eine einseitig von Habsburg ausgehende Neuerung, nämlich das beamtenmäßige Richtertum. Der Richter, der nicht Landsmann oder Mitbeteiligter an der Gemeinschaft ist, muß nach allgemeinen Grundsätzen richten. Er kann die besonderen Wachstums- und Lebensbedingungen der ihm fremden Leute nicht kennen und ihnen nicht die Richtung geben, die ihnen angemessen wäre. Dieses als Tyrannei der Vögte empfundene Verhältnis wird abgelehnt.

Niemand bezweifelt, daß der neue Bund gegen Habsburg gerichtet war, gegen das schon in den letzten Lebensjahren Rudolfs sich eine Gegnerschaft zusammentat. Aber nur dasjenige Bündnis, das einen Inhalt hatte, der ebenso stark in die Zukunft ging, wie Habsburg nach der Vergangenheit schritt, konnte auf die Dauer gegenüber dem Willen Habsburgs aufrecht bleiben.

Die oberste Reichsgewalt, ob sie von einem Habsburger vertreten wurde oder nicht, blieb von nun an durch Jahrhunderte hindurch von der Willensrichtung des Hauses Habsburg abhängig.

Das erfuhren die Eidgenossen bald genug. Die auf Rudolf folgenden Könige schützten oder verwarfen den eidgenössischen Rechtsstandpunkt jeweilen nicht nach Maßgabe objektiver oder subjektiver Grundsätze, sondern in jedem Moment gemäß ihres persönlichen Verhältnisses zu Habsburg. Nicht nur der Wechsel in der Königsreihe veränderte die Stellung des Reiches zu den ihrer Entwickelungsrichtung stets treu bleibenden Eidgenossen, je nachdem ein habsburgisch oder antihabsburgisch gesinnter Fürst auf den Thron kam, sondern auch die einzelnen Fürsten selber wechselten ihr Verhalten zu den Eidgenossen, sobald ihre eigenen Beziehungen zum Hause Habsburg sich besserten oder verschlechterten. Das geschah bei Adolf von Nassau, Heinrich VII, Ludwig dem Bayer, selbst bei dem zu Großem veranlagten Karl IV. In diesen Kreisen sah man in den Eidgenossen den unbiegsamen Gegner des Habsburgertums.

Die maßgebende Stellung in der Weltpolitik fiel dem Hause Habsburg in dem Momente zu, als in dem Lande, wo es zuerst Wurzel gefaßt hatte, die Axt an die Wurzel gelegt wurde durch das Erwachen dessen, was zur eidgenössischen Entwickelung führte.

Im Jahre 1282 fiel König Ottokar von Böhmen im Kampfe gegen Rudolf von Habsburg auf dem Marchfeld, in der Nähe Wiens. Wien wurde von dem Augenblick an das Zentrum, von dem aus Habsburg seine Beziehungen in einen weiten Kreis des politischen Feldes hinausspann.

Schon Albrecht I., der von seinem Vater mit Österreich belehnt worden war, trat mit Philipp dem Schönen von Frankreich in Verhandlungen ein wegen der Verheiratung einer französischen Prinzessin mit einem seiner Söhne. Nach dem Vertrag sollten die aus dieser Ehe hervorgehenden Kinder allein erbberechtigt sein in Österreich. Einen gleichen Vertrag schloß dann Albrechts Sohn Friedrich der Schöne mit Aragonien ab. Wenn auch diese Verträge den Gang des Schicksals nicht beeinflußten, so zeigen sie doch, wie man zu Prinzipien zurückgriff, die im alten matriarchalischen Orient einmal die Regel gewesen waren.

Das gleiche rückläufige Bestreben zeigt sich auch in der Ausbildung des Zeremoniells am Habsburger Hof. Otto der Fröhliche, der jüngste Sohn Albrechts, gründete eine Rittergesellschaft der Templeisen in dem Moment, wo die wirklichen Templer durch Philipp den Schönen ausgerottet worden waren.

Die Theatralik, in die das alte Rittertum am Habsburger Hof ausläuft durch das Aufsammeln von Gewesenem, erreicht einen Höhepunkt unter Rudolf IV., dem Enkel Albrechts. Dieser versucht in allem, den Wiener Hof und Wien selbst zu einem Abbild des kaiserlichen Hofes und der kaiserlichen Residenz Prag zu machen. Die Kinderstube in seinem Schloß baute er zu einer Kapelle um mit angegliedertem Kollegiatsstift, dessen Kanoniker im Kardinalskostüm herumgehen sollten. Von ihm stammt der Titel «Erzherzog», den er dem «Erzbischof» nachbildete. Trotz kaiserlichen Verbotes führte er ein Siegel, das ihn selbst im Kaiserornat mit Bügelkrone zeigt. Er erfand eine Anzahl Privilegien für das Haus Österreich, die er im «Privilegium Majus» zusammenfaßte und durch Dokumente belegen ließ, die zum Teil auf Nero und Cäsar zurückgehen sollten. Karl IV. wies das Belegmaterial dem damals höchsten Ruhm genießenden Petrarca zur Prüfung vor, worauf dieser antwortete, wer die angeführten Akten von Cäsar und Nero für echt hielte, wäre «ein Erzschelm, ein brüllender Ochse und ein schreiender Esel».

Friedrich III., der erste, der nach langer Unterbrechung das Haus Habsburg wieder auf dem kaiserlichen Throne wirksam vertreten konnte, erhob dieses Privilegium Majus zum Reichsgesetz.

Zu der visionären Phantastik eines Rudolf IV., die spätere Zustände der habsburgischen Weltbeherrschung prophetisch vorausgesehen hatte, gesellte sich bei Friedrich eine unheimliche Fähigkeit, das Aussterben anderer Geschlechter rechtzeitig zu erahnen und mit dem nötigen

Geschick in deren Erbfolge einzutreten. Unermeßlichen Machtzuwachs erwarb sich das Haus auf diese Weise.

Den Gegnern aber wurde eine Methodik Habsburgs zum Verhängnis, die einst Herrschaftsprinzip des alten Rom gewesen war und dort in dem bekannten «divide et impera» seinen Ausdruck gefunden hatte.

Würde man beachten, zu welchen Erfolgen dieses stete Bestreben, die Gegnerschaft durch geschickte Diplomatie unter sich uneinig zu machen, anderswo geführt hat, so würde das Wesen der alten eidgenössischen Bünde noch in einem anderen Licht erscheinen, als wenn man bloß auf deren kriegerische Erfolge hinsieht.

Schon unter Rudolf I. fällt die ungleiche Behandlung der einzelnen Waldstätte auf. Aber erst nach der Ermordung Albrechts I. – beim ehemaligen Lager der helvetischen Römerlegion von Vindonissa – wurde den Eidgenossen die stärkste Probe in dieser Hinsicht zugemutet. Mehr als fünfzig Jahre saß dort an der Stelle, wo der entschlossenste Gegner der eidgenössischen Bewegung gestorben war, dessen Tochter Agnes. Sie wohnte in einem nach ihrem Tode abgebrochenen «Hüslin» zwischen Männer- und Frauenhaus des neuen Klosters Königsfelden. Diese hatte neben ihren frommen Betrachtungen ein halbes Jahrhundert hindurch unausgesetzt Gelegenheit gefunden, als «Friedensvermittlerin» in unzähligen Händeln Pläne zu spinnen zur Hebung ihres Hauses und zur Sprengung der eidgenössischen Bünde.

Trotz der langnachwirkenden Hemmnisse, die sie in den Gang der Entwickelung einzufügen vermochte, hatten jedoch die so gearteten Bemühungen nicht mehr Erfolg als der derbere Eingriff Leopolds I., ihres Bruders.

Dieser entschloß sich im Spätjahr 1315 die unbotmäßigen Bauern mit einem Heer wohlgerüsteter Ritter «zu zermalmen und samt ihrem Gut zu vernichten» – wie Johannes von Winterthur, der Sohn eines mit Leopold ausgezogenen Bürgers, seiner Stadt schreibt. Aber am Eingange zum Lande Schwyz wurde die Ritterschaft von den Hellebarden der Bauern zerschmettert. Leopold kam «halbtot vor übermäßiger Trauer» in Winterthur an, wie der Augenzeuge Johannes uns erzählt, und war «hernach stets wie rasend über den Tod der Edlen» nach dem Berichte eines anderen Zeitgenossen.

Es war etwas Unerhörtes geschehen, indem Bauern eine übermächtige, kriegsgewohnte Truppe privilegierter Herren vernichteten. Eine geheiligte Ordnung, als deren Wahrer die Habsburger sich fühlten, war durchbrochen von einem Willen, der nach außen hin nicht organisiert war, sondern aus dem Zentrum jeder Persönlichkeit hervorbrach, die sich dem Bunde der Eidgenossen angehörig fühlte. Dieser, von keinerlei äußeren Organisationen bestimmte individuelle Wille erwies sich der Macht überlegen, die alte Formen der sozialen Gliederung bewahren und noch ältere wieder erwecken wollte.

Drei Wochen nach der Überwindung des Gegners erneuerten die drei Länder das Bündnis. Für unsere Zeit hat es etwas Erstaunliches, daß in dem Dokument, das dieses Bündnis festhält, nicht die Spur eines Triumphgefühles sich niedergeschlagen hat. Sein Ton ist restlos im Einklang mit dem, was Johannes von Winterthur über die Vorbereitungen der Eidgenossen zum Kampfe zu erzählen weiß. Durch Fasten und Gebete suchten sie sich eines höheren Beistandes würdig zu machen. Die durch moralische Vergehen Befleckten, die mitkämpfen wollten, betrachteten sie nicht als eine Stärkung ihres Heeres, sondern als Schwächung und wiesen sie ab.

Nach dem Sieg richteten sie eine jährlich zu wiederholende Dankfeier ein, die im Jahrzeitbuch von Altdorf mit «Quoniam illo die visitavit dominus plebem suam» begründet wird. Diese Worte stellen zugleich den längsten schriftlichen Bericht aus der Innerschweiz über die Schlacht dar.

Die Urkunde des Bundes von 1315 harmoniert auch mit den Sagenbildern, die sich im Innern des Landes erhalten haben. Eine ganz wesentliche Eigenart dieser Bilder ist, daß die im Mittelpunkt stehenden Persönlichkeiten nicht Führer sind im Sinne einer Machtausübung. Nach dem Weißen Buch und nach der Etterlinschen Niederschrift der Tradition stärkten sich die drei Länder durch die «Gesellschaft Stauffachers», wie im Weißen Buch die Eidgenossen des Rütlibundes genannt werden. Etterlin schreibt: «demnach hant die drey lender gemeinlich sich mit den heimlichen eydgenossen, so hye vor also zu samen geschworen hatten, vereinbart und sich so vast gestercket, das sy meister wurdent im lande und vertribent die bösen herschaft.»

Also auch darin tritt das genaue Gegenteil ein zu dem, was Habsburg anstrebt. Die Länder stärken sich durch das, was Einzelpersönlichkeiten vorbereitet haben. Nicht diese Einzelpersönlichkeiten sind es, die sich stärken würden durch das Ansichreißen von irgendwelcher Macht, sondern umgekehrt stärken sie die Gemeinschaften der Länder und treten selber zurück, sobald diese ihre Bestrebungen aufgenommen haben. Sie diktieren nicht der Welt, wie sie sich einrichten solle, wie die Habsburger es anstrebten.

In einleuchtender Klarheit hat K. Meyer aus den Texten der zwei ältesten Bundesbriefe den Gang dieser Entwickelung bei den Eidgenossen herausgearbeitet, indem er auf die Strafbestimmungen dieser Dokumente hinweist. Die ältere Urkunde von 1291 basiert noch stärker auf dem Bund der persönlichen, nicht als Vertreter der Orte handelnden Eidgenossen und stellt einen Rechtsgang auf, der für alle gleichartige Form hat. Der nächste Bund ist schon vorwiegend Bund der drei Länder, und der besondere Rechtsgang, der dem allgemeinen Recht Eingang verschafft, ist den Ländern anheimgestellt: «Es soll auch ein jeglicher Mann seinem Richter gehorsam sein und seinen Richter zeigen innert Landes, vor dem er zu Recht stehen soll.»

Das Recht wird einer überschaubaren Gemeinschaft zur Verwaltung übergeben. Der Angeklagte «zeigt» seinen Richter in dem Lande, dem er angehört, und wo er jeden kennt. Er wählt einen Richter, der ihn und seine Verhältnisse kennt – wie man einmal als Patient seinen Arzt unter der Reihe der bekannten, erreichbaren Ärzte gewählt hat. Der Richter schlichtet immer nach «Minne oder Recht». An Stelle der Minne haben wir heute den «Gütlichen Vergleich». Doch spürt man schon den verschiedenen Ausdrücken an, daß sie nicht dasselbe sagen. Nur der Kenner der Persönlichkeit, nicht der Kenner von juristischen und psychologischen Gesetzen, kann «Minne» geben.

Habsburg steuerte damals schon dem Hofjustitiar entgegen, der niemanden kennt und darum nach allgemeinen, vorchristlichen Rechtsregeln richten muß, nicht nach neuen, mit dem Menschen geborenen.

Der «Erfolg der Tat» von Morgarten hatte wiederum, wie im Jahre 1240, auch einen Rechtstitel vom Reichsoberhaupt zur Folge. Ludwig der Bayer entzog den Habsburgern im Frühjahr 1316 alle Rechte in den Waldstätten und anerkannte die Reichsfreiheit aller drei Orte im gleichen Sinne an.

Dieses war ein Rechtsakt, der natürlich nur durch den Willen der Beschenkten Gültigkeit erlangen konnte. In einer Zeit, da ein öffentliches Recht im Grunde genommen erst im Werden war und nur solche «Privatrechte», die der Rechtsträger zu verteidigen wußte, sich aufrecht erhalten konnten, waren die Eidgenossen nach wie vor auf ihre Kraft angewiesen.

Mit Entschiedenheit waren sie aber in dieser Periode in die Welt hinausgetreten, und ihre Verhandlungen mit Österreich bewahrten von nun an den Charakter «eines Gesprächs» – nach ihrem eigenen Ausdruck – von Macht zu Macht. Sogar den Reichsvogt anerkannten sie, solange ein solcher überhaupt noch bestellt wurde, nur unter bestimmten Bedingungen, deren wichtigste die war, daß sie niemals vor «fremde» Richter gezogen werden dürften.

Nicht lange nach dem Tag von Morgarten fiel eine Entscheidung im Westen, deren Bedeutung an die Vorgänge des Spätjahrs 1315 heranreicht. Die Bürgerschaft der Stadt Bern hatte mit eidgenössischem Zuzug im Hochsommer 1339 bei Laupen für immer die Macht des umliegenden burgundischen Adels gebrochen, der – nach zeitgenössischem Bericht – «ausgezogen war, die Berner auszurotten und auszutreiben».

Wie zu Bern, bestanden in damaliger Zeit schon Beziehungen der Innerschweiz zu Glarus, Luzern und Zürich, die sich bald zu ewigen Bündnissen ausgestalten sollten.

Diese ersten Bündnisse ordneten sich so um die drei Urkantone herum, als wäre immer der Rütlibund als Urbild im Hintergrund.

Der Bund der drei Täler bildete eine unzertrennbare Dreieinigkeit, an welche nach und nach die städtischen und ländlichen Orte wie besondere Individualitäten herantraten. Jedes Bündnis, das von einem neu hinzutretenden Ort mit den Urkantonen abgeschlossen wurde, hatte darum seine Eigenart, fern von jedem Schema, und erstreckte sich je nach den Umständen auch auf andere eidgenössische Orte als die drei Waldstätte.

Die drei Waldstätte, die in unverbrüchlicher Treue zueinander standen, trotzdem Veranlagung, wirtschaftliche Verhältnisse und Traditionen verschieden waren, bildeten das innerste und verbindende Glied der Eidgenossenschaft. Wie einst der Wille von Einzelpersönlichkeiten, nicht aber ihr Stand oder Geschlecht, das Ausschlaggebende für das Entstehen des ältesten Bündnisses war, so blieb auch jetzt das Wesen des von Persönlichkeiten getragenen Eides das Band, das die Eidgenossen zusammenhielt, nicht eine Blutsverwandtschaft oder etwa ein politisches Programm.

In viel tiefern Gründen als in der Sympathie zu einer bestimmten politischen Form oder in der Antipathie gegenüber einem gemeinsamen Gegner wurzelte das Ewige Bündnis. Wenn weltliche und geistliche Herren nur «Zugewandte» der Eidgenossen wurden, und nur Bürger und Bauern sich mit ewigen Eiden banden, so lag es daran, daß die Herren einen Stand vertraten. Sie wirkten als solche Vertreter in das Soziale hinüber, nicht als freie Individualitäten, welche die gleichberechtigte Individualität des anderen auf der gleichen Ebene fanden. Nur aus solchen Individualitäten aber konnte der ewige Eidschwur kommen.

Das städtische Bürgertum, das der Eidgenossenschaft beitrat, stand in ganz anderer Weise in den Verhältnissen der großen Welt als die Talbauern am Gotthard. Das Hinzukommen der städtischen Gemeinwesen bedeutete daher einen wichtigen neuen Einschlag für das eidgenössische Wesen.

Am meisten Verwandtschaft mit den ersten Trägern des schweizerischen Impulses hatte naturgemäß *Luzern*, das nicht nur durch das Wasser des Sees mit jenen verbunden war, sondern auch durch die frühchristliche Tradition. Selbst die Entwickelung zur Freiheit vollzog sich ähnlich wie in den Waldstätten, indem auch in Luzern eine Gesellschaft von frei entschlossenen Persönlichkeiten die erste Initiative zur Ausgestaltung der Gemeinde ergriff und nachher die Früchte ihrer Bestrebungen dem Gemeindeganzen überließ. Selbstverständlich war innerhalb der Stadtmauer die Festsetzung einer von Österreich abhängigen «Partei» leichter als auf dem freien Lande, und diese mußte zuerst von innen her überwunden werden, bevor die Ziele jener Männer ganz erreicht und die Stadt ihren alten Beziehungen die naturgemäße Folge geben konnte. Im Jahre 1332 wagte sie es, sich mit den Eidgenossen auf ewig zu verbinden und die ihr von Habsburg auferlegte Aufgabe, jene zu bekämpfen, in das Gegenteil zu verwandeln.

Eine ganz andere soziale Gestalt hatte *Bern*, die jüngste auf schweizerischem Boden entstandene Stadt. Doch spricht die Gründungslegende deutlich genug, daß der Geist, den die werdenden Bürger im Jahre 1191 in die nach altem Ritus abgesteckten Grenzen hineintrugen, mit dem der Innerschweiz verwandt war. Der Bär, der Eichwald und der Jäger, der den Ort bestimmt, sind Bilder, die an die alten Gründungen der von den Iren inspirierten Ethikonen im Elsaß und in der Innerschweiz gemahnen. Landleute und Ritter aus dem Kulturkreis der einstigen Beatusmission bilden den Kern der neuen Stadtgemeinde.

Mit außergewöhnlicher Raschheit verwandelte Bern das ihm vom Gründer Berchtold von Zähringen verliehene Freiburger und Kölner Stadtrecht in eine ihm eigentümliche Verfassung und weiß sich in den wechselvollen Schicksalen auf einer erstaunlich geradlinigen Straße zu bewegen. Bei keinem Ort der Eidgenossenschaft muß man so stark den äußeren Schein von dem innern Willensziel trennen wie bei Bern. Scheinbar gibt die Stadt später die schon 1218 erworbene Reichsfreiheit wieder auf, indem sie sich in den Schutz mächtiger Herren begibt, aber im Grunde ist dieses nur der Verzicht auf eine äußerlich gewordene Form zur Erhaltung des eigenen Entwickelungsgesetzes. Auch die äußere, ungewöhnlich wechselvolle Bündnispolitik Berns hat eine bewundernswerte Geradlinigkeit in sich. So konnte nur gehandelt werden von einem Ort aus, wo die realen Kräfte der damaligen Politik genau gekannt waren.

Unter den vielen Bündnissen Berns lag nur das mit den Waldstätten in der gleichen Richtung wie die innersten Ziele der Bürger, und dieses blieb als alleiniges stät und ewig. Es lag in den Verhältnissen, daß Bern die ganze ihm verbundene Westschweiz in der Zukunft in den Bund der Eidgenossen hineinbringen sollte.

Die innere Ausgestaltung der sozialen Ordnung war von Anfang an mehr gegliedert und gestuft als in andern schweizerischen Städten. Die Zünfte, die sich herausbildeten, blieben mehr im wirtschaftlichen Gebiet und betraten das politische weniger ausgesprochen als anderswo. Daß sie aber trotzdem eine Macht bedeuteten, geht aus Justingers Bericht über die Laupener Schlacht hervor, in welcher er Rudolf von Erlach die Hauptmannschaft ablehnen läßt mit der Begründung, der einzelne Handwerker füge sich seinen Befehlen doch nicht, weil er sich auf die Zunft stütze.

Der Ewige Bund mit den Eidgenossen wurde im Jahre 1353 abgeschlossen, in einer Zeit, wo alle äußeren Verhältnisse – die Stellung zu Kirche und Reich und die Verbindungen mit Habsburg – die beiden sich Verbündenden trennten. Aber nicht die äußeren Bindungen, die angetan waren, die zwei Gemeinwesen zu verfeinden, sondern das tiefere Wesen der Länder führte sie zueinander.

Schon zwei Jahre vorher, im Jahre 1351, hatte *Zürich* seine alten Beziehungen mit allen vier Waldstätten in einen ewigen Bund verwandelt. Der Charakter dieser Stadt war von dem Berns mindestens so verschieden wie die Geographie der beiden Orte.

Bern war eine große, erhöhte, von einer Windung der Aare umschlungene Burg. Das werdende Zürich hingegen lag in der Talmulde, am Ausgang des Sees, von Limmat und Sihl in drei Teile gespalten. Rechts von der Limmat erhob sich das in nicht faßbare Zeiten zurückreichende Münster der thebäischen Heiligen Felix und Regula als gemeinschaftsbildendes Zentrum. Links von der Sihl war von Alters her eine freie Alamannengemeinde, wohl in geistigem Zusammenhang mit den andern Alamannen der Albiskette, in deren südlichem Glied einmal Columban gewirkt hatte.

Zwischen beide Gemeinschaften keilten sich – zwischen Limmat und Sihl – der fränkisch-königliche Lindenhof und die ebenfalls fränkische Fraumünsterabtei als andere Rechtsgemeinschaften.

Daß nicht nur die Limmat zwischen Großmünster und Fraumünster floß, schildert in genialer Weise C. F. Meyer in seiner Novelle «Der Heilige», in welcher er in später Zeit einen gewandelten Rest uralter Stimmung aufklingen läßt. – Da das politisch bestimmende Element naturgemäß bei den zwei fränkischen Elementen lag, mußten die größten Hemmnisse für das Zusammenwachsen der Teile entstehen.

Die Fraumünsterabtei war dem Geist des Chorherrenstiftes ebenso ungünstig gesinnt wie die königlichen und äbtischen Ministerialen dem freien Bauerntum der Alamannen.

Daß in Zürich, wie an so manchen wichtigen Zentren der Eidgenossenschaft, tatsächlich die zwei Urformen des Christentums, die iro-schottische und die thebäische, sich zu vereinigen trachteten – wie es das Großmünster und die freien Gemeinden am Zürichsee erahnen, aber nicht erfassen lassen – ist an der alten Kirchengeschichte des mittleren Teiles der Stadt nachweisbar.

Die Wasserkirche mit ihrem untrüglich iro-schottischen Charakter gilt als die älteste, eigentliche Kirche Zürichs, deren Priesterschaft zugleich das Grab mit der Kapelle der zwei thebäischen Märtyrer Felix und Regula pflegte. Aber die historische Erinnerung daran geht nur bis zu dem Punkt zurück, wo die zwei Kulte eben in die sich ausbildende allgemeine Kirchenorganisation hineingenommen wurden. Der keltische heilige Martin, den man als Patron der damaligen Wasserkirche vermutet, tritt sehr oft dort auf, wo älteste iro-schottische Missionszentren verkirchlicht werden.

Einen bedeutsamen geistigen Einschlag erhielt Zürich im zwölften Jahrhundert. Zwischen den Jahren 1140 und 1145 wirkte in Fluntern, bei den dortigen Chorherren hausend, der fanatische Reformator Arnold von Brescia, Schüler Abaelards, des ebenso fanatischen Mitbegründers der nominalistischen Schule der hochmittelalterlichen Philosophie. Arnold wollte in Formen, die dem Frühchristentum nachgeahmt waren, politische Ziele erreichen. Er geißelte kirchliche Mißstände, die für jedermann offen dalagen, und stachelte ein noch lang nicht reif gewordenes Wollen der Menge auf. Darum wurde er von dem heiligen Bernhard als Wolf im Schafspelz bezeichnet und als Mann, der den Schein der Frömmigkeit, aber nicht deren Kraft habe.

Vielgestaltig und weitreichend wie die geistigen waren die politischen und auch die wirtschaftlichen Beziehungen der sich allmählich zu einer Stadt zusammenschließenden Gemeinschaften. Daß diese Stadt nicht eine Einheit wie Bern sein konnte, liegt auf der Hand. Politische Parteibildungen waren durch die Urbestandteile veranlagt und mußten durch lange Zeiten hindurch das Geschehen beeinflussen. Besonders kam Zürich dadurch in Gefahr, nicht nur von außen, sondern auch von innen her in dem habsburgischen Machtgebiet aufzugehen. Lange Zeiten hindurch hielten die Geschlechter, die allmählich das Regiment der Stadt an sich gebracht hatten, ihre Politik in einer Richtung, die mit der habsburgischen zusammenhing.

Im vierzehnten Jahrhundert, eben als die Orte um den Vierwaldstättersee als selbständige Macht den Habsburgern gegenübertraten und die Berner die sie bedrohenden Adelsgeschlechter besiegt hatten, regte sich auch in Zürich eine neue Kraft. Rudolf Brun, ein Angehöriger der regimentsfähigen Familien, benützte diese Kraft in geschickter, an zeitgenössische italienische Verhältnisse mahnender Weise, um eine Verfassungsumwälzung durchzuführen. So kam es, daß die gleiche Bewegung, die damals in anderen Städten zur Mitbeteiligung der Zünfte am Stadtregiment führte, in Zürich in eine Art gemilderter Tyrannis hineingeleitet wurde. Brun erhob sich zum lebenslänglichen Bürgermeister und behielt sich den aus den alten Geschlechtern und den neu hinzutretenden Zünften gebildeten Räten gegenüber die entscheidende Macht vor.

Motive und Handlungen Bruns bewahrten auch in der Folge immer den undurchschaubaren und unberechenbaren Charakter, wie man es von instinktmäßig handelnden Politikern gewohnt ist.

Nach der Machtergreifung werden eine Anzahl Zürcher Familien verbannt, die sich im habsburgischen Rapperswil zu einem «Äußern Zürich» organisieren. Dieses führt wieder, durch unverständliche Maßnahmen Bruns, zum Konflikt mit dem Hause Habsburg selbst, und dadurch ist der äußere Anlaß für die Stadt gegeben, sich mit den Eidgenossen unbedingter als bisher zu verbinden.

Am 1. Mai 1351 wurde das Ewige Bündnis zwischen Zürich und den vier inneren Orten abgeschlossen. Dieses Bündnis hat nicht die Spur einer Bundespolitik zum Ziele, sondern ist ganz deutlich ein Schutzbündnis für die einzelnen Bundesglieder, die für sich ihre eigene Gestaltungsfreiheit vorbehalten. Auch darin offenbart sich wiederum das altschweizerische Vertrauen zu der sozialen Fähigkeit des Individuums. Denn es müßte sinnlos erscheinen, ein «ewiges» Bündnis zu schließen ohne die Erwartung, daß das vorbehaltene individuelle Wollen auf verschiedenen Wegen ein gleiches Zukunftsziel erreichen könne.

Der Zürcher Bund ist darin gegenüber dem Berner verschieden, daß er sofort nach dem Abschluß eine äußere Probe zu bestehen hatte. Schon im Spätsommer des gleichen Jahres benötigte Zürich Bundeshilfe gegen Herzog Albrecht von Österreich, der mit für damalige Verhältnisse gewaltiger Heermacht heranrückte. Sofort wälzte sich die Initiative auf die inneren Orte ab, denn es ist selbstverständlich, daß Brun angesichts der Lage sofort bereit war, unter Aufopferung seiner Freunde einen demütigen Frieden anzunehmen. Der noch schwache eidgenössisch gesinnte Bevölkerungsteil und die Waldstätte trugen aber das Ewige Bündnis durch die schwere Krisis hindurch. Eine nicht zu «erklärende» Hilfe fand dieses Wollen später an Kaiser Karl IV., der sowohl das freie Zürich, wie die Eidgenossen gegenüber den Zielen und Wünschen seines eigenen Schwiegersohnes Rudolf IV., dem Sohne und Nachfolger Albrechts, in Schutz nahm.

Es lag im Gang der Ereignisse, daß während der Kriegshandlungen des Jahres 1352 die beiden Orte Zug und Glarus in die Bünde der Eidgenossen aufgenommen wurden.

Zug, zwischen Zürich und Luzern gelegen, war als österreichische Stadt ein Hindernis für die freie Bewegung der Eidgenossen. «Das äußere Amt», die Landgemeinden Zugs, hatten ungeteilte Hinneigung zu den Waldstätten, während hinter den Stadtmauern naturgemäß österreichische Interessen, oder doch lauere Sympathien für die Eidgenossen da waren. Nach kurzer Bedrängung der Stadt durch eine eidgenössische Belagerungstruppe, entschloß sie sich in das angebotene Ewige Bündnis mit den Eidgenossen einzutreten.

Die *Glarner* hatten schon vor Jahrzehnten Beziehungen zur Innerschweiz aufgenommen und strebten nach der Befreiung von der Vormundschaft Säckingens, das sie in die Gefahr gebracht hatte, Untertanen Habsburgs zu werden, welches die Vogtei inne hatte. Als nun eine eidgenössische Abteilung in das Tal einrückte, ohne daß ihr von den Inhabern der Gewalt Widerstand entgegengesetzt worden wäre, schlossen die Landleute im gleichen Jahre wie Zug ein Ewiges Bündnis mit Zürich, Uri, Schwyz und Unterwalden.

Der Friede mit Österreich, der die Kriegshandlungen beendete, schloß dann aber die Bedingung ein, daß die Eidgenossen sowohl Zug wie Glarus wieder aus ihrem Bündnis entlassen sollten. Es hat nichts Erstaunliches an sich, daß der Zürcher Bürgermeister Brun, der seinen Namen an die erste Stelle des Glarner Bundesbriefes gesetzt hatte, nachher von Österreich eine jährliche Zuweisung aus der Glarner Steuer annahm mit der Verpflichtung, offen und geheim der Sache Österreichs zu dienen. Erstaunlich aber ist es, daß die durch äußerlichen Zwang gelösten Bündnisse doch in dem Sinne fortbestanden, daß nur auf die Gelegenheit gewartet wurde, die Hindernisse zu ihrer äußern Verwirklichung zu beseitigen.

Schon im Jahre 1365 war *Zug* an Schwyz angeschlossen, welches das Land im Einverständnis mit den Einwohnern besetzt hatte. Der deswegen drohende Ausbruch eines neuen Krieges wurde durch den sogenannten Torberger Frieden, der die Beziehungen zu Österreich zeitgemäßer regelte, hinausgeschoben.

Aber sowohl die Eidgenossen wie die Habsburger konnten in ihrem entgegengesetzt laufenden Entfaltungswillen durch eine vorläufige Regelung nicht aufgehalten werden. Als Leopold III. nach dem Tode Rudolfs IV. die sogenannten Vorlande übernahm und Kaiser Karl IV. einen ihm sehr ungleichen Nachfolger fand, war die Entwickelung auf eine gewaltsame Entscheidung hin nicht mehr aufzuhalten. Leopold, vom Willen beseelt, den Glanz des Feudalrittertums wieder herzustellen, konnte nicht ruhen, solange eine Eidgenossenschaft durch ihr bloßes Dasein die Notwendigkeit seiner Pläne widerlegte. Er ergriff die Gelegenheit, als die Luzerner durch eine Übertretung des Torberger Friedens die Veranlassung zu einem Konflikt gegeben hatten, den verhaßten Bund zu vernichten.

Noch einmal wies das Schicksal den Waldstätten allein die Aufgabe zu, die Freiheit kämpfend zu retten. Die Berner waren durch Bedenken und die Zürcher durch geschickte Manöver Leopolds von einer Hilfeleistung an die Eidgenossen abgehalten. Die isolierten innern Orte gedachte der Herzog mit seinem von weither zusammengezogenen Ritterheere niedertreten zu können.

Aber am 9. Juli 1386 stellten sich ihm die Bauern und die Luzerner bei Sempach und zerschmetterten seine glanzvolle Kriegsmacht. Er selbst wurde im Kampf erschlagen.

Wieder war ein Sieg errungen, bei dem, wie bei Morgarten und bei Laupen, nicht die militärische Ausbildung und die größere Masse entschieden hatten, denn beides war auf österreichischer Seite. Die eine Geistesrichtung hatte über die andere gesiegt.

Der Sempacher Tag ist ein Höhepunkt und zugleich ein Wendepunkt in der Geschichte der alten Eidgenossenschaft.

Noch einmal tritt jenes altschweizerische Heldentum auf den Plan, das in Winkelried sich so vollkommen ausspricht, wie es keine Tatsachenschilderung vermöchte. Die Kunde, daß der Freiheit durch die eisenstarrende Rittermauer hindurch eine Gasse geschlagen sei, erschütterte die Welt in weitem Umkreis.

Habsburg wollte allerdings die Entscheidung nicht anerkennen und rief dadurch die übrigen Eidgenossen auf den Plan. Die Berner griffen jetzt auch in den Kampf ein.

Aber von größter moralischer Bedeutung waren die Kämpfe der Glarner. Einige Hundert Bauern aus diesem Tal und aus Uri vernichteten zwei Jahre nach Sempach bei Näfels ein Ritterheer von zehnfacher Übermacht und erkämpften sich die Freiheit.

Im Jahre 1393 wurde die österreichische Partei in Zürich von den eidgenössisch Gesinnten der Stadt daran verhindert, ein Sonderabkommen mit Österreich abzuschließen; damit waren nun alle acht Orte vereinigt. Die bisherigen Waffenstillstände wurden in einen Frieden übergeführt, der die Tatsache der Loslösung der ganzen Eidgenossenschaft aus österreichischen Bindungen zum Ausdruck brachte. Zugleich wurde der erste für alle Orte geltende Rechtsakt beschworen, der Sempacher Brief, der genau sieben Jahre nach der Schlacht in Kraft gesetzt wurde. Dieser ist, wie Robert Durrer hervorhebt, das erste humane Kriegsrecht Europas. Es ist eine bemerkenswerte Tatsache, daß das einzige Dokument, das alle an die Innerschweiz angeschlossenen Glieder des Bundes verpflichtete, Humanität in das Kriegswesen hineinbringen will. Die Tatsache ist nicht ganz im Einklang mit jenen Theorien, welche die Kriegstüchtigkeit der alten Eidgenossen nicht als Folge des eidgenössischen Geistes anerkennen können, sondern als wildes Gewächs betrachten.

Das auf anderem Boden wiedergeborene Rittertum offenbart sich nicht nur in der allgemeinen Regelung, sondern auch in der Aufnahme folgender Grundsätze: «Und da der allmächtige Gott mit seinem göttlichen Munde gesprochen hat, daß seine Häuser «des Gebetes Häuser» sollen geheißen werden, und auch durch ein Frauenbild aller Menschen Heil erneuert und gemehret ist, setzen wir Gott zu Lob, daß keiner der Unsern ein Kloster, Kirche oder Kapelle, geschlossen, aufbreche oder offen, hineingehe, zu brennen, zu verwüsten oder zu nehmen, was darin ist, was zu der Kirche gehöret, heimlich oder öffentlich. ...

Wir setzen auch unserer lieben Frauen zu Ehren, daß keiner unter uns eine Frau oder Tochter mit gewaffneter Hand stechen, schlagen, noch ungewöhnlich behandeln soll, auf daß sie uns lasse zufließen ihre Gnade, Schirm und Behütung gegen alle unsere Feinde. ...»

Das geschah in den Zeiten, als der süddeutsche Städtebund auf immer aufgelöst wurde. Dieser hatte es aus Handelsrücksichten abgelehnt gehabt, der Mahnung der ihm verbundenen eidgenössischen Orte im Sempacher Krieg nachzukommen. Er überließ seine südlichen

Verbündeten ihrem Schicksal. Doch erwies sich dieses als Fehlrechnung, denn der Städtebund erlag der Fürstenvereinigung im gleichen Moment, als sich die Schweizer befreiten.

Gantner hat auf dem Gebiete der Kunst festgestellt, daß sich in der Bodensee-Ecke die Stilformen der irischen Ornamentik und Malerei nicht in die sogenannte Karolingische Kunst hinein gewandelt haben, sodaß eine scharfe Grenze zwischen dem Gebiet der irischen Mission und den Gegenden, die erst von Bonifatius in das Christentum eingeführt worden sind, an Hand aller Kunstwerke festlegen lasse. Die irische Übung wurde in St. Gallen auch in der Karolinger Zeit noch eine Weile fortgesetzt, ohne einen Übergang zu schaffen.

Interessant ist, daß später in der selben Gegend sich das Rechtsempfinden, wie einmal das künstlerische Empfinden, längs der gleichen Grenze scheidet. Schon im XIV. Jahrhundert wird dieses deutlich. Die Vorgänge vor dem Sempacherkrieg, der Eidgenossen und süddeutsche Städte trennte, lassen es bereits fühlen.

Scharf tritt es aber nachher hervor, als vom ehemaligen Bund noch eine Vereinigung der Bodenseestädte übriggeblieben war, zu der auch das Land *Appenzell* trat. Dieses war damals Eigentum des Klosters St. Gallen. Es erfuhr aus diesem Verhältnis ein Leiden, das in dem Maße anwuchs, als das eigene, selbständige Wollen keimte und die Vorsteher des einstmals berühmten Klosters zu bloßen Nutznießern und Bezügern von Steuern abdorrten, ohne zu dem Amte eines Abtes, dessen Titulatur sie trugen, die geringste Beziehung mehr zu haben. Am Ende des XIV. Jahrhunderts schlossen sich einige Gemeinden der Appenzeller Gotteshausleute mit der Stadt St. Gallen gegen die Eingriffe des damaligen Abtes zusammen. Dieser brachte die Angelegenheit vor den Städtebund, nachdem er sich in das Burgrecht von Lindau hatte aufnehmen lassen. Interessanterweise sprach sich der Städtebund unter Mißachtung aller Tatsachen auf Grund alter, formaler Verhältnisse, deren Bedingungen längst nicht mehr da waren, gegen die Bauern aus. Selbst als im ersten Jahre des neuen Jahrhunderts eine größere Zahl von Gemeinden sich mit den Bürgern von St. Gallen zu einem förmlichen Bündnis zusammenschlossen, um sich gegen die unerträglich werdende Unterdrückung zu wehren, erkannten die Städte nochmals gegen die Zeit und für die Form. St. Gallen ließ sich einschüchtern und beteiligte sich an der Aktion der Städte gegen die den Spruch ablehnenden Dorfgemeinden. Aber eine kleine Handvoll Bauern warf das Heer der Städte am Speicher in der Nähe St. Gallens zurück.

Der Abt wandte sich nun an den natürlichen Feind jeder Freiheitsbewegung, an das Haus Habsburg. Herzog Friedrich von Österreich beschloß in der Tat, vereinigt mit dem Thurgauer Adel, den neuen Herd ländlicher Freiheitsbewegung zu ersticken. Die Appenzeller, wieder verbunden mit St. Gallen, bereiteten aber dem Ritterheer Friedrichs dasselbe Schicksal, das die österreichischen Heere in ihren Zusammenstößen mit den Eidgenossen schon mehrmals erfahren hatten. Der von seinen Helfern verlassene Abt mußte sich in den Schutz seiner einstigen Untertanen begeben.

Die Erfolge der Bergbauern von Appenzell wirkten wie ein zündender Funke in weitem Umkreis, wo Erhebungen des Landvolkes gegen mittelalterlich bleiben wollende Gewalten aufflammten.

Aber nur links von Rhein und Bodensee vermochte der Freiheitsimpuls durchgetragen zu werden, da wo sich von alten Zeiten her eine andere Rechtsauffassung gebildet hatte als außerhalb des Gebietes, das einmal von Gallus durchwirkt worden war.

Schon während der Freiheitskämpfe hatte Appenzell eine Verbindung mit Schwyz angeknüpft, die nach der endgültigen Entscheidung zu einem Burg- und Landrecht mit den sieben Orten (außer Bern) erweitert wurden. Mit diesen schloß im Jahre 1412 auch St. Gallen sein erstes Burgrecht ab.

Damals war auch der *Obere* oder *Graue Bund*, die zweitälteste Vereinigung der Drei Bünde, aus denen dann das Land Graubünden hervorging, in eine mittelbare Verbindung mit den Eidgenossen gekommen. Das Land Glarus schloß mit diesem im Jahre 1400 ein Ewiges Bündnis, was die erste Stufe zur spätern Entwickelung wurde, die schließlich das ganze Land der Eidgenossenschaft zuführte. Auch hier entfalten sich uralte Samen des gleichen Geistes wie am Vierwaldstättersee, aber auf anderem Grund.

In diese Zeit fallen auch die ersten Züge der Urner und Obwaldner nach dem Tessin, die noch nicht, wie später, Untertanenverhältnisse, sondern freie Verbindungen der Talschaften zum Ziele hatten.

Im Jahre 1403 schlossen die gleichen Orte und Luzern ein Ewiges Burg- und Landrecht mit den Landleuten des *Oberwallis* und dem

Bischof Wilhelm von Raron, womit ältere Beziehungen zu einem dauernden Band wurden.

Auch die Oberwalliser hatten sich durch schwere Kämpfe aus den rückwärtsdrängenden Adelsgewalten herausgelöst. Ihr Bund mit den Eidgenossen war ebenfalls das Sichtbarwerden einer aus den Zeiten der christlichen Mission herstammenden Geistesverwandtschaft.

Während sich die östliche Schweiz in diesen Jahren durch eine Reihe von verschiedenartigen Bündnissen an die Eidgenossen angliederte, ging im Westen etwas Ähnliches vor, indem Bern mannigfaltige, für die Zukunft bedeutsame Verbindungen einging mit Solothurn, Basel und Neuchâtel, seinen alten Bund mit Freiburg wieder erneuerte und sich viele kleine Orte seiner Umgebung und gewisse Täler des Oberlandes anschloß.

In diesem Anwachsen des eidgenössischen Einflusses wird bald sichtbar, daß mit dem Sempacher Krieg nicht nur der Höhepunkt der inneren Entwickelung des alteidgenössischen Wesens erreicht war, sondern sofort, ohne Rast auch überschritten wurde.

Besonders vom städtischen Einschlag her wirkten Kräfte, die sich mit dem äußern Weiterwachsen des Bundesgebietes bis zur «natürlichen», durch alte, längst vergangene Verhältnisse bestimmten Grenze wohl vertrugen, aber nicht mit einer Fortführung des innern Impulses.

Eine Art Umstülpung des bisherigen Prozesses setzte ein. Einmal war im Innern des Landes gewirkt worden. Die Kräfte, die wirksam waren, bildeten hier etwas völlig Neues heraus gegen den Widerstand von Gewalten, die jeder Regung dieses neuen, auf der persönlichen Freiheit beruhenden sozialen Prinzipes feind sein mußten. Jetzt da die feindlichen Gewalten auf dem Gebiet, in dem sich die spätere Schweiz schon deutlich abzeichnet, erlahmten, wenden sich die Kräfte der Eidgenossen immer mehr nach außen. Das innere Wachstum kommt zum Stillstand, und die Zerfallserscheinungen, die sich bei jedem ausgewachsenen Lebewesen einstellen, treten immer deutlicher auf.

Die Eroberung des *Aargaus* hat nicht mehr den Charakter der bisherigen Verbindungen mit neuen Gliedern. Beispiel und Antrieb der städtischen Gemeinden werden für das Ganze maßgebend. Der Anlaß zur Eroberung der aargauischen Besitzungen Habsburgs kam von außen. Herzog Friedrich von Tirol hatte mit Papst Johannes XXIII. gegen das Konzil von Konstanz konspiriert und wurde deswegen vom Kaiser vor die Kirchenversammlung geladen. Als er die Vorladung mißachtete, wurde über ihn und sein Gebiet die Reichsacht verhängt. Bischöfe, weltliche Herren und Städte machten sich die Gelegenheit zu nutze und begannen, sich am Gute Friedrichs zu bereichern. Die Eidgenossen zögerten, trotz der Einladung, sich an der Aktion zu beteiligen, da sie kurz vorher mit dem Hause Habsburg einen fünfzigjährigen Frieden abgeschlossen hatten. Da bot Sigmund alles auf, was in seiner Macht stand, die Eidgenossen gegen seinen Feind auf die Beine zu bringen. Zusammen mit den in Konstanz anwesenden Fürsten und Gesandtschaften erließ er eine Erklärung, wonach die Eidgenossen als Angehörige des Reiches gehalten seien, diesem gegen einen Reichsfeind zu dienen und daß die Verpflichtung gegenüber dem Reich allen anderen Verbindlichkeiten vorgehe. Er erklärte alle Herrschaftsrechte Österreichs innerhalb der eidgenössischen Länder durch Reichsgesetz als erloschen, teilte eine große Zahl Privilegien aus und erklärte, keinen Frieden mit Österreich zu machen, in dem die Eidgenossen nicht eingeschlossen wären.

Daraufhin traten auch die östlichen Orte in die Fußstapfen Berns, das schon vorher bereit gewesen war, ein Heer ins Feld zu stellen.

Unter dem Reichsadler zogen die Eidgenossen im Frühjahr 1415 von verschiedenen Seiten kommend in den Aargau ein und eroberten das Gebiet so rasch, daß die Schnelligkeit auch dann Verwunderung erregt, wenn bedacht wird, daß sie nirgends auf Widerstand stießen. Nur Baden hatte eine österreichische Besatzung, die zuerst hinter den Stadtmauern, dann auf dem Stein eine Weile Widerstand leistete. Hier, wo viele Unternehmungen gegen die Eidgenossen ihren Ausgang genommen hatten, vereinigten sich diese, um das Schloß zu stürmen und zu schleifen. In dieser Tätigkeit ließen sie sich auch dann nicht stören, als Nachrichten von der Aussöhnung zwischen Herzog und Kaiser eintrafen und selbst Befehle des Kaisers, die Aktion einzustellen.

Der erzürnte Kaiser forderte Herausgabe des eroberten Gebietes zuhanden des Reiches. Die Eidgenossen stellten sich aber auf den Standpunkt, daß sie die Eroberungen als Entschädigungen für Unkosten und Arbeit zu fordern hätten. Schließlich einigte man sich dahin, daß Zürich und Bern gegen Erlegung einer bestimmten Summe das Land als Reichspfand übernehmen. Auch mit dem Herzog einigte man sich nachträglich, sodaß die Angelegenheit zwischen dem frühern und dem neuen Besitzer, sowie dem Reich, durch das Mittel des Geldes in Ordnung kam.

Das Haus Österreich anerkannte allerdings die Vereinbarung des einen seiner Glieder, Friedrichs, mit den Eidgenossen nicht, war aber in dem Moment nicht in der Lage, etwas zu unternehmen. Die Eidgenossenschaft als Ganzes hatte durch diesen Handel einen neuen Weg beschritten, der dem Prinzip, das sie bis zur jetzigen Stellung gebracht hatte, widersprach. Das Hervorbrechen des aufgenommenen «politischen», dem Städtewesen entstammenden Elementes zeigte sich auch sofort in der Behandlung des neuerworbenen Gebietes. Auch die Teile, die nicht den Städten Bern, Zürich und Luzern zufielen, wurden zum Ganzen der Eidgenossenschaft in ein der städtischen Landschaftsverwaltung nachgebildetes Verhältnis gebracht. Nicht ein Bundesglied wurde daraus gemacht, sondern ein Untertanenland, die «Gemeinen Herrschaften».

Nur Uri hielt sich für einen Moment noch zurück von dieser Politik und verzichtete auf seinen Anteil an der Verwaltung, es den Zeitgenossen überlassend zu spotten und den Nachfahren üble oder lächerliche Motive für seine Handlung zu erfinden.

Die Politik im eigentlichen Sinn verblieb von nun an neben der ursprünglichen sozialen Einstellung ein Element des Bundes. Die mit wechselndem Erfolg bereits eingeleiteten Unternehmungen im Süden des Gotthard gingen von nun an eindeutig in dieser Richtung.

Bald genug sollte die Probe dafür abgelegt werden, ob das eigentliche Wesen des Bundes dem nach außen gehenden Drang das Gleichgewicht zu halten vermöge.

In der Ostschweiz hielt sich im ersten Drittel des XV. Jahrhunderts noch der letzte Vertreter einer Dynastie, die zwischen den bereits der Eidgenossenschaft zugewandten Orten ein Gebiet beherrschte, das an Bedeutung dem zu Savoyen gehörenden Stück der spätern Westschweiz gleichkam. Graf Friedrich VII. von Toggenburg, der einen Besitz beherrschte, der sich von der Bodenseegegend bis zum Sertigübergang nach dem Engadin erstreckte, war eine jener eigentümlichen Gestalten, die für sich und die von ihnen abhängige Umgebung im alten Stil weiter leben, aber zugleich mit dem Neuen rechnen, das emporkommt. Nach Tschudi war er ein: «röwischer, unfridlicher Mann und sinen armen Lüten ein harter Herr, denn er straft sie an Lib und an Gut, sie werind ein Pfand oder eigen und hat kein Erbärmd über sine Lüt, wo es Gut antraf, und half auch kein Pitt. Er hielt die sinen in großer Meisterschaft und forchend inne, wie ein howend Schwert, doch that er sunst niemand Gewalt und Unrecht und hielt auch die sinen in gutem Fried und schirm vor andern Lüten.»

Dieser Mann, der ein frühmittelalterlich geartetes Gemüt, das noch kein Erbarmen nur Gerechtigkeit kannte, in die anbrechende Neuzeit hineintrug, wurde der Eidgenossenschaft zum Prüfstein ihrer innern Kraft. Schon in den Appenzeller Kriegen trat er in wenig durchsichtige Beziehungen mit Zürich, wie es scheint, um sich Hilfe zu sichern gegen zu befürchtende Freiheitsbewegungen in seinen an Zürich angrenzenden Besitzungen. Er begünstigte die Appenzeller und finanzierte gleichzeitig deren Gegner, Friedrich von Tirol. Im Jahre 1417 läßt er sich auch in das Schwyzer Landrecht aufnehmen, obwohl die Schwyzer die Organisatoren der Appenzeller Freiheitsbewegung gewesen waren, deren Einfluß auf sein Gebiet er fürchtete. Ebenso trat er in das Glarner Landrecht ein. Diesen verschiedenen Orten gab er gewisse Zusicherungen für den Fall, daß er ohne direkte Erben sterben sollte. Im April 1436 erfolgte sein Tod, ohne daß ein Testament hinterlegt worden wäre. Die zahlreichen Stellen, die sich als Erben betrachteten, hatten sich selbst untereinander zu einigen. Dieses führte innerhalb der Eidgenossenschaft zu so schweren Konflikten, daß behauptet wurde, Friedrich hätte seine Versprechungen einzig zu dem Zweck gemacht, den Bund der Eidgenossen zu sprengen.

Nach dem Tode des Grafen brachen sofort Streitigkeiten zwischen Zürich und Schwyz aus. Beide Orte glaubten sich nach den Zusagen Friedrichs berechtigt, die Toggenburger Höfe des obern Zürichsees in Besitz zu nehmen. Den Spruch eines eidgenössischen Schiedsgerichtes lehnte Zürich ab. Die Spannung verschärfte sich, als Schwyz und Glarus die um den Wallensee gelegenen Besitzungen des Verstorbenen als Pfänder von den Erben erwarben. Nun ließ sich Zürich, das seine Interessen dadurch verletzt sah, zu einer Handlung hinreißen, die dem Bundesrecht zuwiderlief: Es verhängte die Getreidesperre über seine Bundesgenossen. Diese Maßnahme war für das wirtschaftliche Gebiet damals das gleiche wie die Reichsacht für das rechtliche und das Interdikt für das kirchliche. Durch das Einsetzen des gefährlichen Machtmittels und den Bruch des Bundesvertrages, der das Schiedsverfahren bei Zwisten der Bundesglieder vorsah, nahm nun der Handel eine Wendung an, für die der ursprüngliche Anstoß von nebensächlicher Bedeutung war.

In diesem Moment wird der Lebensnerv der eidgenössischen Bünde getroffen. Es muß sich nun zeigen, ob trotz der veränderten Außenseite das ursprüngliche Leben im Innern der Eidgenossenschaft noch vorhanden ist.

Tatsächlich trat nun mit aller Klarheit zutage, daß der Geist, der das eigentümliche Bundesrecht aus sich hervorgebracht hatte, noch ungetrübt und in voller Kraft in den Tiefen waltete. Während die von alters her in Zürich verbliebene österreichische Partei die Stadt Schritt für Schritt von den Bundesgenossen hinwegführte, um sie schließlich ganz dem alten Gegner der Eidgenossen auszuliefern, wanken diese nicht einen Augenblick in der Treue zu dem Rechtsprinzip, dem die Bünde Ursprung und Kraft verdanken. Nicht einen Augenblick ließ man sich dazu verleiten, die formalrechtlichen Begründungen des Zürcher Standpunktes auch nur zu diskutieren. Der Versuch Zürichs, den Artikeln des Bundesvertrages eine Auslegung zu geben, die aus der schriftlichen Formulierung abgeleitet werden kann, aber dem offenbaren Sinn widerspricht, wurde mit der größten Leidenschaftlichkeit von allen sieben Orten abgewiesen.

Den an dem Streitobjekt der Zürcher und Schwyzer nicht interessierten Orten konnte es völlig gleichgültig sein, wer den Bezirk Gaster im Besitz hatte, aber die eidgenössische Existenz hing an der Frage, ob das Bundesrecht auslegbar sei oder nicht. Es ist ein Geheimnis des sozialen Lebens, daß Vertragsparteien wohl klare Abmachungen treffen können, über deren Inhalt keinerlei Zweifel mehr möglich sind, daß es hingegen unmöglich ist, einen solchen Inhalt in Gedanken restlos festzuhalten. Es bleibt bei der kompliziertesten Umschreibung immer ein Rest, aus dem das berühmte «Hintertürchen» gemacht werden kann. Das soziale Wollen geht nie ganz in den Gedanken ein und muß daher stets als solches erhalten bleiben. Die

Treue zu dem in aller Klarheit gefühlten, aber in den Bundesbriefen nur angedeuteten Wollen, rettete in dem gefährlichen Augenblick die eidgenössische Existenz. Dieses ist wesentlicher als die Taten des Verwüstungswillens und des Hasses, die in dem anhebenden Krieg verrichtet worden sind.

Es traf sich, daß um diese Zeit das Haus Habsburg nach hundertdreißigjährigem Ausschluß wieder das Amt des Deutschen Königs erwerben konnte. Im Jahre 1438 wurde Albrecht II. und 1440, nach dessen Tod, Friedrich III. auf den Thron des Römisch-Deutschen Königs erhoben. Von nun an blieb das Amt beim Haus Habsburg bis zum Verfall des Reiches. Die Erhebung Friedrichs, für den das Reich und das Haus Habsburg ein einziger Begriff war, kam der österreichischen Partei Zürichs so gelegen, wie dem König der Zwist der Eidgenossen, der ihm die Hoffnung gab, die einstigen Rechte seines Hauses in der Schweiz wieder herstellen zu können. Zürich gewann ihn durch Gebietsabtretungen und Versprechungen, und schon 1442 kam ein förmliches Bündnis zwischen der Stadt und dem Habsburger zustande.

Einmütig erklären darauf die Eidgenossen den Zürchern den Krieg. Schon in einem der ersten Treffen, bei St. Jakob an der Sihl, wurden zwei Hauptverantwortliche an dem Unglück, der Bürgermeister Stüßi und der Stadtschreiber Graf erschlagen. Aber die aufgerufenen Kräfte waren dadurch nicht gelähmt. In Zürich werden die zum Frieden mahnenden eidgenössisch Gesinnten nochmals niedergeschlagen und weitere Gewalten zur Zerstörung herangezogen.

Friedrich III., der sich außerstande sah, mit eigenen und den ihm zu Gebote stehenden Reichsmitteln seine Ziele zu erreichen, forderte bei Philipp dem Guten, Herzog von Burgund, Truppen gegen die Eidgenossenschaft. Als dieser sich nicht entschließen konnte, die kaiserliche Unternehmung zu unterstützen, wandte sich Friedrich an Karl VII., König von Frankreich. Dieser war froh, seine «Ecorcheurs» oder «Armagnaken» beschäftigen zu können. Es waren dies allen zivilen Lebens entwöhnte Kriegsleute, die nach dem eben beendeten hundertjährigen Kriege eine furchtbare, sich von Provinz zu Provinz wälzende Landplage Frankreichs geworden waren. Etwa vierzigtausend dieser «Würger» wurden zusammengezogen und unter der Führung des Dauphin nach der Schweiz gesandt.

Aber bei Basel warf sich dem Haufen eine kleine Truppe von 1500 Eidgenossen entgegen. Bis auf wenige erlitten sie bei St. Jakob an der Birs den Heldentod. Der Umschwung, der im Gemüte des Dauphin durch das Opfer entstand, ist ein Bild der seelischen Wirkung, die es in ganz Europa auslöste. Von überall her sind Zeugnisse aufbewahrt von der Erschütterung, die das Ereignis auf die Zeitgenossen ausübte. Die französische Geschichtsschreibung sieht in ihm den Ursprung der Beziehungen Frankreichs zu der Eidgenossenschaft. Der Dauphin, der trotz seiner Jugend – er war erst einundzwanzig Jahre alt – schon seit sieben Jahren im kriegerischen Leben seines Landes stand, entschloß sich, von der beabsichtigten Eroberung Basels und der Hilfeleistung an Zürich abzusehen. Er zog sich mit seinen Scharen in das unglückliche Elsaß zurück und schloß mit den eidgenössischen Orten einen Waffenstillstand, der zum Ausgangspunkt einer politischen Wendung im Zusammenhang der europäischen Völker wurde.

Das Vorgehen Zürichs hatte die zwei werdenden Großmächte Habsburg-Österreich und Frankreich auf den Plan gerufen, und die Eidgenossenschaft mußte sich zwischen westliche und östliche Weltmacht hineinstellen. Gestärkt ging sie aus der Probe hervor, indem sie nach beiden Seiten als selbständige Macht auftrat und ganz neue weltpolitische Beziehungen einging.

Ohne Gebietserweiterung stand die Schweiz beim Abschluß der Konflikte gewaltig gestärkt innerhalb der Nachbarvölker.

Als sollten alle im Lande wirksamen Kräfte bloßgelegt und einander gegenübergestellt werden, trat in jener Zeit in Zürich ein Vertreter jener Geistesrichtung in aller Kraßheit zutage, die naturgemäß die Entwickelung der Eidgenossenschaft begleiten muß, so lange noch etwas von ihrem Urimpuls lebendig bleibt. Felix Hemmerli, der Zürcher Chorherr, der sich in jenen kritischen Tagen einen Namen machte durch seine leidenschaftlichen literarischen Ausfälle gegen die Eidgenossen, ist nur eine besonders ungehemmt vorgehende Einzelfigur in der Reihe jener Kritiker des eidgenössischen Wesens, die für dieses Wesen blind sind. Er will in seiner Schrift «de nobilitate et rusticate» die Eidgenossen zeichnen und deren Unkultur der Kultur des Adels gegenüberstellen. Er geht aber gar nicht in die Tiefen, in denen das gefunden wird, was zu seiner Zeit die Eidgenossen groß machte. Nicht die Fehler der einzelnen Persönlichkeiten, die er schildert, sondern die der Individualität einwohnende Macht, welche imstande ist, das Ungeformte zu formen und Recht zu erzeugen, machen das eidgenössische Wesen aus. Da er, wie seine Geistesverwandten, das schöpferische Wesen in sich selbst nicht finden konnte, vermochte er auch die Keimkraft der eidgenössischen Entwickelung nicht zu erkennen. Indem er sie aber spürte, wurde in ihm grenzenloser Haß angefacht.

Doch erwies sich in Zürich die der Eidgenossenschaft zugeneigte Richtung als lebenskräftiger als die andere, die im Sinne Hemmerlis empfand. Jene gewann allmählich wieder die Oberhand, und man unterzog sich dem durch die Bünde festgelegten Rechtsgang. Dieser bewährte sich auch jetzt in der schweren Situation, da nach bittern Kämpfen die zwei Parteien neu zu vereinigen waren.

Bald nach diesen Ereignissen gelangte die Eidgenossenschaft wieder in ähnlicher Art zu einer Gebietserweiterung wie im Jahre 1415, als sie vom Kaiser aufgefordert wurde, dem Herzog Friedrich von Tyrol den Aargau wegzunehmen. Jetzt war es Papst Pius II., der sie zu einer andern Eroberung, nämlich des *Thurgaus*, auf Kosten Sigismunds von Tyrol, des Sohnes Friedrichs, anhielt. – Der Papst kannte die Eidgenossen aus der Zeit des Basler Konzils, an dem er als der Prälat Eneo Silvio teilgenommen hatte. Als Papst hat er dann im Jahre 1459 die Basler Universität gestiftet. Vornehmlich eines Freundes wegen, den er am Basler Konzil hochschätzen gelernt hatte, war er ein Jahr später in Streitigkeiten mit dem Habsburger Sigismund von Tyrol gekommen. Dieser hatte den Kardinal Niklaus von Kues, Bischof von Brixen, gefangen gesetzt und von ihm Zugeständnisse erpreßt, die die letzten Lebensjahre des großen Kardinals verbitterten und ihn hemmten, an dem großen Reformwerke, das er angebahnt hatte, weiterzuwirken. Niklaus hatte die abendländische Kirche nach großen Plänen, dem neuen Zeitgeist gemäß, reformieren wollen. Da setzte ihm in seiner eigenen Diözese der Herzog die äußere Gewalt entgegen und zwang ihn, außer Landes zu gehen, wo er nach wenigen Jahren starb.

Die Eidgenossen, die durch den Papst in diesen Handel hineingezogen wurden, verglichen sich in der Folge mit Sigismund und erwarben von ihm die letzten habsburgischen Besitzungen, die außer dem Fricktal und einigen bündnerischen Tälern noch auf dem Boden der heutigen Schweiz sich befanden.

Das gescheiterte Reformwerk, das der Kardinal Nikolaus von Kues mit der Unterstützung dreier aufeinanderfolgender Päpste hatte durchführen wollen, läßt erfühlen, daß die gesamte Kultur Europas zu jener Zeit auf dem Wege war, in eine noch größere Krisis hineinzugehen als ein Vierteljahrtausend früher. Damals hatte die Kirche in sich selbst die Kraft gefunden, sich umzugestalten. Jetzt aber ging ein großer Geist, der sich in ihren Dienst gestellt hatte, ungehört von der Menge ins Grab.

Alle noch verbliebenen sozialen Gewalten des Mittelalters schienen zu bersten. Reich und Kirche aber folgten der Umwandlung nicht. Die Kirche ging den Erschütterungen durch Reformation und Gegenreformation entgegen, wodurch die alte Gemeinschaft gespalten und von äußern Gewalten verändert wurde. Auch das Reich verlor die alten, gemeinschaftsbildenden Kräfte. Was sich nicht herauslöste, geriet unter die Führung eines einzelnen Hauses und durchsetzte sich mit dem Römischen Recht.

Zwei Machtpole begannen sich fast genau gleichzeitig aus dem zerberstenden Mittelalter herauszuwinden. Die beiden Persönlichkeiten, mit denen dieses Hervorwachsen verbunden war, charakterisieren weitgehend das Wesen der zwei Mächte, die sich für Jahrhunderte rivalisierend nebeneinander stellten.

Im Jahre 1440, als die Kurfürsten Friedrich III. zum Deutschen König erhoben, der das in sich zerrissene Haus Österreich-Habsburg kraft der königlichen Würde einigte und auf den Weg zur Weltmacht führte, empörte sich im Westen Europas der erst sechzehnjährige Dauphin Louis gegen seinen Vater Karl VII. von Frankreich. Die Rebellion bezeichnete die Loslösung des Prinzen vom alten Frankreich und die Begründung des neuen. Zwanzig Jahre lang bestand das mittelalterliche Frankreich in einem Scheindasein noch weiter, während das neuzeitliche unter der Oberfläche durch den Dauphin schon vorgebildet wurde. Seine erste offene Aktion gegen das Regiment seines Vaters wurde zwar äußerlich unterdrückt, und der Prinz leistete dem König wieder Gehorsam in allen äußern Dingen, war aber rastlos tätig, seine eigenen Pläne zu verwirklichen. Wie es seine Aktion gegen die Eidgenossenschaft zeigt, handelte er in den von ihm geführten Unternehmungen selbständig, unter völliger Mißachtung der väterlichen Instruktionen.

Er selber war eine Persönlichkeit, die in mancher Beziehung Ähnlichkeiten mit Friedrich II. aufwies. Wie dieser wuchs er in recht ärmlichen Verhältnissen auf, denn seine Jugendzeit fiel mit der tiefsten Erniedrigung Frankreichs zusammen, wo dieses und sein Königtum kaum viel mehr als ein Begriff waren. Die königliche Familie war genötigt, in Festungen zu hausen, da sie von innen vom Abfall und von außen durch die Engländer bedroht war. Als der Prinz sechs Jahre alt war, errettete die Jungfrau von Orléans Frankreich vor dem Untergang. Schon sieben Jahre später tritt Louis neben seinem Vater auf, und der frühreife, fast ohne Erziehung aufgewachsene Knabe vollbringt bereits als Fünfzehnjähriger so erstaunliche Waffentaten und leitet so selbständige Regierungsmaßnahmen ein, daß der König darüber mehr erschrocken als erfreut ist. Das Erstaunliche daran ist, daß jetzt schon der spätere Ludwig XI. deutlich erkennbar wird: die Pläne und Methoden des reifen Mannes sind bereits im Knaben fertig ausgebildet da. Auch seine persönlichen Eigentümlichkeiten, die ihn weit entfernten von seinem verschwenderischen, prunkliebenden, in ewigen Festen eines mittelalterlichen Hofes verweichlichenden Vaters, zeigten sich schon von Anfang an. Nur jenes, auch mit Friedrich II. geteilte Bedürfnis, wie ein ägyptischer Pharao ständig zwischen Tiergestalten zu leben, erscheint nach außen als Luxus. Die noch erhaltenen Briefe, die sich auf die Anschaffung von seltenen oder edlen Tieren beziehen, zeigen genau denselben Ernst wie wichtige Anordnungen für das Land. Die Jagd blieb bis in sein Alter mehr Bedürfnis als bloßes Vergnügen.

Aller Prunk war ihm zuwider. Aber die kultischen Verrichtungen der katholischen Religion vollzog und befolgte er mit so peinlicher Genauigkeit und in einer solchen Stimmung, daß man an den Götterdienst altorientalischer Könige gemahnt wird. Nie vergaß er nach seinen Erfolgen, Dankgottesdienste für die heilige Jungfrau anzuordnen und ihr die ihm notwendig scheinenden Opfer zu bringen. Den Priestern schreibt er ganz spezielle Gebete vor, die genau bezeichnete Wirkungen haben sollten.

Für seine Person lebt er im übrigen in unbegreiflicher Bedürfnislosigkeit. Erst im Alter, als er infolge einer Krankheit mumienhaft abmagerte, ließ er sich weiche Pelzmäntel machen, die seine zerfallende Gestalt für den Anblick der Besucher weniger erschreckend machen sollten.

Dieser Mann handelte immer allein und sah sich in allen seinen Bestrebungen getrennt von seiner Familie. Die Spannung zwischen ihm und seinem Vater wurde so groß, daß er schließlich zu Philipp dem Guten von Burgund, dem Todfeind seines Vaters, floh. Karl VII. starb im Jahre 1460 im Glauben, von seinem Sohn vergiftet zu sein. Später ging auch der immer wieder gegen Ludwig konspirierende Bruder unter Umständen zugrunde, die manche an Vergiftung glauben lassen. Selbst seinen Sohn hielt Ludwig bis zum Herannahen der Todesstunde von sich fern.

Als Louis XI. die Regierung antrat, nahm er mit sicherer Hand alle Fäden auf, die er als Dauphin angesponnen hatte, wodurch im Laufe einer einzigen Generation Frankreich völlig umgewandelt wurde. Das nationale Frankreich stand auf. Der König brach die Macht des Feudalwesens und pflanzte dem Land mit sicherm Blick für das Mögliche überall die Ansätze für eine im Königtum gipfelnde Beamtenhierarchie ein.

Noch nicht nach außen strahlend, aber nach innen tätig brachte er das Sonnenkönigtum Ludwigs XIV. zur Geburt. Ohne Ludwig XI. wäre jenes undenkbar. Ludwig hat nicht seine Familie, sondern Frankreich zur Weltmacht erhoben. Seine rastlose, bis zum letzten Augenblick nie erlahmende Tätigkeit baute an einem wohlbegründeten Werk, das für eine Jahrhunderte dauernde Zukunft bestimmt war.

Ganz anders ging in Österreich Friedrich von Steiermark vor, dem die königliche Macht nach dem Tode seines Verwandten zufiel. Seit Generationen zerriß sich das Haus Habsburg in innern Händeln um die ererbten Güter und schien wie andere Feudalherrschaften dem Zerfall entgegenzugehen, als es jetzt durch Friedrich einen Impuls erhielt, der es der Verwirklichung des Gehaltes jenes seltsamen Zauberspruches entgegenführte, der beim Begründer des österreichisch-habsburgischen Hauses, Albrecht I. aufgetaucht war und jetzt wieder durch Friedrich III. in allem Ernst aufgenommen wurde. Es ist die

Vokalfolge des lateinischen Alphabetes: A E I O U. Man verdeutlicht gewöhnlich den Inhalt durch lateinische oder deutsche Worte wie:

Austriae Est Imperare Orbem Universi
Alle Erde Ist Oesterreich Untertan.

Friedrich hatte nur die Größe seines Hauses im Auge und griff dabei zu den alten Methoden seiner Vorfahren zurück. Die Historiker finden im allgemeinen, daß er ein untätiger, träger Herrscher gewesen sei während der dreiundfünfzig Jahre seiner königlichen Regierung. Trotzdem hinterließ er seinem Sohn eine Macht, deren Umfang sich nichts anderem vergleichen ließ, und in gerader Linie ging die von ihm eingehaltene Richtung auf die Beherrschung eines Weltreiches, in dem «die Sonne nicht unterging».

Ein merkwürdiger Gegensatz bestand zwischen den zwei gleichzeitig aufstrebenden Gewalten Frankreich und Österreich, obwohl in beiden uralte Herrschaftsprinzipien des Orients wiedererwachten. Beiden ist gemeinsam, daß von einem Zentrum aus alles Leben geregelt werden sollte. Aber in Frankreich ist das Zentrum rastlos tätig und durchdringt alles mit scharfen Gedanken, während in Österreich die Handlungen wie aus unbewußten Tiefen, stoßweise und unberechenbar kommen, oft nach langen Perioden absoluter Unschlüssigkeit und Handlungsunfähigkeit. Diese Eigentümlichkeit der Habsburger, das Abwarten von treffsichern Willensentschlüssen, die dann mit Unerbittlichkeit der Welt eingeprägt werden, bleibt den auf Friedrich folgenden Generationen erhalten.

Später fanden dann die zwei sich entgegenstehenden Prinzipien künstlerisch-architektonischen Ausdruck, der mehr als Beschreibungen von ihrem innern Wesen zu offenbaren vermag: Zu Versailles im Sitz des Sonnenkönigs und im Escorial in der gruftähnlichen Residenz des düsteren Philipp II. Sonne und Mond scheinen die Wohnungen des allerchristlichsten Königs von Frankreich und der katholischen Majestäten von Spanien-Habsburg symbolisieren zu wollen.

Im Moment, da beide Mächte aufgingen, trafen sie sich auf dem Boden der Eidgenossenschaft, herbeigerufen durch das abfallende Zürich. Das eidgenössische Wesen wurde so vom Schicksal aufgerufen, sich zwischen beide zu stellen und sich ihnen gegenüber zu behaupten.

Aber noch eine dritte Macht stand bedrohlich zwischen den beiden und wurde von diesen in ihrer ungestümen Kraft auf die Schweiz gelenkt, an deren Widerstandswillen sie zerschellen sollte.

Aus dem burgundischen Lehen der französischen Krone, das eine Seitenlinie der königlichen Familie inne hatte, war durch Erbschaften und andere Glücksfälle ein Reich geworden, das durch Landbesitz, Einkünfte und Bündnisse die Macht Frankreichs überbot. Der Herzog von Burgund war zugleich Träger von Reichslehen und Verbündeter Englands. Philipp der Gute hatte ein Gebiet in seiner Macht, das von Friesland bis an den Genfersee heranreichte und immer deutlicher die Tendenz annahm, das alte Lotharingen, das sich bei der Reichsteilung von 843 der Kaiser Lothar vorbehalten hatte, wieder herzustellen.

Im Jahre 1467 folgte Karl der Kühne seinem Vater Philipp dem Guten in der Herrschaft nach. Er trug nicht weniger universelle Pläne in sich als die zwei Könige, zwischen deren Herrschaftsbereichen er sich entfaltete. Allerdings sind seine Visionen ganz mittelalterlich beweglich und kaum faßbar. Nach Michelet, dem französischen Historiker, der mit seltenem Einfühlungsvermögen in die Periode Karls des Großen eingedrungen ist und mit großer Bewunderung von Karl dem Kühnen spricht, drängte in dessen Zielen das Fränkisch-Karolingische Reich nochmals an die Oberfläche. Viele Symptome sprechen für diese Ansicht, selbst seine Antipathien, seine Charakterzüge und seine Hofhaltung. Wie eine wiedererstandene Gestalt aus dem altfränkischen Adel stellte er sich in seine der Neuzeit zueilende Periode hinein. Mitten durch Europa hindurch trachtete er ein Reich aufzubauen, das ganz von der Kultur des alten Rittertums durchdrungen sein sollte. Vorbild für diese Kultur war der von seinem Vater begründete «Ritterorden vom Goldenen Vließ», der das ganze Gepräge und alle die Kultregeln des alten Rittertums wieder erweckte. Mehr noch als durch den aus den niederländischen Handelsstädten gezogenen Reichtum war der Hof Karls des Kühnen durch das bis in die Einzelheiten hinein geregelte, außerordentlich wirksame Zeremoniell berühmt und Bewunderung erregend. Auch auf den Heerzügen kann Karl nicht auf das spätere Geschlechter theatralisch anmutende Zeremoniell verzichten. Er lebt davon und läßt sich davon tragen wie Friedrich III. von seinem Zauberspruch und Ludwig XI.

von seinen formelhaften Kultverrichtungen – die von viel weniger scharf als er selber sehenden Nutznießern seines Werkes als Folge seiner «Superstition» angesprochen werden. – In den Heerlagern des Burgunder Herzogs findet man unglaubliche Reichtümer, die nötig waren, den Glanz eines verspäteten Artushofes aufrechtzuerhalten, und selbst auf der sinnlosen Flucht von den eidgenössischen Schlachtfeldern verläßt ihn das Zeremoniell nicht, indem jedesmal zwölf Ritter seinem ungewöhnlich großen schwarzen Roß nachstürmen.

Dieser Mann trachtete danach, durch den Erwerb von Lothringen, das zu seiner Zeit als erledigtes Lehen frei geworden war, und durch das pfandweise Ansichbringen des Oberelsasses die nördlichen und südlichen Staaten seines Reiches zu vereinigen.

Nach seinem eigenen Wort wollte er durch diese Machterweiterung das verhaßte Frankreich einkreisen und dessen König mit so vielen Hunden von allen Seiten hetzen, daß er nicht mehr wissen solle, nach welcher Richtung die Flucht ergreifen.

Vom Habsburger aber wollte er das Lothringische Lehen erlangen und die Erhebung seines Reiches zum unabhängigen Königreich. Durch die Heirat seiner einzigen Erbtochter Maria mit Maximilian, dem Sohne Friedrichs, sollte die machtverleihende Verbindung mit dem Osten geschlossen werden. Nach gewissen Überlieferungen soll beabsichtigt gewesen sein, Karl in die Erbfolge auf dem Kaiserthron einzuschalten in dem Sinne, daß er nach Friedrichs Tod und nach seinem eigenen Tode sein zukünftiger Schwiegersohn die Kaiserkrone tragen sollte.

Wie sich seine Visionen im Einzelnen gestaltet haben, ist nicht von Bedeutung, sicher ist, daß sie sich in den angegebenen Richtungen bewegten.

Damit entstand eine Macht, die danach trachtete, alles wieder herzustellen, was die Eidgenossen in ihrem Gebiet überwunden hatten. Durch ihr bloßes Dasein widerlegte die Eidgenossenschaft die Notwendigkeit und die Berechtigung der Pläne Karls.

Durch die sich völlig entgegenlaufenden Bestrebungen am Oberrhein und am Niederrhein war eine geistige Spannung gegeben, bevor eine physische Berührung Karls und der Eidgenossen Tatsache wurde.

Das Geschick brachte es dann mit sich, daß die zwei Gegenströmungen aufeinander gelenkt wurden, ohne daß die eine die andere suchte, und daß die Eidgenossen sich in einen Konflikt mit Karl verwickelt sahen, in welchem sie – nach ihrer Ausdrucksweise – nicht «Hauptsächer» waren. Einfach durch ihr gegebenes Wort, verlassen von Frankreich und Österreich, die sie in den Krieg hineingezogen hatten, sahen sie sich genötigt, Karls Macht zu zerschmettern.

Innerhalb der großen weltpolitischen Spannungen war ein Zusammenstoß des burgundischen Entfaltungswillens mit dem Existenzwillen der Eidgenossen eine gegebene Tatsache, bevor sich die Spannungen in einen Krieg auslösten. Es erweist sich darum wenig fruchtbar, die einzelnen Ereignisse aufzusuchen, die schließlich den Anlaß gaben, auf beiden Seiten zu den Waffen zu greifen. Alle diese Einzelheiten sagen wenig über die wahre Natur der innern Triebkräfte, die zu den erschütternden Entscheidungen des Burgunderkrieges hindrängen mußten.

Im Jahre 1468 leisteten die Eidgenossen ihren Verbündeten von Mülhausen und Schaffhausen Hilfe gegen den Süddeutschen Ritterbund von St. Georgsschild. Dieser wiederum erhielt Hilfe von Sigismund von Tyrol, der trotz des noch dauernden Friedens mit den Eidgenossen eingriff. Durch den Vertrag von Waldshut vom gleichen Jahr wurden die Eidgenossen abgefunden. Da aber Sigismund die Abfindungssumme nicht rechtzeitig bezahlen konnte, kam er in Gefahr, vier zum Pfand gesetzte Waldstätte an die Eidgenossen zu verlieren. Er zog es daher vor, das Oberelsaß an Karl den Kühnen zu verpfänden und sich mit dem Anleihen die Eidgenossen vom Hals zu halten, wobei eine Hinterabsicht eine bedeutende Rolle spielte. Sigismund erwartete – und wurde in dieser Erwartung bestärkt – daß Karl der Kühne mit den Eidgenossen abrechnen und das Haus Österreich rächen werde. Aber wie der Mond je nach dem Stand der Sonne die Gestalt wechselt und die Hörner nach der einen oder andern Seite wendet, so wechselte Sigismund Gesinnung und Richtung seines agressiven Willens, als er merkte, daß Karl der Kühne das Oberelsaß seinem Staate dauernd einzuverleiben trachtete. Er näherte sich nun der aus den Städten von Basel bis Straßburg gebildeten «Niedern Vereinigung», die sich gegen die burgundische Gefahr gebildet hatte und mit der Eidgenossenschaft in enger Beziehung stand. Im Frühjahr 1474 waren die Städte dieser Vereinigung bereit, die von Österreich geschuldete Pfandsumme an Karl zurückzubezahlen. Sigismund kündigte daraufhin den Pfandvertrag, was jedoch Karl, eine nicht erfüllte Klausel vorschiebend, nicht annahm. Das Volk des Elsasses hatte sich aber, bevor die Antwort des Burgunders gegeben war, erhoben und den verhaßten Vogt Karls ins Gefängnis geworfen.

Damit war ein Konflikt entstanden, der die Eidgenossenschaft mittelbar hineinzog, weil sie mit der Niedern Vereinigung mehrfach verbunden war.

Aber von einer andern Seite war mit außerordentlichem Geschick nachgeholfen worden, daß die kriegerische Kraft der Eidgenossen in den Hexenkessel hineingetrieben wurde. Louis XI. handelte seinem Grundsatz gemäß, daß es vorteilhafter sei, seinen Feinden den Schädel mit Goldklumpen statt mit gemeinen Keulen einzuschlagen. Sein einstiger Freund aus der Zeit der selbstgewählten Verbannung war sein am grimmigsten gehaßter Feind geworden, und bei gewissen einflußreichen Eidgenossen hatte Ludwigs Gold gute Ansatzmöglichkeiten gefunden. Vor allem verstand es der Berner Niklaus von Diesbach, eine in die königliche Politik eintretende französische Partei in seiner Vaterstadt zu bilden. – Wie stark neben dem Gold und dem geschmeichelten Ehrgeiz auch große Gesichtspunkte mitgesprochen haben, ist kaum der Untersuchung wert, weil solche Gesichtspunkte bei diesen Persönlichkeiten durch das angenommene Geld die wahre Größe verloren hätten.

Im März 1474 hatte Ludwig XI. mit Karl dem Kühnen in Compiègne einen Waffenstillstand geschlossen, der nicht mehr unterbrochen wurde. Ludwig schien damals schon vorausgesehen zu haben, daß die Eidgenossenschaft für ihn vollbringen würde, was ihm bisher mißlungen war, so daß er sich beruhigt andern Beschäftigungen hingeben konnte. Damals waren in Konstanz durch die Vermittlung Ludwigs die Bedingungen der «Ewigen Richtung» zwischen Österreich und den Eidgenossen aufgestellt worden. Natürlich wäre es eine leere Behauptung, wollte man diesen Abschluß des mehr als zweihundertjährigen Kriegszustandes als Werk einer momentanen, politischen Berechnung ansehen.

Die Ewige Richtung war Frucht einer abgeschlossenen Entwickelung und kam auch erst nach langen Erwägungen in den einzelnen Orten am 11. Juni 1474, trotz der burgundischen Gegenaktion, wirklich zustande.

Damit war ein weiterer Schritt getan, der die Eidgenossen an die Seite Sigismunds im Elsässer Handel stellte.

Die verwirrendsten Verhältnisse fanden sich im Süden der Eidgenossenschaft. Ihre Urkeime hatten sich einmal aus dem Kampffeld von Savoyen und Habsburg herausgearbeitet. Jetzt traten die zwei Häuser wieder auf, aber nun so, daß die Taten der Eidgenossen über das Schicksal beider entscheiden sollten.

Yolande von Savoyen, die Regentin des Herzogtums, war die Schwester Ludwigs XI., und dieser selbst hatte seine zweite Frau aus dem Savoyischen Hause geholt. Aber diese Familienbeziehungen des Königs waren nicht besser als seine übrigen. Yolande stand, gezwungen oder freiwillig, mehr auf der burgundischen Seite und ward darin unterstützt durch zwei Brüder ihres verstorbenen Mannes, den Grafen von Romont und den Bischof von Genf, während ein dritter Bruder, Philippe von Bresse, es klüger fand, französisch gesinnt zu sein. Die an Fribourg und Bern angrenzenden waadtländischen Gebiete waren zum großen Teil dem Grafen von Romont zu Lehen gegeben, enthielten aber Güter eingesprengt, die burgundische Herren als Besitz oder als Lehen inne hatten. Zugleich standen bestimmte Häuser, wie das von Greyerz, durch Sympathien oder Interessen auf eidgenössischer Seite.

Diese kaum zu überschauenden Verhältnisse wurden noch verworrener, als beim Beginn der Feindseligkeiten der Graf von Romont sich in den Dienst Karls begab, schließlich Marschall von Burgund wurde und sein Gebiet dem Schutze Berns unterstellte. Savoyen aber ließ die lombardischen Söldner durch sein Gebiet hindurch dem Burgunder zulaufen.

Im Herbst 1474 erklärten die Verbündeten der Niedern Vereinigung Karl dem Kühnen den Krieg und eröffneten ihn durch wilde Raubzüge in das burgundische Gebiet. Weder die Eidgenossenschaft, noch der Herzog waren in der Lage, in diesem Moment mit voller Kraft aufzutreten. Die Eidgenossen ließen es zu, daß sich kriegslustige Leute und größere Abteilungen an den Raubzügen beteiligten. Es brauchte aber noch sehr viel, um die einzelnen Bundesglieder von der Notwendigkeit des Bruches mit Karl zu überzeugen. Nur Bern allein ließ, in einem Moment, da seine französische Partei im Rat der Zweihundert die Oberhand hatte, die Kriegserklärung an Karl den Kühnen ergehen. Der Absagebrief war im Namen der Eidgenossenschaft abgefaßt, aber die Ereignisse zeigen, daß dieses zu Unrecht geschehen war.

Die Absage Berns gründete sich – dieses ist wichtig für das Verständnis der Lage – auf keinerlei Beschwerden gegen den Herzog von Burgund, sondern einzig auf die Bundespflicht gegenüber der Niedern Vereinigung und auf den Befehl des Kaisers vom 2. Oktober 1474, der die Reichsglieder gegen Karl aufgeboten hatte.

Dieses Aufgebot des Reichsoberhauptes war im Grunde einer habsburgisch-burgundischen Familienangelegenheit entsprungen. Der Handel um die Heirat Marias von Burgund mit Maximilian von Habsburg war im Jahre 1473 so weit gediehen gewesen, daß sowohl die Ehe, wie die Krönung Karls beschlossen war, als Friedrich am Vorabend der Feiern einen jener in seinem Haus üblichen plötzlichen Willensentschlüsse faßte und mit seinem Sohne aus dem Festorte Trier abreiste. Der beleidigte Karl ließ sich durch seine unbesonnene Art hinreißen, aus Rache die Partei eines Feindes Friedrichs zu ergreifen und für diesen – den Erzbischof von Köln – die abgefallene Stadt Neuß zu belagern. Damit mußte er die Streitkräfte des Reiches auf sich ziehen.

Zugleich ließ er sich noch in eine Verschwörung mit England und einigen Vasallen des französischen Königs gegen Frankreich ein. Ludwig XI. erledigte aber die Mitverschworenen Karls durch rasches Eingreifen und durch Geld.

Sowohl der Kaiser wie der französische König taten nun das äußerste – der eine durch die Mittel des Reiches, der andere durch das Mittel des Goldes – um die Verbündeten am Oberrhein in den Krieg gegen Karl den Kühnen zu treiben. Als einer nach dem andern dieser Verbündeten auf den Weg gebracht war, zogen sich sowohl der Habsburger als auch der König zurück.

Am 17. Juni 1475 schloß der Kaiser Frieden mit Karl um den Preis von dessen Erbtochter für seinen Sohn. Am 14. September 1475 ging Ludwig XI. einen neunjährigen Waffenstillstand mit seinem feindlichen Nachbar ein, als das gegen Burgund gerichtete Soldbündnis mit den eidgenössischen Orten bereits auf gutem Wege war.

In wenigen Wochen nahm nun Karl dem jungen René von Lothringen sein Land ab und rüstete vor allem gegen die Schweiz.

Im Januar 1476 marschierte er durch die Franche Comté und erklärte: «Mit allen Königen und Fürsten unter meinen Nachbarn habe ich guten Frieden, aber nicht mit den Schweizern. Diese haben meinen Vetter, den Grafen von Romont, schwer beleidigt. Ich gedenke ihn im kommenden Monat zu rächen.»

Also auch Karl ging gemäß dieser Erklärung nicht für sich, sondern für einen andern in den Krieg, für den Savoyer Grafen. Bern und Fribourg hatten dem Grafen wegen seiner gegen sie gerichteten Dienstleistungen für Burgund den Krieg erklärt und alle Plätze weggenommen, die ihnen gefährlich werden konnten.

Wie abgründig der Haß des Herzogs gegen die Schweizer war, zeigte sich bald an der Behandlung der Besatzung von Grandson, die sich im Vertrauen auf sein Wort, daß ihr freier Abzug gewährt würde, ergab. Er ließ die vierhundert Mann an die Bäume hängen und zum Teil ertränken.

Schon wenige Tage nachher, am 2. März 1476, zogen die von Bern und Fribourg gemahnten Eidgenossen heran. Sie trafen unversehens auf die ihnen entgegenmarschierenden Burgunder, warfen das glänzende Heer in kürzester Zeit in regellose Flucht und erbeuteten das ganze überreiche Lager. Sie fanden aber auch ihre verratenen Miteidgenossen noch an den Ästen der Bäume hängen.

Karl begann einige Wochen später, nachdem er seine Erschütterung überwunden hatte, bei Lausanne das zersprengte Heer wieder zu sammeln und zu ergänzen. Seine Gegner verlegten ihm zunächst durch verstärkte Besatzungen in Fribourg und Murten den Weg in ihr eigenes Gebiet hinein.

Schon am neunten Juni langte Karl mit seiner wiederhergestellten Heeresmacht bei dem kleinen Städtchen Murten an und umzingelte es auf der Landseite. Vierzehn Tage lang mußte es durch eine heldenhafte Besatzung gegen Belagerungsartillerie und Stürme verteidigt werden, bis die neuerdings von Bern um Bundeshilfe angegangenen Eidgenossen eintrafen.

Am 22. Juni griffen sie – verstärkt durch den Zuzug von der Niedern Vereinigung – die Burgunder an. Nachdem eine Truppe deren Artillerie unterlaufen und unwirksam gemacht hatte, war in kurzer Zeit die Schlacht entschieden. Von Schrecken ergriffen, wandte sich das Heer Karls neuerdings zur Flucht. Aber dieses Mal räumten die Eidgenossen in furchtbarer Weise auf. Es war vor dem Auszug beschlossen worden, keine Gefangenen zu machen, sondern so viele als möglich zu erschlagen, damit man nicht noch einmal ausziehen müsse.

Am besten zeichnet wohl die Situation eine schriftliche Bemerkung des Mailänders Panigarola, der im Augenblick der beginnenden Schlacht dem Herzog half, die Rüstung anzuziehen. Er schreibt: «Und ich habe diesen Herrn nie so unverständig ratlos gesehen als in jener Stunde, da er sich rüstete und dann zu Pferde saß, während er sonst so scharfsinnig, klaren Blickes und wachsam zu sein pflegt. Ich denke, es sei durch göttlichen Ratschluß geschehen, oder weil es das Verhängnis so bestimmt hat.»

Wie bei Grandson wurde Karl der Kühne in die Flucht seiner Soldaten hineingerissen. Als wäre eine unbekannte Elementargewalt Schrecken verbreitend über sie gekommen, verloren Heer und Führer alle Besinnung.

Der Herzog floh – mit einer einzigen, kurzen Ruhepause in Payerne – bis Morges ohne imstande zu sein, ein Wort zu sprechen.

Die verachteten Bauern, die ohne Oberbefehl, nur nach vorangegangenen Abmachungen handelten, hatten ihm, dem glänzendsten Fürsten des Abendlandes, samt seinen ihn bewundernden Rittern und dem wohlgerüsteten, einem einzigen Herrn gehorchenden Heer für immer die Kraft gebrochen.

Ludwig XI. sorgte dafür, daß René von Lothringen ein Schweizer Heer zusammenziehen konnte, indem er fünf Sechstel des Soldes übernahm, um es in ein letztes Treffen mit seinem noch einmal sich rüstenden Gegner zu führen. Im Januar 1477 verlor Karl der Kühne bei Nancy seine dritte Schlacht gegen die Eidgenossen. Dabei verlor er auch das Leben, ohne daß ein Zeuge der Nachwelt über die Umstände seines Todes berichtet hätte. Man fand ihn zwei Tage nach der Schlacht, erschlagen und der Kleider beraubt, im gefrorenen Schlamm in der Nähe des Schlachtfeldes.

René von Lothringen errichtete an dieser Stelle eine Kapelle zur Erinnerung an den Gefallenen.

Als die Nachricht von der Niederlage zu Ludwig XI. drang, kam er – der gewohnt war, in den verzweifeltsten Situationen das ruhigste Lächeln zu bewahren –, so außer sich vor Freude, daß er die Haltung nur mit Mühe bewahren konnte (qu'à grand' peine sut-il quelle contenance tenir», sagt ein Augenzeuge).

Am gleichen Tage, als er die Bestätigung vom Tode Karls erhält, schreibt er an die Stadt Poitiers:

«Teure und liebe Freunde, wir senden euch diesen Brief und befehlen und verlangen ausdrücklich, daß unverzüglich ohne Aufenthalt eine Prozession veranstaltet werde, ganz so, wie ihr es gewohnt seid, die hohen Feierlichkeiten zu vollziehen, der guten und angenehmen Nachrichten wegen, die euch unsere Reiter überbringen vom Tode des Herzogs von Mailand und des Herzogs von Burgund, unserer gewesenen Feinde. Und deshalb wünschen wir, daß ihr dem Überbringer der guten Nachrichten zwanzig Pfund gebet ...»

Ludwig konnte nun die verfallenen Lehen einziehen und die an Burgund verlorenen Gebiete zurücknehmen und war von einer unentwegt drohenden Gefahr befreit. Habsburg aber zog mit Maria von Burgund, dem Patenkind Ludwigs, ein reiches Erbe an sich, das ihm unerhörten Machtzuwachs brachte.

Viele kritisieren die Eidgenossen, daß sie als die Einzigen unter den Siegern keine Früchte eingeheimst haben. Doch müßte man sich fragen, ob Früchte gesucht worden sind. Bei einzelnen Persönlichkeiten und einzelnen Orten war es ohne Zweifel der Fall. Aber die ernsten Handlungen des Ganzen der Eidgenossenschaft offenbaren noch einmal deren urtümliche Größe, so daß sie, wie unberührt von der ganzen Verwilderung der Triebe, als Zeugen des wahren eidgenössischen Wesens dastehen, welches unabhängig ist von äußerer Ausdehnung. Merkwürdigerweise hatte Niklaus von Diesbach, der am meisten den französischen Verlockungen verfallen war, das gleiche Schicksal wie der Zürcher Bürgermeister Stüßi, der seine Stadt an Österreich ausgeliefert hatte. Er fiel, an den Folgen eines Hufschlages und eines Seuchenanfalles, bevor die großen Entscheidungen erkämpft waren.

Mit Ausnahme einiger Orte mußten alle im Waadtland gemachten bernerischen Eroberungen gegen Entschädigungen wieder an Savoyen zurückgegeben werden. Die ganze Westschweiz war in das Schicksalsgefüge der Burgunderkriege hineinbezogen worden und blieb von nun an, trotz der nochmaligen Trennungen, in dieses eingeschlossen.

Aber fast schwerer als die äußere Probe war die innere, auf jene folgende zu bestehen.

Die Verteilung der Beute von Grandson, der aufgelockerte Trieb zum Waffenhandwerk, das eingestreute französische Gold und das anhebende Wetteifern der Fürsten, die Schweizer durch gewährte Ehren und Geschenke als Bundesgenossen zu gewinnen, drohten, die alten Zusammenhänge in ein Chaos überzuführen. In aller Schärfe trat dazu der alte Gegensatz zwischen Städten und Ländern an die Oberfläche und trennte die Bundesglieder in zwei Lager.

Die Länder fürchteten, in der Zukunft noch mehr als seit 1415 unter den Einfluß der städtischen Führung zu kommen und weigerten sich, Fribourg und Solothurn in den Bund aufzunehmen, die doch durch die Schicksale des beendigten Krieges besonders enge an Bern angeschlossen worden waren und jetzt um Aufnahme als ordentliche Bundesglieder nachsuchten. Der Widerstand der Länder trieb schließlich die Städte dazu, ein gesondertes Burgrecht unter sich abzuschließen.

Die durch vier Jahre hindurch fast ununterbrochen geführten Verhandlungen vermochten keine Einigung herbeizuführen, noch weniger waren die feindseligen Eingriffe einzelner Orte in die Angelegenheiten anderer dazu imstande.

In den Weihnachtstagen des Jahres 1481 war man so weit gekommen, daß die Boten der letzten Tagsatzung, die man zusammengerufen hatte, erzürnt die Versammlung verließen und in den Herbergen Befehl gaben, die Pferde zu satteln. Jetzt, als man im Begriffe stand, nach Hause zu reiten mit der Meldung, daß die Eidgenossenschaft aufgelöst sei, und um die Sturmglocken zum Bruderkrieg läuten zu lassen, trat eine Gestalt auf und wendete das Schicksal.

Wie auf den Schlachtfeldern des Burgunderkrieges das Wesen der Eidgenossenschaft in seiner reinen Größe aus der bittern Not hervortrat, so wurden die Männer von Stans in dem Augenblick von dieser Größe berührt, als die alte Eidgenossenschaft sich auflöste.

Heini Am Grund, der Pfarrer von Stans, lief in die Herbergen und bat die Tagsatzungsboten, das Wort des Bruders Klaus, des Einsiedlers in der Ranft, abzuwarten. Er selbst eilte nach der Klause, um den Rat des milden Weisen zu holen und ihn den sich wieder versammelnden Boten zu überbringen.

Die Wirkung der Worte des Klausners waren so, daß nach einer Stunde vollzogen war, was jahrelange Beratungen und Diskussionen nicht vermocht hatten. Die Worte hatten die Boten der Eidgenossen das in den Tiefen waltende Wesen ihres Bundes fühlen lassen. Vor dessen Größe verstummte jeder enge Sonderwunsch.

Das Burgrecht der Städte wurde fallen gelassen, Fribourg und Solothurn empfing man als gleichberechtigte Glieder und nahm sie in die neugegründete Eidgenossenschaft hinein, als deren Zeichen das Stanser Verkommnis einhellig angenommen wurde.

Das Stanser Verkommnis ist die Verfassung der neuen Eidgenossenschaft, welche die alten Bünde ablöste, um in neuer Form in eine neue Zeit einzugehen. Die damals geschaffene Form hatte eine Dauer von drei Jahrhunderten.

Durch die französische Revolution wurde dann der Anlaß gegeben, wiederum nach einer Wandlung zu suchen.

NIKLAUS VON DER FLÜE

Über keinen der alten Eidgenossen sind uns so viele und vielseitige Zeugnisse aus der unmittelbaren Umgebung seines Wirkens erhalten wie über Niklaus von der Flüe. Unter diesen Zeugnissen ragen die Aussagen seines Freundes, des Pfarrers Heini Am Grund, nicht nur durch das Wunderbare ihres Inhaltes, sondern auch durch die sachgemäße und darum so eindringliche Form hervor. Während manches, was für die Akten der Heiligsprechungsprozesse niedergelegt worden ist, recht alltäglich klingt, aber doch nicht geglaubt werden kann, weil Schematismus und Aberglaube der Zeugen zu deutlich durchscheinen, trägt alles, was von Heini Am Grund stammt, die Prägung der unmittelbaren Erfahrung und den Ernst der Wahrheit. Nur wer eine Wahrheit meldet und auch Verständnis hat für sie, kann Bilder und Worte in solcher unerfindbaren Schlichtheit gestalten, wie es Heini Am Grund tut, wenn er wiedergibt, was ihm der Freund über seine frühesten Erinnerungen sagte. Im Sachseler Kirchenbuch finden sich darüber die folgenden Aussagen aufgeschrieben:

«Im Mutterleib, ehe er geboren war, habe Bruder Klaus einen Stern am Himmel gesehen, der die ganze Welt durchschien. Und seit er im Ranft gewohnt, habe er allwegen einen Stern am Himmel gesehen, der jenem gleich wäre. Das bedeute, wie er es auslegte, daß Bruder Klaus in der Welt so einen Schein mache.»

«Vor seiner Geburt, im Mutterschoß noch, sah er auch einen großen Stein, der bedeutet die Festigkeit und Stete seines Wesens, darin er beharren und von seinem Vorhaben nicht abgehen solle.»

«Dabei habe er im Mutterschoß das heilige Öl gesehen.»

An den Stern und den Felsen wird man wieder erinnert durch den Namen Niklaus von der Flüe. Niklaus hieß er nach dem heiligen Niklaus von Myra, der in Italien, in den Alpen- und Rheingegenden, sowie im östlich-slavischen Europa als Träger heilender Sternenweisheit große Verehrung genoß. Von der Flüe, oder von Flüe, hieß er nach seinem Besitztum. Und wenn man seine Tätigkeit und sein Wesen betrachtet innerhalb der Eidgenossenschaft, die zu seinen Lebzeiten die großen Mächte Österreich-Habsburg, Frankreich und Burgund als unerschütterlicher Fels abgewiesen hat, so kann man in ihm den Stern sehen, der in diese Eidgenossenschaft hineinschien und sie sichtbar durch sein Licht im schwierigsten Augenblick gerettet hat.

Der Ruf seines heiligen Lebens, das alles seiner Zeit Gewohnte überstrahlte, drang ebenso in die Welt hinaus wie der Ruf der Tapferkeit seiner Miteidgenossen. Wie diese nicht nur durch äußere Gewalt wirkten, sondern durch eine verborgene Kraft, die in allen großen Augenblicken auferstand, so war das Sichzurückziehen des Bruders Klaus in die Erdfurche des Ranft nicht eine Abkehr vom Leben: Es wurde dadurch die Geburt der Schweiz als Staatswesen ermöglicht.

Daß der Bruder Klaus und die Eidgenossen zusammengehörten, wußten gerade die Politiker der auswärtigen Mächte, die, wenn sie von jenen etwas nach ihrer Meinung Gerechtes wollten, sich in solchen Anliegen an ihn wandten.

Nicht nur allen fürstlichen und städtischen Nachbarn der Eidgenossen war er bekannt, auch Papst und Kaiser kümmerten sich um den Einsiedler.

Die Tatsache, daß in dem Augenblick, da die Eidgenossenschaft am Gewaltigsten nach außen auftrat, ein Geistesmensch wie der Einsiedler vom Ranft von den Eidgenossen zu Rate gezogen wurde und bei ihnen Verständnis fand, wirft ein Licht auf sie, das Bedeutsames offenbart. Daß ein ausländischer Gesandter, der den Eremiten besucht hatte, nach Hause schreiben konnte, er sei über dessen Weltkenntnis erstaunt, sagt wiederum vieles über den Bruder Klaus.

Wie die alten Eidgenossen trotz ihrer Kriegsgewalt die Verbindung mit dem Geiste nicht verloren hatten, so war der Einsiedler weit davon entfernt, nur sich zu dienen in der Zurückgezogenheit. Die Behörden mußten eingreifen, um ihn zu schützen vor der zu starken Beanspruchung durch Pilger, die seinen Rat in allen möglichen Angelegenheiten des Lebens suchten.

Durch alle diese Verhältnisse erweisen sich der Bruder Klaus und die alte Eidgenossenschaft als eng zusammengehörig. Auch die Tatsache, daß bei Niklaus von der Flüe etwas im Bereich des Individuums erscheint, was diesem sonst von außen zukommt, erinnert an die Eigentümlichkeit alteidgenössischen Wesens. Man ist gewöhnt, von den Müttern überragender Menschen zu hören, daß ihnen ein Vorgesicht die Geburt des Kindes verkündet habe. Das Wesen Joachims da Fiore zum Beispiel, des calabresischen Eremiten des XII. Jahrhunderts, der den Florenser Orden begründete, wurde seinen Eltern durch Traumbilder offenbart, die den Erinnerungsbildern des Niklaus von der Flüe nicht unähnlich sind. Die Mutter träumte vor des Kindes Geburt von einer schönen Gestalt in strahlendem Gewand, die ihr den zukünftigen Sohn ankündete und ihr von dessen Taufe sprach. Der Vater hingegen sah das Kind auf dem Altar der Michaelskirche stehen und so mächtig emporwachsen, daß sein Haupt das Dach der Kirche berührte.

Was hier in das träumende Bewußtsein der Eltern des Joachim hineinleuchtete, erscheint als klare Erinnerung bei Niklaus von der Flüe selbst.

Auch an die Taufe, die kurze Zeit nach der Geburt in Kerns stattfand – weil die Sachseler Kirche verwaist war – erinnerte sich Niklaus zurück. Er sah in aller Schärfe den Weg nach der Kirche, und er kannte alle beim Taufakt Anwesenden außer einem alten Mann, der dabeistand.

Über die Jugendzeit ist so gut wie nichts bekannt außer den Zeugenaussagen seines etwa zehn Jahre älteren Nachbarn Erny Roter, der die Bedürfnislosigkeit, die Milde und die strenge Einhaltung der Fasten schon für den jungen Niklaus hervorhebt. Aus allen Tatsachen geht eines unwiderleglich hervor, daß aus dem Kind ein tüchtiger Bauer heranwuchs, der von seinem Vater ein ansehnliches Besitztum übernahm, dieses sachgemäß bewirtschaftete und daraus eine große Familie ernährte. Daß er in wichtigen Geschäften seine Gemeinde vertrat, spricht deutlich genug dafür, daß er in seinem Bauernberuf wahrhaft zu Hause war, denn ohne dieses wäre jenes nicht denkbar.

Die Volkstradition und die ersten Biographen legen Wert darauf, Niklaus auch als Teilnehmer an einigen Kriegszügen zu schildern, zu denen er durch sein Land aufgeboten worden war. Gundoldingen, der ein Jahr nach dem Tode des Einsiedlers dessen Vita schrieb, läßt ihn Fähnrich, Rottmeister und Hauptmann sein. Daß er einige Auszüge mitgemacht hat, kann nicht bezweifelt werden, wenn auch nur die schlichte, den Stempel der Selbstverständlichkeit tragende Aussage seines Nachbarn als direktes Zeugnis vorliegt. Wichtiger als die Einzelheiten ist die Tatsache, daß ihn seine Zeitgenossen so erlebten, daß sie den Kriegsdienst ebenso als zu ihm gehörig dachten, wie die Erfüllung aller andern menschlichen Pflichten. Daß er bei der Eroberung des Thurgaus seine Tapferkeit nicht nur nach außen bewies, sondern als Rottmeister seine eigenen außer Rand und Band geratenen Landsleute von der Brandlegung des Klosters Katharinenthal abgehalten haben soll, erscheint für das Gesamtbild wichtig. Die Qualität seines Mutes findet darin ein Bild.

Daß er in seinen vierziger Jahren zu den Erfahrenen und Angesehenen des Landes gehörte, darüber sind nicht nur nachträgliche Berichte, sondern einige direkte, schriftliche Zeugnisse vorhanden.

Diese Dokumente bestätigen auch die Volkstradition, nach der Klaus als Richter tätig war. Er muß Angehöriger des Fünfzehner Gerichts gewesen sein. Nachweisbar hat er in einem Rechtshandel seine Kirchgenossen gegen den Kilchherrn vertreten, und in einem andern Rechtsstreit zwischen dem Kloster Engelberg und Stans vertrat er im Schiedsgericht sein Land.

Deutlich geht aus den Überlieferungen hervor, daß das Volk in ihm den Träger der vier moralischen Tugenden sah und dieses bildhaft in seinen Erzählungen zum Ausdruck brachte. Es sieht in ihm die Milde und Mäßigkeit, den besonnenen Mut, die weise Lebenserfahrung und die unbestechliche Gerechtigkeit.

Unter den schönsten Bildern, die uns über seine Geistesart aufklären, ist eines, das uns sein Verhältnis zu dem Rein-Geistigen zum Verständnis bringen kann. Es wird erzählt, daß er einmal beim Hüten der Herde in eine geistige Betrachtung versunken sei. Da habe er gesehen, wie eine Lilie aus seinem Munde wachse und, einen Wohlgeruch verbreitend, sich bis zum Himmel erhebe. Darauf seien aber die Tiere in seine Nähe gekommen, und ein außerordentlich schönes Roß habe seine Blicke auf sich gezogen. Dabei habe sich der Stengel der Lilie hinuntergebogen, und das Tier habe die leuchtende Blume verschlungen.

Aus dem Bild kommt uns die Stimmung der Geistsucher des ausgehenden Mittelalters – man könnte ebensogut sagen der beginnenden Neuzeit – entgegen, die als «Gottesfreunde» oder Angehörige verwandter Vereinigungen bekannt sind. Es wird in dieser Zeit und in diesen Bruderschaften ganz scharf darauf gesehen, daß sich das Streben nach dem Geiste reinlich scheide vom Leben im Irdischen. Beides mußte mit der gleichen Treue verrichtet werden, durfte sich aber nicht vermischen. Niklaus sieht in seiner Imagination, wie das

Meditieren, wenn es sich vermischt mit einer, wenn auch noch so harmlosen und liebenswürdigen Begierde, nicht dem Geiste dient, sondern das Tierische nährt. Sein Wohlgefallen an dem Lieblingspferd bog die zum Himmel steigende Blume hinunter zur Erde und diente dem Tier zur Nahrung.

Die geistigen Tugenden sah man zu seiner Zeit in anderer Weise in der Welt verankert als die irdischen. Was man nach der einen und der andern Richtung tat, mußte in reiner Hingabe, ohne Störung des einen durch das andere geschehen.

Die Augenblicke, die sich der Gottesfreund für seine Meditation aus dem Arbeitsleben heraussonderte, mußten ganz ohne irdische Sorgen und Begehrungen bleiben. Die irdische Pflicht hingegen mußte wiederum ohne direkte Einmischung des im Geiste Erfahrenen vollzogen werden. Eine indirekte Wirkung des Rein-Geistigen auf das Irdische ergab sich aber dadurch, daß die Seele durch jenes eine mächtige moralische Stärkung erfuhr.

Für Niklaus sollte dieses Gesetz auch zum Gesetz seines ganzen Schicksalsganges werden, und die Schärfe der Trennung zwischen erdgemäßem und geistgemäßem Leben sollte sich bei ihm im Großen, nicht nur im täglichen Wechsel ausdrücken.

Neunundvierzig Jahre lang lebte er innerhalb des bäuerlichen Betriebes auf dem Sachseler Berg. Als Kind wuchs er in ihn hinein, und als Mann stand er ihm vor. Das bedeutet eine reichliche Summe täglicher Arbeit, die auf Bauernhöfen schon in früher Jugendzeit einsetzt. Dazu kam in reifen Jahren die Beschäftigung mit öffentlichen Angelegenheiten, von der nicht nur die wenigen zufällig erhaltenen Dokumente sprechen, sondern vor allem seine später sich offenbarende Kenntnis der politischen Lage und Struktur sowohl seines engern Landes als auch der Bünde und selbst ganz Europas.

Dieses Leben, das ihm nur wenig Zeit übrig ließ für seine starken, nach der geistigen Seite des Daseins gerichteten Bedürfnisse, fand durch eine seltsame Krisis, die über ihn kam, einen jähen Abschluß. In seinem fünfzigsten Lebensjahr fühlte er sich wie entwurzelt und konnte keine rechte Beziehung mehr finden zu allem, was er tat. Er selbst nannte den Zustand eine Versuchung, die nicht duldete, daß er weder am Tage noch in der Nacht Ruhe fand. Selbst seine allernächsten Angehörigen wurden ihm lästig. Da kam «wie von ohngefähr» ein geistlicher Freund bei ihm vorbei, und sie besprachen die eingetretene Not. Der Freund wies ihn dann an, als er sah, daß Niklaus schon alle näher liegenden Mittel versucht hatte, sich der Betrachtung der Passion Christi zuzuwenden. Er gab ihm auch genauen Rat, wie die Meditationen auf die sieben kanonischen Stunden zu verteilen seien.

Der Rat erregte in Niklaus große Freude und erneuerte seine Hoffnung. Aber die Ausführung brachte sofort neue Erschwernisse. Es zeigte sich, daß sich nun das meditative Leben nicht mehr vertrug mit dem Beruf eines Bauern. Große Seelenqualen wurden ihm auferlegt. Deutlich zeigen selbst noch später auftretende Bilder, welcher Art diese waren. Er spürte klarer und klarer, daß er sich aus dem äußern Leben zurückziehen müsse, um den innern Frieden zu finden. Aber zugleich zweifelte er an der Gerechtigkeit dieses Triebes. Er fürchtete, seine Pflichten zu verletzen und einem eiteln Wunsche zu folgen. – Eine Gestalt, die ihm dieses vorhielt, sah er sogar noch, als er schon längst in einem neuen Leben Wurzel gefaßt hatte. –

Als er für sich selbst die Sicherheit gewonnen hatte, daß er «ins Elend» gehen müsse, verblieb ihm noch die schmerzliche Periode durchzuleben, während welcher er seine Angehörigen von der Notwendigkeit seines Vorhabens überzeugen mußte. Seinen Entschluß, sich vom äußern Leben abzuwenden, um sich völlig dem Geiste hinzugeben, führte er erst aus, als er im Einverständnis mit den Gliedern seiner Familie, die seine bisherigen Pflichten übernehmen mußten, das Haus verlassen konnte.

Mitte Oktober 1467 sind die Kämpfe so weit durchgekämpft, daß er in Frieden dahinziehen kann. Er verläßt seine Frau und die zehn Kinder wie ein Sterbender, der das irdische Leben verläßt, um in ein geistiges überzugehen. Alle äußern Verhältnisse hat er geordnet, wie einer, der mit vollem Bewußtsein in den Tod geht. Eine Art Testament gab dem Leben seiner Familie die weitere Richtung. Die ältesten Söhne sind erwachsen und können den Betrieb weiterführen. Das jüngste Kind ist erst vier Monate alt. Für sich selbst sorgt er nur in der Weise, wie ein Sterbender für sich sorgt. Er beansprucht nichts von seinem Besitztum für sich. Durch eigenen Willen faßt er den Entschluß, der sonst beim gewöhnlichen Tod im Schicksal liegt, nie mehr den Fuß auf die Schwelle seines Hauses zu setzen.

Durch eine Art bewußten Sterbens sondert er sich aus dem vergangenen Leben heraus.

Er wendet sich nach dem Elsaß und begibt sich also auf die Straße, auf der damals die Botschaften zwischen den Gottesfreunden hin- und hergingen. In Straßburg, Basel und in den obern Landen, also im Gebiet, wo Niklaus aufgewachsen war, lagen zu jener Zeit wichtige Zentren der Strömung. Zwar der berühmte Gottesfreund vom Oberland, dessen Haus die Johanniter von Straßburg, seine Zeitgenossen, in der Nähe von Engelberg vermuteten, lebte nach menschlichem Ermessen zu Zeiten des Niklaus von der Flüe nicht mehr. Aber nicht nur die in Sarnen aufgefundene Predigtsammlung des Gottesfreundes Fridauer, sondern viele lebendige Nachwirkungen sind Zeugnis dafür, daß in der Innerschweiz die Strömung unter Geistlichen und Laien noch lange weiterging.

Alle Vorgänge und Umstände der Schicksalsgestaltung seit dem Einsetzen der Krisis bis zur Gründung der Klause erinnern an die Bilder, die aus Schriften der Gottesfreunde aus dem XIV. Jahrhundert bekannt sind. Im «Straßburger Briefbuch», in dem Briefe des der Welt unbekannt gebliebenen Gottesfreundes vom Oberland und eine Schrift des Ruolman Merswin, der mit jenem in Verbindung gestanden hatte, gesammelt sind, werden unter anderem die Wege einiger Männer geschildert, die durch Krisen und Prüfungen hindurchschritten, die sich dem Sterben vergleichen lassen. Die gleichen oder ähnliche Prüfungen macht Niklaus von der Flüe durch. Ja, es scheint sogar, als ob alles, was dort auf fünf Menschen verteilt ist, sich abgekürzt und konzentriert noch einmal an Bruder Klaus zeigen wolle.

Einer der dort geschilderten Männer macht durch achtzehn Jahre hindurch die Übungen der Betrachtung des Leidens Christi. Ein anderer wird durch die Bindungen der Familie verhindert, sich dem geistigen Leben hinzugeben, wie es sein Trieb und Wunsch erstrebt, und der Gottesfreund widerrät ihm, ohne «Urlaub seiner Frau» das Haus zu verlassen, und verweist ihm auch unnötige Kasteiungen. Jene Männer treten zu dem Gottesfreund vom Oberland in ähnliche Beziehungen wie Klaus zu seinem geistlichen Freund; selbst das geheimnisvolle, wie zufällige Zusammentreffen im Moment der innern Krisis findet sich auch dort. Aber ein großer Unterschied ist trotzdem da. Während das Verhältnis zum Gottesfreund vom Oberland zu einer dauernden Schülerschaft und schließlich zu einer Gesellschaft oder einem Geistesbund führt, erscheint Niklaus von der Flüe allein und selbständig den weitern Weg suchend, sobald ihm die Richtung gewiesen ist. Eigene Einsichten, die er vielmals in Bildern erlebt, weisen ihm die kommenden Aufgaben zu.

Nachdem er das Haus verlassen hat, geht er als Wallbruder in die Welt hinaus, nicht ziellos, sondern in einer merkwürdigen Übereinstimmung mit all dem, was von den christlichen Missionaren aus Irland, die sieben oder acht Jahrhunderte früher vom Elsaß her nach der Innerschweiz gekommen waren, überliefert ist. Auffallenderweise hat die Tradition gerade die Bilder festgehalten, die an jene alten Zeiten erinnern. Der bei den Iren vor allem verehrte Pilgerstab der heiligen Wanderer sollte auch hier zu einer hochgeschätzten Reliquie werden, obwohl Niklaus schon in Liestal zur Umkehr bewogen wurde. Erlebnisse von der Art, die einmal Columban und seinen Gefährten nach der spätern Schweiz geführt und Gallus darin zurückbehalten hatten, treten im Baselland an den Pilger heran:

Er sieht Liestal in Feuersgluten, und trotzdem es kein materielles Feuer ist, geht er nicht hinein.

Der Bauer eines Lausener Gehöftes, bei dem er Unterkunft sucht, und mit dem er über seine Absichten spricht, rät ihm davon ab, die Wanderschaft fortzusetzen. Die Worte des Bauern machen einen so starken Eindruck auf Niklaus, daß er wieder ins freie Feld hinaus geht. Hier erscheint ihm nach dem Einschlafen ein Glanz und ein Schein vom Himmel, der ihm den Leib «auftat», wovon er einen solchen Schmerz erlitt, als sei ihm der Leib mit einem Messer aufgeschnitten worden. Dieses zeigt ihm, daß er wieder heim in den Ranft gehen solle, um daselbst Gott zu dienen.

Aber er kehrt nicht in sein Wohnhaus zurück, sondern irrt in Wäldern, Schluchten und Klüften des wilden Melchthals herum, wo er die letzten, schweren Versuchungen durch Gebetsübungen überwindet. Ein Jäger fand ihn innerhalb Dornengestrüpps und wilden Strauchwerks, und von nun an hatte er noch die Neugierde und die guten Räte der Menschen zu erdulden, was ihn in noch größere Wüsteneien trieb. Aber schließlich zeigte ihm eine Lichterscheinung den Ort im Ranft, wo er sich niederlassen solle.

Jäger, Dornen, Klüfte, Einsiedelei sind lauter Bilder, die an die heilige Odilie, an den heiligen Gallus und an den heiligen Beatus gemahnen. Auch der Bär, der zu diesen Gestalten gehört, erscheint mit Klaus verbunden.

Das Zeichen, das ihn in den Ranft wies, bestimmte sein ferneres Schicksal. Hier, in der schluchtähnlichen Vertiefung in der Erde setzte er sich für sein ganzes ferneres Erdenleben an einem Punkt fest, um durch den Geist umso weitere Räume zu durchmessen. Mit Hilfe der Leute der Umgegend baute er sich zunächst eine kleine Zelle. Aber schon nach einem Jahr errichtete sein Land auf Grund eines Beschlusses der Landsgemeinde eine Einsiedelei mit angeschlossener Kapelle. Die Kapelle wurde im Frühjahr 1469, also anderthalb Jahre nach dem Auszug des Bruder Klaus aus seinem Hause, durch den vom zuständigen Diözesenbischof abgeordneten Weihbischof konsekriert.

Es ist ein eigentümliches Zusammentreffen, daß sich der Eidgenosse, der sich am ausschließlichsten dem Geiste widmen will, in dem Moment vom äußern Leben zurückzieht und sich inmitten des Landes an einem Punkte festsetzt, als das äußere Schicksal der Eidgenossenschaft die bestimmte Wendung auf die Burgunderkriege zu nimmt.

Im Jahre 1468 wurden der Waldshuter Frieden zwischen den Eidgenossen und Österreich und der Frieden von Péronne zwischen Frankreich und Burgund abgeschlossen. Beide Ereignisse hatten die Keime in sich, die sich zu den kriegerischen Entwickelungen zwischen Burgund und der Schweiz auswachsen mußten. Keiner der beiden Friedensschlüsse basierte auf der Wirklichkeit, sondern verbarg diese auf die gefährlichste Weise. Österreich und Frankreich wußten sich aus der Affaire herauszuziehen und den Konflikt auf die zwei andern Mächte abzuwälzen, von denen die eine – Burgund – zerschmettert wurde. Damit trat die Schweiz am gewaltigsten in die Außenwelt hinaus, und von diesem Zeitpunkt an beginnt das Ausschwärmen der schweizerischen Reisläufer über die Welt hin.

Der Sundgauer Zug und alle Handlungen des Burgunder Krieges außer den drei schicksalbestimmenden Schlachten offenbaren, daß die Entwickelung des schweizerischen Volkes an einem Punkt angelangt war, wo die alte, im Innern tätig gewesene Kraft nach außen branden will und zu verwildern droht.

Aber wie in großen Augenblicken das Alte plötzlich wieder auftaucht und wirkliches, opferbereites Heldentum erzeugt, so offenbart sich die geistige Seite jener Schweiz an der einmaligen Erscheinung des Bruder Klaus. Dieser geht in die Armut, als seine Miteidgenossen Reichtum und äußere Macht erwerben. Er stärkt seinen Geist, als jene alle Stärke in die Kriegsgewalt ergießen. Er bezieht eine Klause, als jene beginnen in die Welt zu laufen. Er ist die Besinnung im Tatendrang, die Stille im Sturm, der Friede im Streit.

Das Zusammengehen der Vielheit der Eidgenossen mit dem Einen im Ranft offenbart in aller Deutlichkeit, was im Verborgenen immer da war. Nur wird jetzt historisch, was bis dahin legendarisch geblieben war.

Ein geistiger Strom wird nun an einem Träger sichtbar samt der Verbindung dieses Stromes mit der Eidgenossenschaft. Seit vielen Jahrhunderten war er in deren Gebiet wirksam und trat nun in die Sichtbarkeit hinauf. Bis dahin war nur aus den Bildern der Legende zu lesen, was in den Tiefen der Geschichte dahinfloß. In dem Lande, wo Beatus, der Drachenüberwinder, gewirkt und wo der ältere Winkelried den Drachen getötet hatte; in dem Lande, aus dem der jüngere Winkelried stammte, stand nun einer auf, der den innern Drachen überwand und sich dadurch Bahn brach zu jener Weisheit, deren seine Miteidgenossen in der schwierigsten und gefährlichsten Stunde des Bundes bedürftig waren.

Der Geschichte, die nur den äußern Ereignissen nachgeht, erscheint der Mann, der in den Weihnachtstagen 1481 als Vater des Vaterlandes gefeiert wurde, an den in allen Teilen der neugeborenen Schweiz in Dankbarkeit gedacht wurde, und an den die Regierungen Geschenke für die Errettung aus der Not sandten, als ein Tor.

Der Tell hatte sich selber als Tor bezeichnet, als er mit Geßler zusammentraf und zwar so, daß man genau erkennen kann, daß er sowohl den «Witz» wie die «Torheit» kannte.

Bei Niklaus sehen wir deutlich die gleiche Zweiheit – aber zeitgemäß verwandelt – im Lichte der Geschichte erscheinen. Im ersten Teil seines Lebens widmet sich Niklaus vorzugsweise den äußern Pflichten, die ein hohes Maß gesunden Witzes oder Verstandes von ihm erfordern. Im zweiten Teil lebt er ein Dasein, das vom Standpunkt des Verstandes als Torheit erscheint, aber aus diesem Leben erfließt die Leistung für den Bund, für die ihm seine Zeitgenossen aus vollem Bewußtsein dankten. Wie der Tell läßt er beide Kräfte der Seele nebeneinander walten. Obwohl naturgemäß nur wenige Zeugnisse erhalten sind von seinem Leben im Ranft, genügen sie doch, um uns sichtbar werden zu lassen, daß er seinen klaren, die äußern Dinge durchdringenden Verstand mitgenommen hatte in das «törichte» Leben. Seiner eigenen Familie bleibt er der Rater, wie seinem Land. Ja, sein Rat in irdischen Dingen wird von einem stets sich vergrößernden Umkreis gesucht.

Es kann einen tiefen Eindruck machen, wenn man darauf sieht, daß ein Zeitgenosse des Niklaus von der Flüe einen großen, europäischen Versuch machte, die soziale Ordnung aus der Krisis der beginnenden Neuzeit zu retten aus Einsichten heraus, die aus der gleichen Welt stammen wie die des Einsiedlers, der im Jahre 1481 den Bund der Eidgenossen gerettet hat. Es ist Niklaus von Kues, der schon als junger Mann am Basler Konzil eine wichtige Rolle spielte. Er war als Jüngling aus einer Schule hervorgegangen, in der ähnliche Impulse wirksam waren wie die der Gottesfreunde, aus der «Schule der Brüder des gemeinsamen Lebens» in Deventer. In Padua erlangte er das Wissen, das die fortschrittlichen Gedanken seiner Zeit in sich trug. Er war der erste, der die Ansicht äußerte, daß die Erde Kugelgestalt habe und ein Stern unter Sternen sei, eine Lehre, die dann von Kopernikus wissenschaftlich begründet wurde.

Nachdem er in den Priesterstand übergetreten war, führte ihn eine rasche Laufbahn bis zur Kardinalswürde. Diese Laufbahn stellte ihn aber auch mitten in die sozialen Nöte seiner Zeit hinein. Die Qualen, die ihm die Frage nach der Einheit der in Nationen und Religionen gespaltenen Menschheit bereitete, erreichten ein Maß, das den Nöten der Gottesfreunde vor ihrer Wandlung vergleichbar ist. Er gelangte auf einer Seereise zu Einsichten, die er in ähnlicher Weise beschreibt, wie es die Gottesfreunde tun, wenn sie von dem Inhalt des «neuen Lebens» sprechen. Auch er zog sich nach dem Einbrechen der «göttlichen Eingebung», wie er jene Einsichten nannte, in die Einsamkeit eines Klosters zurück. Dort arbeitete er die «Docta Ignorantia» die «Gelehrte Unwissenheit» aus. Dieser zukunftsgerichtete Geist ist zur Einsicht gekommen, daß die Wurzel des sozialen Lebens, die höhere

Einheit der Menschen, nur erkannt werden kann außerhalb der Wissenschaft. Die wissenschaftlichen Gedanken – der Verstand oder der Witz – sind dazu nicht befähigt. Im Gebiete der «Ignorantia», also der Torheit, aber nur dann, wenn man in diesem Gebiet bewußt leben kann, findet man die Überwindung der Trennung. Dieser Kardinal Niklaus von Kues, der die Welt von Konstantinopel bis Holland in hohen Missionen bereist hatte und die Mächtigen, aber auch die subtilsten Geister seiner Zeit kannte, versuchte mit allen Kräften seiner Seele und ausgestattet mit den höchsten äußern Vollmachten, eine Reformation der Kirche durchzuführen. Aber seiner Geistesart ist die damals maßgebende Welt der führenden Leute Europas nicht offen.

Rudolf Steiner widmet Niklaus von Kues ein Kapitel seiner Schrift «Die Mystik im Aufgange des neuzeitlichen Geisteslebens und ihr Verhältnis zur modernen Weltanschauung». Er nennt ihn darin «ein herrlich leuchtendes Gestirn am Himmel mittelalterlichen Geisteslebens» und zeigt, wie sich der Kardinal auf den Weg begeben hat, die Wissenschaft selbst auf einer neuen Stufe zu erleben, wo sie Nicht-Wissenschaft, also Ignorantia vom Standpunkt des gewöhnlichen Wissens aus sein muß. Wie Faust zu Mephistopheles sagt «In deinem Nichts hoff' ich das All zu finden», so sagt der auf höherer Stufe schauende, echte Mystiker zur gewöhnlichen Wissenschaft «Wo du nicht mehr hinreichst mit deiner Kraft, wo dein Nichts liegt, beginnt das neu errungene, bewußte Leben.»

Ein Satz in dem erwähnten Buch Rudolf Steiners über die Gottesfreundschaft wirft ein bedeutsames Licht auf das Wesen derselben: «Nicht bereichert wird die Naturerkenntnis durch das Gotteswissen, sondern verwandelt. Nicht anderes weiß der Gotteserkenner als der Naturerkenner, sondern er weiß anders.»

Die Andersartigkeit des Erkennens ist das, worauf es ankommt. Sein abstrakter Inhalt kann daher wohl beurteilt werden von der Wissenschaft, wenn sich diese bewußt ist, daß dieser Inhalt gar nicht das Wesentliche ist, sondern das geistige Leben, das darin pulst. Die Richtung zum Verstehen dieses Verhältnisses kann man in einer Tatsache des gewöhnlichen Lebens sehen. Ein Arzt oder ein Ingenieur, die zwanzig Jahre in der Praxis gestanden haben, würden kaum mehr imstande sein, alle die Examina zu bestehen, die sie einmal als junge Leute durchgemacht haben zwischen Matura und Staatsexamen. Sie wissen viel weniger als die jungen Studenten. Was sie diesen abstrakt mitteilen können, reicht vielleicht nur für das Examen in einem einzigen Fach. Aber sie wissen anders, dadurch daß ihr Wissen in langer Erfahrung verwurzelt ist; ihr Wissen, vielleicht gering an Umfang, ist tiefer und dem Leben näher und daher kostbarer als die gesamte Summe dessen, was sie einmal vor dem Eintritt in das Berufsleben gewußt haben.

Was die Gottesfreunde besessen haben, ist nicht nur außerhalb des abstrakten Wissens, sondern auch jenseits der äußern Erfahrung verwurzelt. Der Bruder Ulrich, der sich im Mösli in der Nähe des Bruder Klaus niedergelassen hatte und der «gelehrter» war als dieser, sagte zu dem ihn besuchenden Albrecht von Bonstetten: «Dieser mein Mitbruder (Klaus) hat bereits über den Jordan gesetzt; ich armer Sünder wohne noch dieshalb.» Ulrich braucht das Bild des Übersetzens über den Jordan für das Erreichen der Bewußtseinstufe des Bruder Klaus.

Jener Satz Rudolf Steiners macht es auch begreiflich, daß die Gottesfreundliteratur so ganz erfüllt ist von den innern Kämpfen derjenigen, die das vertiefte Wissen erringen wollen. Es soll den Lesern der Weg gewiesen werden zu der Vertiefung. Nicht von andern gefundene Wissensinhalte wollen verbreitet, sondern der Weg zu ihnen soll offenbar gemacht werden. Dieser mittelalterliche Erkenntnisweg ging über die Reinigung des moralischen Wesens. Das «Moralisieren» der Gottesfreunde, also auch des Bruder Klaus, erscheint langweilig und leer, so lange man es nicht ernst nimmt. Jede moralische Sentenz ist phrasenhaft unwirklich, so lange sie als abstrakter Gedanke genommen wird. Sie bekommt aber eine Wirklichkeit, die mindestens so kräftig dasteht wie ein Felsengebirge, sobald man sie ernst nimmt und sie im alltäglichen Leben zu verwirklichen trachtet. Für die Gottesfreunde war Gethsemane wichtiger und höher als der Kreuzestod, der für sie als Folge des freien Entschlusses zum Opfer sich ereignete.

Der freie Entschluß gehört zum wahrhaft moralischen Tun, und dieses führt in Kämpfe hinein, die zur Kreuzaufnahme und durch den Tod hindurch führen können. Jenseits des «mystischen Todes» beginnt ein neues Leben mit neuem Bewußtsein, von dem das diesseitige nur ein Schatten ist.

Wie zu Zeiten des Minnesanges und der hochmittelalterlichen Mystik wahre und scheinbare «Troubadours», also Geistfinder, auftraten, so gab es – nach dem Ausdruck des Verfassers der «Theologia Deutsch» – in der beginnenden Neuzeit «die wahrhaften, gerechten Gottesfreunde und auch die ungerechten, falschen freien Geister, die der heiligen Kirche gar schädlich sind». Die falschen freien Geister sind diejenigen, die genau so reden und auftreten wie die Gottesfreunde, ohne aber «im neuen Leben» verankert zu sein, oder – nach Ulrich vom Mösli – ohne «über den Jordan gesetzt zu haben». Der wahrhaftigen Gottesfreunde gab es nur wenige, aber ihre Anhängerschaft unter Geistlichen und Laien, unter Vornehmen und Geringen war weit verbreitet, besonders im ganzen Gebiet, das einmal zum Reiche Lothars gehört hatte.

Es ist daher nicht zu verwundern, daß wir unter den Besuchern des Ranft, die Berichte hinterlassen haben und uns daher aus dem ganzen Pilgerstrom heraus sichtbar werden, eine Reihe hochgebildeter Männer finden, die aus verschiedenen Gegenden kamen und an verschiedenen Orten von dem Gottesfreunde in Unterwalden gehört hatten.

Was, von uns aus gesehen, sehr verwunderlich erscheint, daß sich fremde Herrschaften an Niklaus wandten um Rat und Vermittlung in politischen Dingen, das wird etwas weniger verwunderlich, wenn es von seiten der Gottesfreundschaft angesehen wird. Aus dem Straßburger Briefbuch geht hervor, daß der «gottesfrunt in oberlant» sich in den Gang der Weltgeschichte eingelebt hatte. Seine Weisheit war nicht abgetrennt vom Gang der Welt. Wie so manches erscheint auch dieses im Widerspruch mit dem, was man in abstrakter Weise aus den Worten herauslesen könnte, die so oft vom «Verlassen der Welt» sprechen. Dieses «Verlassen» scheint nur das Verlassen der Oberfläche zu bedeuten, denn in Wirklichkeit sieht man diese Menschen im Zusammenhang mit den tiefsten historischen Kräften. Jener Gottesfreund vom Oberland ging aus eigener Einsicht mit einem seiner «Gesellen», einem Juristen, im Jahre 1378 nach Rom zu Papst Gregor XI. Die Straßburger Johanniter, unter denen Männer aus Häusern waren, in denen man wohl eingeweiht war in die historischen Dinge, hielten es für ein Verdienst der Gottesfreunde, daß die Welt durch die damals anhebende Krisis hindurchgeführt werden konnte.

– Die Beweisführung Denifles für die Nichtexistenz dieser Männer ist nur für jene Oberfläche gültig, wo sie tatsächlich nicht zu finden sind. –

Bei Niklaus von der Flüe treten wenigstens einige Ereignisse so weit in den Bereich des historischen Lichtes hinein, daß sie nicht abgeleugnet werden können, aber zugleich so undeutlich, daß man gezwungen ist, einzusehen, daß es noch Dinge unter der gewöhnlich betrachteten Oberfläche gab, die an der Gestaltung der Geschichte arbeiteten.

Vockinger macht in seinem Bruder-Klausen-Buch darauf aufmerksam, daß gerade in der Zeit der Verhandlungen über die Ewige Richtung, den Frieden mit Österreich, der die vererbte Feindschaft zwischen Habsburg und Eidgenossen auslöschen sollte, Geschenke des Sigismund von Tirol im Ranft anlangen. Das führt zur Vermutung, daß Niklaus als Vermittler angegangen worden ist. Zahlreiche Botschaften und Geschenke eidgenössischer Orte nach der Klause des Eremiten sind ebenso nachweisbar, ohne daß man im Einzelnen ins Bild gesetzt würde, welche Aufgaben Klaus zu erfüllen hatte. Am auffälligsten ist dieses Verhältnis für den historischen Augenblick von 1481, wo jedweder Mitbeteiligte im Bewußtsein trug, daß es das Dazwischentreten des Bruder Klaus war, das den Bund gerettet hatte. Trotzdem dieses Bewußtsein überall zutage tritt, spricht niemand im Genauern davon, wie es im Einzelnen zugegangen war. Das Einzelne und Zufällige muß der damaligen Mitwelt im Vergleich zu der Tatsache als unwesentlich erschienen sein.

Charakteristisch dafür sind die Anfangsworte des «Abschiedes» der Tagsatzung von Stans: «... des ersten heimbringen die Treu, Müh und Arbeit, so der fromm Mann Bruder Klaus in diesen Dingen getan hat; ihm dessen treulich zu danken, wie jeder Ratsbote des nähern zu sagen weiß.»

Als das Erste, was zu sagen war in diesem Augenblick, erschien den Tagsatzungsherren die Mitteilung von der Mitwirkung des Bruder Klaus, die das Verhängnis abgewendet hatte. Aber was darüber zu sagen war, das mußte man jedem Mitbeteiligten selber überlassen.

In Übereinstimmung mit dem Tagsatzungsbericht ist alles, was uns von den Zeitgenossen des Ereignisses erhalten ist. Hans vom Stall, der Solothurner Stadtschreiber, der in Stans dabei war, schreibt neun Tage nach dem 22. Dezember noch ganz aus der Stimmung des Ereignisses heraus an den Rat von Mülhausen:

«Bruder Klaus hat wohl gewirkt und ich wohl gehandelt: Es ist groß Freud in allen Landen und Freudläuten und Singen der Einhelligkeit. Und es möcht wohl gut sein, Ihr ließet das auch verkünden. Gott loben und Freud läuten und Singen wegen der Einigkeit und des Bundes, so in der ganzen Eidgenossenschaft gemacht ist, denn allenthalben hat man freudgeläutet und gesungen ...»

Schon am Morgen nach dem Abschluß der Verträge schreibt der Statthalter und Rat von Schwyz einen nicht minder freudeerfüllten offiziellen Brief an die Freunde von Rapperswil.

Das Weitläufigste, was wir vernehmen über das Wirken von Bruder Klaus, enthält ein Brief von Solothurn an ihn, worin es heißt:

«Ehrwürdiger und andächtiger Bruder! Wir Schultheiß und Rat zu Solothurn empfehlen uns getreulich in Euer Gebet. Wir sind berichtet, daß Ihr durch Gnade des allmächtigen Gottes und seiner lieben Mutter in der ganzen Eidgenossenschaft Friede, Ruhe und Einhelligkeit gemacht habt durch Euern getreuen Rat und Unterricht. Und daß Ihr soviel Gutes Unserthalb geredet, daß wir jetzt verbrüdert sind in einem ewigen Bund mit gesamter Eidgenossenschaft. Des sagen wir billig dem wahren Gott und dem ganzen himmlischen Heer und Euch als Liebhaber des Friedens groß Lob und Dank. ...»

Auch sämtliche Lebensbeschreibungen, die noch die Atmosphäre der damaligen Zeit in sich haben, bestätigen einhellig, daß man allgemein wußte, daß dem Rat und dem Unterricht des Bruder Klaus der Bund der gesamten Eidgenossen zu verdanken sei, aber niemand von den Zeitgenossen nimmt sich die Mühe zu erzählen und genau zu berichten, wie der Rat und der Unterricht im Einzelnen ausgesehen habe. Nicht einmal über die Aufeinanderfolge der dramatischen Vorgänge hat Heini am Grund, der Vermittler zwischen dem Klausner und den Boten der Orte, oder einer dieser Boten genauen Bericht hinterlassen.

Alles das ist aber im Einklang mit der ganzen Entwickelung der alten Eidgenossenschaft.

Die Eidgenossen setzen keine Berichte auf über das, was sie dem tiefern Wesen nach nicht in gewöhnliche Gedanken umsetzen können. Die auf uns gekommenen Berichte über die entscheidendsten und am meisten die Zeitgenossen erschütternden Schlachten stammen nicht von den Teilnehmern, ja, die allermeisten nicht einmal von Eidgenossen.

Die ganze mittelalterliche Gesetzgebung der Bünde, so weit sie schriftlich fixiert war, ist dem äußern Ansehen nach kümmerlich. Was niedergeschrieben wurde, war nur ein Zeichen für etwas Großartiges, in dem jeder lebte, und das jedem moralisch reifen Eidgenossen befähigte, Recht zu finden.

Nicht ein amtliches Protokoll konnte sagen, was durch Bruder Klaus geschehen war, nur die Boten, die es miterlebt hatten, waren dazu imstande durch ihr lebendiges Wort, jeder auf seine Weise. Darum kann auch das Stanser Verkommnis, wie alle alten Bundesbriefe, nicht mehr sein als Zeichen von dem, was das Wesen des Bundes war. Die oft kritisierten Artikel des Stanser Verkommnisses wären niemals imstande gewesen, eine so komplizierte Gemeinschaft zusammenzuhalten, wie es die unter seinem Zeichen neuerstandene Eidgenossenschaft war. Wäre nicht der Geist gewesen, dessen Träger nur der Mensch sein kann – wie das eigentliche Eingreifen des Bruder Klaus nur von den Tagherren selbst, nicht aber von einem Brief zu andern getragen werden konnte – das Werk von 1481 hätte nicht drei Jahrhunderte bestehen können.

Wie die alte Eidgenossenschaft, so bleibt das ganze Leben des Bruder Klaus zur Hälfte im Geheimnis, trotz der dicken Bände gesammelter Dokumente. Alles, was man in diesen findet, ist immer nur Zeichen einer tiefern Wirklichkeit, die nicht erschlossen werden kann, weil sie nicht bloß gedankenhaft ist.

Man überschreitet eigentlich schon das wirklich Erschließbare, wenn man behauptet, der Bruder Klaus habe weder lesen noch schreiben können. Er empfing und verschickte Briefe, führte sogar, als die Notwendigkeit sich dafür einstellte, ein eigenes Siegel. Aber niemand berichtet davon, daß er die Briefe selbst gelesen hätte, auch ist kein Buchstabe erhalten, der bezeugterweise von ihm stammen würde. Seine Bibliothek bestand nur aus zwei Büchern, die ohne Buchstaben waren. Das eine Buch soll nur drei verschiedenfarbige Blätter gehabt haben, deren jedes eine Seite des Menschen bedeutete. Das andere ist die berühmte Tafel, die schon die Zeitgenossen stark beschäftigt hat. Auch diese ist nicht in Buchstabenschrift verfaßt. Wie manches andere, bleibt die Frage nach der Schreibkunst des Eremiten – wenn man sich überhaupt bemüßigt fühlt, sie zu stellen – offen.

Aber auch vieles von dem, was der Bruder Klaus wirklich aus seinen Büchern gelesen hat, bleibt uns verborgen.

Die Betrachtungstafel, die seit 1608 in der Sachseler Kirche hängt, braucht nicht in der Hinsicht untersucht zu werden, ob gerade diese materielle Tafel jemals im Ranft gewesen sei. Es genügt die Tatsache, daß sie nach Stil und Inhalt in die Zeit des Bruder Klaus gehört, daß sie inhaltlich durch einen Druck aus dem Jahr 1488 wiedergegeben ist und daß aus den erhaltenen Gesprächen des Klausners der Bildinhalt erfühlbar wird.

Nach der Angabe des Eremiten ging ihm das Geheimnis, das symbolisch durch die Grundform des Bildes festgehalten ist, in einer ihn niederschmetternden Vision auf.

Die Grundform besteht aus zwei Kreisen: einem innern, in dem ein Menschenhaupt erscheint, und einem äußern, größern. Im Zwischenraum der beiden Kreise sind zweimal drei Strahlen – Radien – in den Diagonalrichtungen eines regelmäßigen Sechseckes angeordnet. Drei von diesen Strahlen verbreitern sich nach außen und sind so gerichtet, daß ihre Enden die Ecken eines mit der Spitze nach unten gerichteten regelmäßigen Dreiecks bilden. Die drei andern spitzen sich nach außen zu, und ihre Endpunkte bilden die Ecken eines nach oben gerichteten Dreiecks. Es wird so das vielverwendete Symbolum des Hexagrammes, zwar nicht gezeichnet, aber bestimmt.

Einige Sätze von Kepler, dem Begründer der mathematischen Astronomie, sagen uns, daß derartige Symbole vor einigen Jahrhunderten gerade von den fortgeschrittensten Geistern gehandhabt worden sind. «In der ganzen Schöpfung findet sich eine herrliche, wundervolle Harmonie und zwar sowohl im Sinnlichen als im Übersinnlichen, in Ideen sowohl als in Sachen, im Reiche der Natur und der Gnade. Diese Harmonie findet sowohl in den Dingen selbst, als auch in den Verhältnissen zueinander statt. Die höchste Harmonie ist Gott, und er hat allen Seelen eine innere Harmonie als sein Bild eingedrückt. Die Zahlen, die Figuren, die Gestirne, die Natur überhaupt harmonieren mit gewissen Geheimnissen der christlichen Religion. Wie es zum Beispiel in dem Weltall drei ruhende Dinge: Sonne, Fixsterne und das Intermedium gibt, und alles übrige beweglich ist, so ist in dem einigen Gott: Vater, Sohn und Geist. Die Kugel stellt gleichfalls die Dreieinigkeit dar (der Vater ist das Zentrum, der Sohn die Oberfläche, der Geist die Gleichheit der Distanz des Zentrums von der Oberfläche = der Radius), sowie noch andere Geheimnisse.»

Die Harmonien, von denen Kepler in Gedanken spricht, findet der Bruder Klaus in Bildern. Durch das gleiche Symbolum, Kreis (oder Kugel), Mittelpunkt und Radien tönen beide diese Harmonien an. Für den tiefern Sinn ist es gleichgültig, ob die Zusammenhänge in mittelalterlichen Bildern ausgesprochen werden – Goethe verwendet solche sogar für den Schluß des Faustdramas, in welchem doch der eigentlich moderne Mensch dargestellt ist – oder in philosophisch mathematischen Gedanken. Bilder und Gedanken sind nur das Äußere. Es ist wohl beachtenswert, daß Niklaus von der Flüe, der noch den mittelalterlichen Weg zum Geiste beschreitet, dazu gelangt, ein Symbolum in den Mittelpunkt seiner Betrachtungen zu stellen, das wir wiederfinden in der Welt eines Kepler.

Von diesem Gesichtspunkt aus erscheint es auch von Bedeutung, eine Bemerkung Mings zu beachten, die er in seiner Arbeit «Niklaus von der Flüe» über die Betrachtungstafel des Eremiten macht. Er weist auf eine mündliche Tradition hin, wonach dieser das Vaterunser zu beten pflegte an Hand der Tafel. Nach den Andeutungen Mings begann er damit, daß er sich bei den ersten Worten: «Vater unser, der Du bist im Himmel» in den Mittelpunkt versenkte – dieser ist hier das Antlitz im innern Kreise – und dann bei den drei ersten Bitten das nach unten weisende Dreieck des Hexagramms durchschritt. Dessen Ecken sind auf der Tafel von Sachseln aufeinanderfolgend mit den Bildern der Weltschöpfung, der Kreuzigung und der Verkündigung versehen.

Beim Aussprechen der drei folgenden Bitten wird das nach oben zeigende Dreieck durchschritten, in dessen Ecken die Bilder von Christi Geburt, der Darbringung des Meßopfers und der letzten Szenen von Gethsemane zu sehen sind.

Beim Aussprechen der allerletzten Bitte wird der Umfang des großen Kreises durchmessen und beim Amen in den Mittelpunkt zurückgekehrt.

Dieses möge hier angeführt werden, um den Blick auf die Tatsache zu lenken, daß gewisse mystische Strömungen außerordentlich tief

Wurzel gefaßt haben mußten in Unterwalden, denn die Bildzusammenhänge der Sachseler Tafel und deren Verbindung mit dem christlichen Gebet weisen darauf hin. Sie erinnern unmittelbar an die Worte Keplers: «Die Zahlen, die Figuren, die Gestirne, die Natur überhaupt harmonieren mit gewissen Geheimnissen der christlichen Religion.» In einer kleinen Schrift «Das Vaterunser» behandelt Rudolf Steiner das Gebet von der Seite her, die durch Kepler angetönt ist. Daraus läßt sich erkennen, daß die Angabe Mings keineswegs eine zu vernachlässigende und unbedeutende Bemerkung ist, denn sie zeigt, daß nicht nur die äußerlich feststellbare Symbolik, sondern auch der Geist die Wirkungsstätte des Bruder Klaus zusammenschließt mit den Bewegungen, aus denen viele der Männer hervorgegangen sind, welche am kulturellen Übergang zur Neuzeit – wie Kepler – beteiligt waren.

Deutlich münden drei Strömungen bei Niklaus von der Flüe – und bei manchen seiner Geistesverwandten – zusammen. Auffallend ist, daß zahlreiche Persönlichkeiten, die aus der Gottesfreundschaft und den ihr verwandten Bewegungen der damaligen Zeit heraus hervorragend gewirkt haben, den Vornamen Niklaus führten. Es geschah zu Ehren des Niklaus von Myra in Kleinasien, der im Jahre 343 als heiliger Bischof gestorben ist. Seine Weisheit war belebend – nach der Legende vermochte er drei zerstückelte und in Salzfässern eingepökelte Jünglinge wieder zum Leben zu erwecken.

Sein Kult kam über das Wallis in die Schweizer Alpentäler zu einer Zeit, wo bestimmte orientalische Elemente des Christentums sich immer deutlicher mit seinem Namen verknüpften.

Dieses östliche Element vermählte sich mit einem westlichen, mit dem Niklaus von der Flüe ganz besonders intensiv verbunden erscheint und das zu seiner Zeit im Maria-Magdalena-Kult einen Ausdruck fand. Dieser Heiligen war einer der drei Altäre in der Ranftkapelle geweiht. Hans von Waldheim, der im Jahre 1474 den Ranft besuchte, als er von einer Wallfahrt nach der Provence in seine sächsische Heimat zurückkehrte, erzählte dem Einsiedler Legenden von der Heiligen, daß dem Hörer die Augen übergingen. Unter anderem erzählte er ihm, die heilige Maria Magdalena sei sieben Mal im Tag, zu den kanonischen Stunden, von Engeln aus dem Leib in den Himmel gehoben worden. Die Heilige, die so sehr mit der Passion Christi in Verbindung gesehen wird, erscheint als Vorbild für die Geistsucher, die jene durch den geistlichen Freund dem Bauern vom Flüeli angeratenen Übungen machten.

Niklaus starb am Benediktustag 1487, und da ihm vorausgesagt worden war, daß er siebzigjährig sterben werde, verlegte das Volk seinen (nicht bekannten) Geburtstag auf diesen nämlichen Tag des Jahres 1417. Da er während seiner Eremitenzeit in Verbindung mit den Benediktinern von Engelberg und von Einsiedeln gestanden hatte, ist tatsächlich etwas sichtbar von der Beziehung zum heiligen Benediktus von Nursia, auf die von der Volkstradition Wert gelegt wird. Benediktus, auf den alle Klosterreformen bis ins Hochmittelalter hinein zurückgingen, erschien seiner Welt als der Vermittler zwischen Osten und Westen – «Mediator inter Graecos monachos et Latinos» wird er von Joachim da Fiore, dem letzten, der eine solche Reform einzuführen versucht, genannt.

Unter diesen geistigen Linien, die mit dem Bruder Klaus in Verbindung gesehen wurden, ist allerdings die westliche die allerdeutlichste, wenn auch immer und immer wieder die Trinität aus allem hervortritt, was ihn beschäftigte.

Der harmonische Dreiklang von drei verschiedenen Kräften oder Prinzipien, deren unergründliches Urbild die göttliche Dreifaltigkeit ist, taucht nicht nur in jenen drei Strömungen von Ost, West und Mitte auf, sondern bildet das Grundmotiv seines Suchens überhaupt. Immer wieder schaut er in seinen Imaginationen neue Ausgestaltungen der Trinität, als wollte sich die Dreiheit, die einmal auf dem Rütli durch drei Männer vertreten worden war, auf ihn allein konzentrieren. Eine Art Umkehrung der Verhältnisse gegenüber dem Beginn der Eidgenossenschaft ist spürbar. Die einstige Vielheit, die sich nach der Dreiheit im Rütli ordnete, ist nun nur durch den einen Bruder Klaus vertreten. Der Einzelne aber, der imstande ist, aus eigenem Entschluß für ein soziales Ganzes zu handeln, ist zum Prinzip der Vielen geworden. Die Vielen sind Tellen geworden.

Die für die Erkenntnis der Geistesart des Bruder Klaus wichtigsten Visionen hat Caspar am Büel von Unterwalden am vollständigsten festgehalten. (Konstantin Vockinger hat sie in seinem «Bruder-Klausen-Buch» in modernes Deutsch übertragen.)

«Der Mensch» – wie sich Niklaus in der Erzählung bezeichnet – sieht einen über die Erde pilgernden Mann mit Stock, Mantel und Hut auf sich zutreten. «Drei vollkommene Worte kommen gleichzeitig aus dessen Mund und enden genau mitsammen.» Drei wohl zu unterscheidende Worte redete der Pilger, obwohl er nur eines sprach.

Nachdem er eine Gabe von dem Menschen empfangen hat, verwandelt er sich in eine zweite Gestalt. Als überaus schöner Mann, ohne Hut und Mantel stand er nun da, dessen Anblick das höchste Wohlgefallen erregte. Als der ihn Anschauende in seine Augen sah, versank der Pilatusberg in den Erdboden, und die Welt öffnete ihr Geheimnis:

Die Menschheit wird sichtbar zwischen Sünde und Wahrheit.

Jetzt wandelt sich der Mann in seine dritte Gestalt. Er erscheint in ein Bärenfell gekleidet und ist im Begriff zu scheiden. Das Bärenfell ist mit Gold besprengt. Der nachschauende Mensch sieht das Bärenfell erglänzen.

Beim Hinweggehen wendet sich der Mann nochmals zu dem Menschen «und sein Antlitz, seine Augen, seine ganze Gestalt sind so voll minnereicher Demut, wie eine Honigschüssel, die so zugefüllt ist, daß kein Tropfen mehr hineingeht.»

Hat diese Bilderfolge etwas Kosmisches, so spricht eine andere, ebenso im Dreiklang verlaufende vom Menschen.

Bruder Klaus, der sich in der Erzählung als «ein Mensch» bezeichnet, sah sich im Geiste auf einen großen, öffentlichen Platz versetzt, wo sich viele Leute in rastloser Arbeit tummelten «und doch arm waren». Ein Palast erschien, in den der Mensch eintrat. Unten fand er eine große Küche. Daneben führte eine Treppe in ein höheres Geschoß. Von dort floß ein Brunnen von drei Substanzen in die Küche hinunter. Honig, Wein und Öl strömten hernieder, rasch wie das Glitzern der Sonnenstrahlen. Dabei tönte und sang das Fließende.

Oben war ein Kasten, aus dem der Quell entströmte. Obwohl es immer mächtig ausfloß, blieb der Kasten doch voll.

Es wunderte den Menschen, daß niemand kam, um zu schöpfen, da doch alle Leute so arm waren. Er sah, wie sie werkten und sich mühten um den Pfennig und trotzdem arm blieben. Doch zum Brunnen ging niemand schöpfen.

Wie von der Seite der armen Leute gesehen, erscheint diese Vision in Goethes «Faust», wo Faust im Anblick der Himmelskräfte ausruft:

«Wo fass ich dich, unendliche Natur?
Euch Brüste wo? Ihr Quellen alles Lebens,
An denen Himmel und Erde hängt,
Dahin die welke Brust sich drängt –
Ihr quellt, ihr tränkt, und schmacht' ich so vergebens.»

In einer dritten, ebenso bedeutsamen Vision hört Bruder Klaus eine Stimme, die ruft: «Der ist es, der dir deinen Sohn aufgehoben und getragen hat und ihm zu Hilfe gekommen ist in seiner Angst und Not. Danke ihm.» Ein Vater, eine Mutter und ein Sohn kommen nacheinander und danken ihm, und er sagt jedem, daß er nichts wisse von einem Dienst, den er dem Sohn geleistet habe. Aber er sieht zu seiner Verwunderung, daß er ein gleiches Kleid trägt wie der Sohn.

Uralte und durch das Christentum verjüngte Weltinhalte erlebt der Einsiedler im Ranft in Bildern, die sich in den aufeinanderfolgenden Zeiten ändern, aber immer einen solchen Charakter bewahren, daß man sie als jenem Strom angehörig erfühlt, der seit der Einführung des Christentums in den Gegenden der Schweiz, dieses Land berührt.

Nur einer, der Unterwaldner Am Büel, hat die nach außen wie Traumbilder aussehenden, aber auf Niklaus wie reale Geschehnisse wirkenden Visionen unzerstückelt und mit der ganzen ursprünglichen Stimmung überliefern können.

Es war nicht mehr die Zeit, in der eine weite Öffentlichkeit mit solchen Bildern selbstverständlich mitgehen konnte.

Noch viel unverständlicher war der Zeitgenossenschaft die Tatsache, daß der Bruder Klaus, seitdem er sich in die Einsiedelei zurückgezogen hatte, nichts mehr aß.

Schon für eine viel ältere Zeit war eine menschliche, nicht von irdischer Nahrung getragene Existenz ein so unbegreifliches Rätsel, daß selbst Parzival vor seiner Wandlung nicht zu glauben vermag, daß seine Base, die Einsiedlerin Sigune, ohne irdische Nahrung lebte. Parzival findet ihre Klause, als er durch einen Wald reitet, und er fragt sie, wie sie in der Wildnis ohne gepflegten Boden leben könne. Sie antwortet ihm, daß ihr in jeder Samstagnacht die Speise für die folgende Woche vom Gral gespendet werde, so daß sie sich um die Nahrung nicht zu sorgen habe.

«Dô wânde Parzival, sie lüge, unt daz s'in anders gerne trüge ...»

Parzival wähnt, sie sage nicht die Wahrheit. Er wird an dieses Rätsel herangeführt, als er nach langen Irrfahrten zum erstenmal wieder auf die Spur des Grales gelenkt wurde.

Der Einsiedler Niklaus gab nie Anlaß, daß jemand wähnen konnte, seine Worte trügten. Er vermied es immer, von dem Rätsel seiner Ernährung zu sprechen, und wenn er danach gefragt wurde, pflegte er zu antworten: «Gott weiß.»

Aber sowohl die weltlichen wie die kirchlichen Behörden beunruhigten sich und untersuchten die Umstände und Wahrheit des Gerüchtes, das nicht er verbreitet hatte. Schon bei Anlaß der Kapellenweihe führte der Weihbischof eine Prüfung durch. Er zwang den Bruder Klaus drei winzige Stückchen geweihten Brotes zu essen und mußte sich überzeugen, daß dieser es nur unter größten Schmerzen zustande brachte.

Einem seiner intimsten Freunde, dem Pfarrer Oswald Isner von Kerns, soll er auf dessen Drängen erklärt haben, daß er die dem Körper nötige Stärkung durch die Teilnahme am heiligen Meßopfer empfange.

Es ist ein seltsames Zusammentreffen, daß in einer Zeit, in der nicht nur bei den Laien, sondern auch innerhalb weitester Kreise der Priesterschaft das Meßopfer zum unverstandenen Rätsel oder zum leeren Symbolum geworden war, ein Mann an die geschichtliche Oberfläche tritt, der durch sein Dasein das tiefere Geheimnis der heiligen Handlung nochmals vor die Welt hinstellt. Dieser Mann tritt sogar so stark in die äußere Welt hinaus, daß er wesentlicher Mitbeteiligter des Bundes der Eidgenossen und damit eines Staatsgebildes inmitten Europas wird.

Was er zum Begründungsakt beigetragen hat, wird durch eine Überlieferung so beschrieben, daß gesagt wird, Bruder Klaus habe der Tagsatzung ausrichten lassen: «Ich weiß, daß es Gottes Wille ist, daß Ihr Fribourg und Solothurn in Euren Bund aufnehmt, daß die Städte das Sonderburgrecht aufheben und daß alle Eidgenossen einen Bund machen.»

Das Wissen um die verborgenen Schicksalsgesetze – sagt uns diese Überlieferung – hatte die Kraft, Frieden unter den entzweiten Eidgenossen herzustellen. Nicht eine besondere Idee lag im Unterricht des Bruder Klaus. – Die schließlich angenommenen Ideen hatten längst in der Diskussion gestanden, aber die Sicherheit und der Ernst, die allein das tiefere Wissen geben kann, hatten gefehlt. Die ersten Eidgenossen fühlten noch unbewußt, aber mit absoluter Sicherheit, den Willen des Schicksals. Im XV. Jahrhundert, als es galt die neue Eidgenossenschaft zu begründen, gab es nur noch einen Mann, der durch sein «neues Leben» – nach dem Ausdruck der Gottesfreundschaft – jenen Willen zu erreichen vermochte. Aber er fand Verständnis bei jenen Männern, die man zu charakterisieren meint, wenn man sie in ihrer überschäumenden Kraft darstellt. Aus einer spätern Zeit gesehen, erscheint dieses Verständnis, also das, was zwischen dem Bruder Klaus und den Eidgenossen gewaltet hat, als größeres Wunder, als was über den Eremiten und über seine Miteidgenossen einzeln zu sagen ist.

Was dadurch zustande gekommen ist, stand nachher durch Jahrhunderte hindurch über allem Streit, der sich später unter den Eidgenossen erhob.

Selbst Reformation und Gegenreformation vermochten nicht zu zerspalten, was durch Bruder Klaus gefügt worden ist. Von beiden Seiten berief man sich auf ihn, um den eigenen Weg zu rechtfertigen.

Die Katholiken sahen später in gewissen von ihm kommenden Worten eine Warnung vor dem neuen Geist der Reformation.

Die Reformierten glaubten, wenigstens auf politischem Felde, dem Geiste des Eremiten näher zu bleiben als dessen nächste Landsleute.

Sicher ist, daß er ebensowenig wie einst Niklaus von Kues auf dem Basler Konzil einen Fortschritt darin hätte erblicken können, daß man alles verurteilte, wofür das Verständnis dahingeschwunden war. Er selbst ist wie jener den umgekehrten Weg gegangen. Aus eigener Kraft versuchte er, die Grenzen des Verständnisses zu überwinden, um das All zu finden, da wo für andere das Nichts lag.

Aus seiner Einsicht heraus warnte er vor den Wirkungen des Reislaufens, wie es später Zwingli tat. Aber während Zwingli nur das Moralische bedroht sah, sagte Bruder Klaus seinen Landsleuten voraus, daß die Fruchtbarkeit des Landes zurückgehen müsse, wenn sie ihr Blut verkaufen.

An die ganze Eidgenossenschaft ging von ihm die Warnung, den Zaun nicht zu weit zu stecken. Er, der sich mit seinem Bewußtsein ins Unbegrenzte einlebte, gelangte zur Erkenntnis, daß die Eidgenossenschaft als Staatswesen einem begrenzten Raum angehöre, den man nicht ungestraft erweitern könne. Er selbst hatte sich auf den geringsten Raum zurückgezogen im Moment, da er anfing, über den frühern, ihm von der Natur zugewiesenen Raum hinauszuwirken. Wo die Eidgenossenschaft in sich selbst leben sollte, war der Boden dafür seit uralten Zeiten zubereitet. Das Hinauswirken ist umso unbegrenzter, je mehr sie ihre eigenen Aufgaben bei sich erkennt.

Als die Nachricht durch die Lande ging, Niklaus von der Flüe sei gestorben, war es für die Eidgenossen eine Selbstverständlichkeit, nach seinem Grabe zu pilgern und ihn als Heiligen zu verehren. Umsonst verbot die Kirche die von ihr nicht erlaubte öffentliche Verehrung. Seit 1591 wurden verschiedene Heiligsprechungsprozesse angestrengt, aber ohne Erfolg. Nicht nur der Bruder Klaus, sondern auch die katholischen Eidgenossen schienen den Anforderungen nicht genügt zu haben, die ein erfolgreiches Prozeßverfahren zur Voraussetzung hat. Konstantin Vockinger gibt eine Stelle aus einem Brief des Nuntius Paravicini an den Papst Gregor XIV. bekannt, worin der Nuntius schreibt, daß er den katholischen Eidgenossen die Vorschriften für einen Kanonisationsprozeß bekanntgegeben habe, daß diese aber der Meinung wären, einen andern Weg als den üblichen einschlagen zu können. «Sie machen nun diesen Prozeß, aber ich fürchte, er sei nach Schweizerart, ohne Ordnung und vorgeschriebene Form ...»

Im Jahre 1669 wurde von Clemens IX. Messe und Offizium zu Ehren des Dieners Gottes, Nikolaus von Flüe, in der Kirche von Sachseln wieder erlaubt. Damit war die vom Volke spontan dargebrachte Verehrung anerkannt. Der Akt des Papstes, dem ein zweiter durch seinen Nachfolger beigefügt wurde, der die kirchliche Verehrung im ganzen Bistum Konstanz als zu Recht bestehend anerkannte, gilt als gleichbedeutend mit einer Seligsprechung.

Während der Bruder Klaus von der Kirche unter die Seligen erhoben wurde, scheint das, was er für die Eidgenossenschaft noch sichtbar getragen hat, mit ihm in die Erde hineingezogen zu sein, so wie es das Bild der drei Tellen in der Felsenkluft offenbart. Seine Sternenweisheit ging in die Felsenhöhle hinein und wartet dort auf die Auferweckung durch ein Geschlecht, dessen Glieder sich selbst befreien, nach dem Vorbild des Bruder Klaus.

Ein merkwürdiges, aber lehrreiches Geschick hat es gefügt, daß die zwei einzigen vorreformatorischen Eidgenossen, deren Lebensläufe dank der auf uns gekommenen Dokumente deutlich in Erscheinung treten, die denkbar größten Gegensätze sind.

Die Geburtsorte der beiden Männer liegen für heutige Begriffe nicht weit voneinander entfernt, im Gebiete der zentralschweizer Seen. Beide waren in der gleichen Periode für das Ganze der Eidgenossenschaft wirksam, und beide waren den leitenden Persönlichkeiten der umgebenden Länder bis hinauf zu Kaiser und Papst bekannt. In nur zwei Jahren Abstand starben beide. Der eine brachte ein Leben zur Vollendung, das die Miteidgenossen veranlaßte, ihm nach dem Tode die Verehrung eines Heiligen darzubringen, der andere starb gewaltsam, durch seine eigenen Mitbürger dazu verurteilt.

Es war genau zu derselben Zeit, in der Niklaus von der Flüe sich zurückzog aus der Laufbahn, die ihn zu den ersten Ämtern seines Landes führen wollte, daß in Zürich Hans Waldmann sein erstes städtisches Amt antrat. Der Öffentlichkeit war er allerdings damals schon längst allgemein bekannt durch die außergewöhnliche Tüchtigkeit, womit er sich in Raufhändeln und Privatfehden durchzusetzen vermochte. Die Gerichte hatten ihm schon so viele Bußen und Schmerzensgelder zudiktiert, daß deren Summe für ruhigere Bürger ein erhebliches Vermögen bedeutet hätte. Zur Zähmung seiner Tatkraft war ihm durch die Weisheit der Zürcher Richter auch schon mancher Tag Kerker und Turm verordnet worden. In Händel und ähnliche Belustigungen oder deren notwendige Folgen waren vor dem Beginn seiner amtlichen Laufbahn die Überschüsse seiner Tatkraft geflossen, die Handwerk und geschäftliche Tätigkeit nicht aufnehmen konnten.

Hans Waldmann war bereits als Knabe mit seiner Mutter aus dem kleinen Zuger Dorfe Blickensdorf in die Stadt Zürich übergesiedelt. Hier trat er zuerst bei einem Schneider und dann bei einem Gerber in die Lehre. Noch im Jahre 1466 war er Angehöriger der Gerberzunft. Bald nach seiner Verheiratung mit einer reichen Witwe verwendete er das ihm nun zur Verfügung stehende Geld zur Begründung eines neuen Berufes und wurde Eisenhändler. Zugleich ererbte er von dem frühern Mann seiner Frau die Stellung eines Amtsmanns des Klosters Einsiedeln und hatte nun als solcher einen Teil der Klostergüter zu verwalten.

Trotz der im Handwerk, im Geschäft und auch im Feld bewiesenen Tüchtigkeit wurde Hans Waldmann von seinen Mitbürgern erst verhältnismäßig spät und zuerst mit großer Vorsicht in die von ihnen zu vergebenden Ämter hineingenommen. Im Jahre 1466 wird er Angehöriger eines unbedeutenden Richterkollegiums, wogegen er im gleichen Jahr von der Gerberzunft als Zunftmeister zwar vorgesehen, aber dann abgelehnt worden war. Erst sieben Jahre später wählte ihn die Kämbelzunft in das politisch einflußreiche Zunftmeisterkollegium. Zugleich fügten es die Ereignisse des Burgunderkrieges, daß der Zürcher Zunftmeister nun auch für die Gesamtheit der Eidgenossenschaft in den Vordergrund trat.

Bei Héricourt, im ersten Treffen zwischen Eidgenossen und Burgundern im Jahre 1474, ist er Vertreter eines Zürcher Hauptmanns, und im nächsten Jahr führte er selber eine Abteilung Zürcher bei dem Feldzuge der westlichen Orte in die angrenzenden Gebiete Savoyens. Nach der Schlacht von Grandson – für die seine Teilnahme nicht nachweisbar ist – wird er im Frühjahr 1476 mit zweihundert Zürchern nach Fribourg gelegt und von der Gesamtheit der eidgenössischen Besatzung zum Hauptmann gewählt. Aus seinen auf uns gekommenen Briefen sehen wir, daß dieses für den kampflustigen Hauptmann keine leichte Aufgabe mit sich brachte. Das bestellte Oberkommando bedeutete damals keineswegs die Einheit der Einfluß ausübenden Meinungen. In Zürich selbst hat Waldmanns Wort noch so wenig Gewicht, daß er vom Rat – wie er sich beklagt – über dessen Beschlüsse und Absichten nicht unterrichtet wird, und daß die Zürcher trotz der Mahnungen ihres Hauptmanns in Fribourg die letzten sind, die zur Entscheidung von Murten ausrücken. Hans Waldmann führt in der Nacht vor dem Angriff die eben erst durch einen Gewaltmarsch in Bern angekommenen zweitausend Zürcher auf den Sammelplatz, wo sie zwei Stunden später mit den Eidgenossen und den Verbündeten gegen das Lager des Herzogs aufbrachen, um seine Macht entscheidend zu zerschlagen.

Hans Waldmann war es, der im darauf folgenden Januar 1477 bei Nancy die Zürcher Soldtruppe und vielleicht eine größere Abteilung von übrigen Eidgenossen führte, die Karl dem Kühnen die letzte Schlacht lieferten. Der Zürcher Hauptmann war auf seinem Kriegszug in Basel vom Herzog Renat von Lothringen, für den er in den Kampf zog, mit dem Zeremoniell empfangen worden, das ein Lehensherr von seinem Lehensmann zu beanspruchen hatte. Diese Ehre war selbstverständlich der Eidgenossenschaft zugedacht, und Waldmann galt nun bereits als eine der wichtigsten und einflußreichsten Persönlichkeiten des Bundes. Aus dieser Zeit stammen die ersten nachweisbaren Zuwendungen von fürstlichen Pensionen.

Auch innerhalb der Eidgenossenschaft nahm seine Tätigkeit eine stets wachsende Bedeutung an. Öfters amtierte er als Tagsatzungsbote und als Beauftragter in ausländischen Missionen; besonders für die Beziehungen mit dem Ausland scheint sein Einfluß hervorragend gewesen zu sein. Auch die innerschweizer Konflikte, in die Waldmann verwickelt war, gehen auf seine ausländischen Verbindungen zurück.

Zuletzt machte sich sein Zuwachs an Ansehen auch in Zürich selbst bemerkbar. Im Jahre 1480 wird er Oberzunftmeister, deren es damals drei gab, mit dem Rang und Amt des Bürgermeister-Stellvertreters. Noch dauerte es einige Jahre, bis Waldmann 1483 das höchste Amt des Bürgermeisters selbst, nicht ganz ohne eigene Nachhilfe, anvertraut wurde. Der zu verdrängende Bürgermeister Göldli war vorerst nicht geneigt Platz zu machen, sodaß eine Weile drei, statt der verfassungsmäßigen zwei Bürgermeister sich halbjährlich im Regiment ablösten. Von 1486 an bis zum Tode teilte Waldmann die Amtsausübung nur noch mit seinem Kollegen Röist.

Diese Epoche zeigt am deutlichsten, wie unbedingt Waldmann im Strom seiner Zeit schwamm und in der Stromrichtung den andern vorauszueilen versuchte. Er vermochte den Amtsvorgänger Bürgermeister Göldli zu verdrängen, weil sich dieser eine für Zürich und selbst für die Eidgenossenschaft gefährliche Blöße gegeben hatte, indem er wegen eines Abenteurers, der sich das Zürcher Stadtrecht erworben hatte, seine Stadt in einen Krieg mit dem altverbündeten Straßburg hineintreiben wollte. Waldmann, dem dieses zu statten kam, dachte aber nicht daran, für sich auf derartige Geschäfte zu verzichten, sondern alles, was zu seiner Zeit in der Praxis oder in der Tendenz der städtischen Politik lebte, nahm er mit Begierde auf und steigerte es auf ein Maß, das dem Ganzen unerträglich werden mußte. Wie überall in den Städten, wo nicht äußere Fesseln die Entwickelung hemmten, war auch in Zürich das Element des wirtschaftlich emporgestiegenen Bürgertums, namentlich der Zünfte, in der Machtentfaltung begriffen und auf dem Wege, aus sich heraus ein oligarchisches Regiment hervorzubringen. Die Stärkung des Einflusses der Zunftmeister auf die politische Entwickelung war seit langem in ständigem Anwachsen. In der Periode Waldmanns verengerten sich die politischen Rechte der übrigen Bürgerschaft derart, daß sich die eigentlichen Entscheidungen fast ganz auf das Zunftmeisterkollegium konzentrierten. Die Bewegung der Machtkonzentration hätte schließlich auf ein Einzelregiment hinauslaufen müssen, wären die Bürger dafür zu haben gewesen.

Ebenso wurde in der Zeit des Waldmannschen Einflusses eine andere allgemein europäische Zeiterscheinung derart auf die Spitze getrieben, daß unerträgliche Verhältnisse entstanden.

Es ist ein Merkmal jener Menschenschicht, die damals, wie man sagt, «emporkam», daß deren Angehörige ein starkes Bedürfnis haben, in die äußere Erscheinung zu treten. Dazu kam, daß während der Aufstiegsperiode dieser Schicht die ältern religiösen Kräfte untergingen. Die religiösen Anschauungen des Mittelalters verloren im XV. Jahrhundert von Generation zu Generation an Kraft. Aus diesen Verhältnissen ergaben sich Zustände, die eine Flut von Sittenmandaten hervorriefen, die durch Jahrhunderte auf- und abschwoll. Da diese Mandate nicht nur keine göttlichen Gebote waren, sondern sogar von Menschen ausgingen, die selber nicht Maß halten konnten, waren sie wohl gut gemeint, aber schlecht gegründet. In Venedig zum Beispiel bildeten die Verordnungen gegen den Luxus zu Zeiten eher einen Ansporn als ein Hemmnis ihm zu fröhnen, weil das Bezahlen der Luxusbußen als eine Art Überluxus angesehen wurde, wodurch man die Glanzentfaltung noch steigern konnte. Die periodischen Wiederholungen in der Luxusgesetzgebung zeigen deutlich genug, daß deren Produktion nirgends als verbindlich angesehen wurde. Es mußte darum das schärfste Mißfallen erregen, daß Waldmann mit einer gewissen Gewalttätigkeit in die privaten Angelegenheiten eingriff und der Ansicht war, daß außerhalb seines eigenen Familienkreises die Gebote der Sittenpolizei Gültigkeit haben sollten. Während er selber, seiner Neigung nachgebend einen für Zürich unerhörten Luxus entfaltete und fürstliche Allüren bis zu dem Grade nachahmte, daß er an fremden Höfen Geschenke für seine intimern Freundinnen ausbedang, hielt er es für angebracht, die Mitbürger polizeilich zu guter Sitte und Sparsamkeit zu erziehen. Er selber konnte dem Drang nicht widerstehen, die eigene Persönlichkeit in allem zur Geltung zu bringen, aber es ging ihm jede Empfindung ab für die Grenzen des geheiligten Bezirkes der andern Persönlichkeit, die eine vergangene Zeit, trotz aller Verfallserscheinungen instinktiv geachtet hatte. Die Menschen fühlten sich verletzt, sowohl in den nicht zu definierenden Persönlichkeitsrechten, wie in den mittelalterlichen sozialen Rechten, an denen sie durch Fürsten- und Ritterzeiten hindurch festgehalten hatten.

Dazu kam, daß Waldmann die nach außen gerichtete Politik ganz auf den eigenen Vorteil einstellte. Während er nach innen, nach einem modernen Ausdruck die Einrichtungen rationalisierte und zentralisierte, so kapitalisierte er in der nach außen gerichteten Tätigkeit seinen Einfluß. Er richtete sich nach dem größern Profit in der Politik, mochte sie Zürich oder die Eidgenossenschaft betreffen, und schreckte auch vor Druckausübung nicht zurück, wenn die von selbst hereinkommenden Einnahmen der Höhe der Kalkulationen nicht entsprachen.

Er bezog Pensionsgelder von fast allen Fürsten der schweizerischen Nachbarschaft, von Sigmund von Österreich, dem Herzog von Mailand, von der Regentin von Savoyen, vom König von Frankreich, dem Herzog von Lothringen und dem deutschen König. Wenn auch der Pensionsbezug für offen daliegende Dienstleistungen nichts Besonderes zu bedeuten hatte, und der damaligen Zeit das Annehmen von Geschenken und Pensionen von auswärtigen Mächten durch politisch einflußreiche Personen als zu den alltäglichen Gepflogenheiten gehörend erschien, wird niemand ohne Staunen die Reihe der Spender durchgehen. Es muß jedem Betrachter als eine Unmöglichkeit erscheinen, daß ein Bezüger von Geschenken aus so gegensätzlichen Interessenkreisen alle Spender habe zu befriedigen vermögen. Ohne das klare Bewußtsein, daß man in mehreren Fällen dem Schein, den man durch die Annahme der Gelder erweckte, entgegenhandeln werde, wäre es niemandem möglich gewesen, alle anzunehmen. Hans Waldmann war aber nicht der Mann, so tief in sich hineinzuhorchen, daß er zu den Gedanken hinzu auch die Sprache des Gewissens vernommen hätte.

Wir besitzen jedoch einige robuster redende Zeugnisse, als es die Äußerungen des moralischen Gewissens gewöhnlich sind, über die Unvereinbarkeit der verschiedenartigen, ausgesprochenen und unausgesprochenen Verpflichtungen, die der Vielbeschenkte auf sich genommen hatte. Die Klagen der einen oder der andern auswärtigen politischen Unternehmung, die Waldmann zu ihrem Aktionär gemacht hatte, die über dessen Interesselosigkeit oder gar über dessen Unterstützung der Konkurrenz laut werden, können wenig Eindruck machen. Schwerer wiegen die Stimmen jener Miteidgenossen, die dem Ruf des Zürcher Bürgermeisters in weiten Kreisen Ausdruck geben, ihm Bestechlichkeit vorwerfen und zwar in dem Sinn, daß er nicht nur die Geschenkgeber enttäusche, wenn deren Gegner tiefer in den Beutel greifen, sondern für Geld auch gegen das gute Recht der Bundesglieder und des Bundes selbst handle. Ein Teil der Eidgenossen wollte seinetwegen die Zürcher Tage nicht mehr beschicken, sondern suchte Wege, die Tagsatzungen möglichst nach anderen Orten zu berufen, um den Einfluß Waldmanns abzulähmen. Man warf ihm vor, daß er alle nach Zürich kommenden ausländischen Gesandten besuche, bevor diese mit den eidgenössischen Boten in Berührung kommen konnten, und mit ihnen Verabredungen treffe, die wohl seinen privaten Vorteil, aber nicht den des Ganzen zum Ziele hätten. Der einzige Handel – unter den zahllosen, die er mit auswärtigen Machthabern geschlossen hatte – der für uns zufolge der zufällig erhaltenen Zeugnisse durchsichtig wird, ist derart, daß die weitverbreitete Mißstimmung gegen ihn verständlich wird.

Seit etwa 1484 befanden sich die Oberwalliser, zusammen mit dem Bischof von Sitten, mit Mailand wegen verschiedener Rechte in den Tälern südlich des Simplon im Kriegszustand. Im Jahre 1485 kam es zu einer regelrechten Belagerung von Domo d'Ossola. Die eidgenössische Tagsatzung versuchte zu vermitteln und erreichte einen Waffenstillstand. Aber der Schiedsspruch wurde von den Parteien nicht angenommen.

Nun traf Hans Waldmann mit Lodovico Moro, dem Herrscher von Mailand, eine Verabredung, wonach ihm der Moro dreitausend Dukaten zu bezahlen habe, wenn das neue Schiedsgericht in Zürich einen gegen das Wallis gerichteten Spruch fälle. Waldmann erreichte dieses durch Bestechungen und Machtmittel so vollständig, daß der Rechtstitel frisiert werden mußte, um nicht allzudeutlich seinen Ursprung zu offenbaren. Der Zürcher Bürgermeister glaubte aber nun, den Herzog genugend in der Hand zu haben, um ihm den doppelten Betrag abzudrücken. Er verweigerte die Herausgabe des Schriftstückes, sogar die Abreise der in Zürich zurückgehaltenen Mailänder Bevollmächtigten vor der Hinterlage der geforderten Summe von sechstausend Dukaten. Er behauptete diese beanspruchen zu können, weil die Bestechungen und sonstigen vertraulichen Auslagen den Voranschlag überstiegen hätten. Schließlich mußte er auf ein etwas reduziertes Angebot des Herzogs eingehen.

Aber in einer Zeit, wo das ganze äußere Leben des Landes in Gefahr stand, die Richtung zu nehmen, die bei Waldmann am schärfsten und gewalttätigsten zutage trat, war es unmöglich einen Handel wie den zwischen Waldmann und dem Moro geheimzuhalten.

Die Walliser lehnten nicht nur in äußerster Erbitterung den falschen Spruch ab, sondern griffen zur Selbsthilfe, unterstützt von ihren nächsten Freunden, den Luzernern und Unterwaldern. Aber der Auszug verlief unglücklich für sie. Die Truppe wurde Opfer eines unerwarteten Überfalles der Mailänder und wurde unter kaum glaublichen Greueln vernichtet.

Daß nun der mit dem Herzog verbundene Waldmann nicht nur als Verursacher des unglücklichen Auszuges angesehen wurde, sondern auch der Glaube entstand, er habe die Truppenbewegungen dem Gegner verraten, versteht sich von selbst. Die Mißstimmung gegen Zürich steigerte sich nach der Niederlage in dem Maße, daß kein Zürcher sich mehr in die Innerschweiz wagen durfte.

Waldmann ließ sich einige Monate später, im Herbst 1487, zu einer Tat hinreißen, durch die sich die vorhandene Spannung aufs höchste steigern und der Bund selbst in äußerste Gefahr kommen mußte. Er ließ, indem er den Marktfrieden brach, den Luzerner Tuchhändler Frischhans Theiling auf der Zürcher Messe abfangen und wegen einer in Solothurn gegen Waldmann geäußerten Beleidigung vor Gericht stellen. Auf Bitten Luzerns zog er die Privatklage zurück, ließ aber dafür Theiling wegen einer vor etwa zehn Jahren ausgesprochenen Schimpfrede gegen Zürich zum Tode verurteilen und den frühern

Mitkämpfer und Helden von Giornico umbringen, bevor die zu seiner Hilfe abgesandten Vertreter Luzerns eintrafen. Obwohl nach der Verhaftung alles auf dem Gerichtswege geschah, zweifelte niemand daran, daß Waldmann der einzige Schuldige an den Rechtsverletzungen war. Ebenso wie durch die gewalttätige Verletzung des Marktfriedens und der Rechtsordnung, wonach Theiling vor die Luzerner Gerichte hätte gebracht werden müssen, war die ganze Eidgenossenschaft dadurch beleidigt, daß einer, der sich in ihrem Dienste hervorgetan hatte, auf so schmähliche Weise umgebracht wurde. Dem Frischhans Theiling schrieb man einen Hauptanteil am Sieg von Giornico am 28. Dezember 1478 zu, wo durch wenige Hundert Tessiner und Innerschweizer das etwa 10000 Mann starke Mailänder Heer in die Flucht geschlagen und selbst zu einem erheblichen Teil vernichtet worden war. Man empfand ihn als den Wiederhersteller der eidgenössischen Kriegsehre, die durch eine vorangegangene, mit schimpflichem Rückzug endende Unternehmung gegen das mailändische Bellinzona verloren schien, an welcher Unternehmung Waldmann selbst als einer der Hauptleute teilgenommen hatte.

Nicht nur in der weitern Eidgenossenschaft, sondern auch im Zürcherischen Herrschaftsgebiet und innerhalb der Mauern Zürichs selbst stieg der Mißmut gegen Waldmann so sehr, daß seine gesteigerte Gewalttätigkeit die gegen ihn aufgerufenen Kräfte nicht mehr zähmen, sondern nur aufstacheln konnte. Wie im Walliser und im Theilinghandel half es nichts, wenn die Maßnahmen von andern ausgeführt wurden. Der Instinkt der Getroffenen ließ sich nicht täuschen. Ohne zu diskutieren schrieb man seinem Eingreifen die endlos sich vermehrenden Rechtsbeschränkungen und polizeilichen Schikanen der Bürger und ländlichen Untertanen zu.

Besonders die den Innerschweizern benachbarten Bauern der Zürcher Landschaft fühlten mit wachsendem Grimm die ständige Verminderung ihrer alten Rechte, die natürlich schon längst eingesetzt hatte, aber in der Regimentsperiode Waldmanns das erträgliche Maß überschritt. Als im Frühjahr 1489 eine Verordnung herauskam, daß die frei herumlaufenden und die Jagd schädigenden Hunde der Bauern abgetan werden sollten, setzten sich zunächst die Leute der Freiämter Gegend für ihre Tiere zur Wehr und verhinderten mit bewaffneter Hand die Ausführung der Verordnung. Der Widerstand gegen die als eigennützig verschriene, von Waldmann und seinem nächsten Anhang ausgehende Verfügung wurde zum Zeichen für eine allgemeine Erhebung des Landvolkes. In den Gemeindeversammlungen beschloß man den allgemeinen Widerstand gegen das von der Obrigkeit veranlaßte Töten der Hunde. «... und die Frauen haben ihre Männer dazu gereizt und geredet: Wenn es an ihnen gelegen wäre, so wollten sie selber ziehen und die Hunde rächen. ...» berichtet ein Berner Augenzeuge der Ereignisse. Eine nach Zürich gesandte Abordnung der Bauern wurde zurückgewiesen, wodurch der Aufruhr einen neuen Anstoß erhielt. Eine große Versammlung lief auf ein Aufgebot hin in Meilen zusammen, und in der Stadt sah man sich veranlaßt, eine Reihe von Amtspersonen mit der Aufgabe zu betrauen, die Untertanen zu verwarnen und ihre Beschwerden zu hören. Diese verlangten aber eine Aussprache vor dem Rat selbst.

Waldmann glaubte immer noch, durch Gewalt mit den Untertanen fertig zu werden und durch getrennte Behandlung der einzelnen Dörfer oder Kirchspiele den Widerstand ablähmen zu können.

Aber am 4. März 1489 zogen etwa 1000 Zürichseebauern vor die Stadt und erhielten in kurzer Zeit aus allen Ämtern Zuzug. Die Stadt wurde ihnen verschlossen und die vorgelassene Abordnung vom Rat noch einmal so hochmütig abgewiesen, daß weitere gütliche Verhandlungen erst durch das Dazwischentreten der herbeieilenden Boten der Eidgenossen und anderer Verbündeter wieder aufgenommen werden konnten. Waldmann sah sich nun genötigt, zusammen mit dem Oberzunftmeister Öhen Leib und Gut dafür einzusetzen, daß innerhalb eines Monats die Beschwerden der Landschaft abgestellt würden. Die Bauern wiederum versprachen zukünftigen Gehorsam. Alles schien beigelegt, als das ungestüme Wesen Waldmanns den Sturm von neuem anfachte.

Kaum waren die Belagerer abgezogen, so empörte sich der Stolz des Bürgermeisters, der von seiten auswärtiger Mächte eine etwas andere Behandlung gewöhnt war, als er sie von den Bauern der Zürcher Landschaft zu erdulden hatte. Er veranlaßte eine gefälschte Darstellung der Verhandlungen, aus der hervorgehen sollte, daß die Untertanen kniefällig Abbitte geleistet hätten. Daraufhin begab er sich in lustiger Gesellschaft zur Erholung nach Baden.

Die Nachricht von dem Wortbruch konnte den Betrogenen nicht lange verborgen bleiben. Schon am 25. März sah sich Waldmann durch eine neue Erhebung der Landschaft genötigt, auf verborgenen Wegen nach Hause zu reiten. Wagte er seit anderthalb Jahren nicht mehr, außerzürcherisches Gebiet zu betreten, so sah er sich jetzt auch der Sicherheit außerhalb der Stadtmauern beraubt, und bald sollten ihm selbst die Straßen Zürichs gefährlich werden. Schon sechs Tage später wurde einer seiner Günstlinge, ein Stadtknecht, vor Waldmanns Augen von Bürgern niedergehauen, ohne daß er selbst mit den übrigen bewaffneten Stadtknechten noch die Macht hatte, ihm zu helfen. Ja, er fand es noch am Tage des Ereignisses nützlich, den Tätern Sicherheit zuzusagen und am nächsten Morgen die Hand zu drücken. Aber der äußere Aufruhr hatte dieses Mal auch den innern Aufruhr entzündet, und die Bewegung entzog sich der Herrschaft der bisherigen Gewalthaber.

Die eidgenössischen Boten waren wieder auf die ersten Nachrichten von den Unruhen, von einer Tagsatzung in Schwyz hinweg, herbeigeeilt; aber bevor die Vermittlung zwischen Stadt und Land in Angriff genommen werden konnte, mußten die Boten zwischen die Stadtgemeinde und ihren Bürgermeister treten.

Waldmann hatte für den Vormittag des 1. April die Zünfte in ihre Häuser geboten und den Eidgenossen versprochen, die Räte zu versammeln, damit sie ihnen den Vermittlungsauftrag erteilten. Er beabsichtigte, vor der Ratsversammlung in allen Zünften zu sprechen, um sich die Gemüter wieder zu sichern, von deren Erregung er durch seine bezahlten Zuträger unterrichtet war. Ein Zufall fügte es, daß er den begonnenen Rundgang durch die Zunfthäuser abbrechen mußte, um dem Ruf der Ratsglocke zu folgen. Im Rathaus wurden die angehobenen Verhandlungen der Versammlung zunächst durch eine bürgerliche Abordnung, die ihrerseits die Vollmacht für die Unterhandlungen mit den «Äußern» verlangte, dann aber durch einen Tumult auf dem Rathausplatz unterbrochen. Die ganze Gemeinde lief bewaffnet beim Rathaus zusammen. Der lange zurückgestaute Unwille der Leute machte sich Luft in ungestümen Drohungen. Auch am See wurde Sturm geläutet, sodaß zu befürchten war, die Äußern würden im Moment der allgemeinen Verwirrung in die Stadt dringen und Schaden anrichten.

Die eidgenössischen Boten, die niemand anzutasten oder zu beleidigen wagte, vermochten nach großen Bemühungen die Vermittlung zwischen Gemeinde und Räten aufzunehmen und auch die Anordnungen für «das Versehen der Tore» zu treffen.

Die Gemeinde verlangte vor allem Waldmann, den Stadtschreiber, den Meister Götz sowie einen Stadtknecht heraus.

Als die Boten dem Bürgermeister erklärten, daß der Tumult gegen ihn gerichtet sei, nannte er die Instanzen, von denen er Recht nehmen wolle. So taten auch die andern. Nachdem die Eidgenossen mit vieler Mühe das Volk so weit beruhigt hatten, daß sie wieder unterhandeln konnten, eröffneten sie das Angebot Waldmanns und schlugen vor, die Angeschuldigten in einem Hause zu bewachen. Aber die Menge schrie: «Nien, nien, sy mussen in schelmenthurn; da haben sy uns dick unverdienet ingeleit!» Man drohte, die Geforderten selbst herauszuholen und andere mehr dazu. Die eidgenössischen Boten mußten mit ihren Leibern die Andringenden von den Türen abhalten. Schließlich wurden sie mit der Gemeinde einig, die geforderten Verhaftungen selbst durchzuführen und die Gefangenen nach dem Wellenberg, dem Gefängnisturm in der Limmat, zu führen. Das geschah sowohl mit den zuerst Geforderten, wie auch mit einigen andern, die man nachher noch verlangt hatte. Als die Leute eine weite Gasse gemacht hatten, wurden die Gefangenen, von den Boten beschützt, nach der Lände beim Turm geführt und dort übergesetzt. Mehr vermochten die Eidgenossen nicht zu erreichen. Man verweigerte ihnen den Schlüssel zum Gefängnis und schickte sich an, Wachen um dasselbe herum aufzuziehen. Dieses tat man auch bei allen «Freiheiten» und Kirchen, in welche manche sich bedroht fühlende Ratsmitglieder geflohen waren.

Die vor den Mauern liegenden Äußern wählten einen Hauptmann und einen Sprecher als ihre Vertreter. Die sich in der Wasserkirche versammelnde innere Bürgergemeinde setzte die bisherigen Bürgermeister und Räte ab und bestellte eine vorläufige Behörde, den sogenannten «hörnernen Rat» und einen Stadthauptmann in der Person des Lazarus Göldli, dessen Familie zu den schärfsten und am meisten beleidigten Gegnern Waldmanns gehörte.

Die Eidgenossen übernahmen die Vermittlung zwischen den Äußern und der Stadt. Die Bauern verlangten eine ständige Deputation beim Stadthauptmann und Mitbestimmungsrecht im Gerichtsverfahren gegen die Gefangenen, namentlich auch die Güter Waldmanns und Öhens – die ihnen durch den Wortbruch des Bürgermeisters verfallen waren – und schließlich die Hälfte der Güter der übrigen Gefangenen.

Die Verwirrung steigerte sich noch dadurch, daß sich Gerüchte verbreiteten über einen bevorstehenden Einfall des Kaisers, der angeblich seinem Verbündeten Hans Waldmann zu Hilfe eilen wolle. Alles trug dazu bei, das Geschick Waldmanns eindeutig zu bestimmen. Der hörnerne Rat verfuhr mit ihm vorerst nach der gewohnten Prozeßordnung. Er wurde um Mitternacht des 2. April von den bestellten Richtern verhört. Da zu dem ihm zugedachten Urteil das Geständnis eines todeswürdigen Verbrechens nötig gewesen wäre, suchte man ihm ein solches abzufoltern. Trotz der bis zum 5. April fortgesetzten Peinigung hatte er «in allen nöten weder mort, verrätery, ketzry, diepstal noch dergleiche sachen verjehen». Da es nicht möglich war, das von der Rechtsübung geforderte Geständnis zu erhalten, urteilte man ohne ein solches und stützte den Spruch auf geringere Vergehen.

Als er das Todesurteil vernommen hatte, fragte er zweimal, wie man ihn töten wolle. Sein Beichtvater antwortete ihm: «Herr burgermeister, man will das houpt von üch nemen.» Da ward er froh, lobte Gott und sprach: «Nun wil ich gern sterben und mich geschicktlich darin geben.» Er beichtete darauf.

Als die Glocke läutete, tröstete er seine Mitgefangenen, bat sie um Verzeihung und darum, daß sie für ihn beten möchten.

Auf dem Fischmarkt wurde ihm vor der Gemeinde «die Ritterschaft abgekündet», dann Anklage und Urteil vorgelesen. Darauf wurde er dem Scharfrichter überantwortet und mit einer Abteilung Bewaffneter zur Richtstätte geführt. Dort hatte man aus Standen und darüber gelegten Toren ein Blutgerüst errichtet, das den Tausenden der am Hügel der heutigen hohen Promenade versammelten Bauern sichtbar war. Die Bürger mußten innerhalb der Mauern bleiben.

Auf dem ganzen Wege zur Richtstatt bat er alle, sie möchten ihm um Gottes und der Jungfrau willen vergeben, wenn er sie erzürnt habe. Er schritt aufrecht wie früher, lobte Gott, verzieh allen und ergab sich ohne Klage in das Schicksal. Am Richtplatz angekommen, bat er diejenigen, die ihm versprechen wollten für ihn zu beten oder eine Messe zu stiften, die Hand aufzustrecken. Das taten alle, und er dankte ihnen.

Nun rüstete ihn der Scharfrichter und führte ihn auf das Blutgerüst. Hier überschaute Hans Waldmann die ganze vieltausendköpfige Versammlung, sprach nochmals zu ihr und bat wiederum alle um Verzeihung und forderte die auf, die für ihn beten wollten, die Hand aufzustrecken. Wiederum erhoben alle die Hände. Dann wandte er sich gegen die Stadt, segnete alle, sprach nochmals zu den Eidgenossen und bat noch besonders den Reichsvogt, der die Hinrichtung leitete, um Verzeihung und verzieh selber dem Scharfrichter. Mit dem Fuß zeichnete er ein Kreuz auf den Boden und kniete darauf. Nach einer letzten Anrufung Gottes schlug ihm der Henker das Haupt ab.

Dieser Lebenslauf, der so beendet wurde, mit allem, was von innen und von außen dessen Dramatik in Bewegung gebracht hatte, gibt wie weniges ein Bild vom Widerstreit der Kräfte in der damaligen Eidgenossenschaft. Die Richtung, die Waldmanns Handlungen immer entschiedener genommen hatten, und die erschütternde Seelengröße, die sich im letzten Augenblick offenbarte, haben eine so große Spannung zwischen sich, daß sie nur deswegen Glauben finden, weil sie als Tatsachen dastehen. Das äußere Tun Waldmanns und sein inneres Wesen, das zur Geburt gelangte, als der Tod an ihn herantrat, stehen so zueinander, wie die Gesamtheit der damaligen Eidgenossen zu Niklaus von Flüe stand. Auf der einen Seite zeigt sich das Eintauchen, ja, das Hineinstürzen in das materielle Dasein, da wo es am gröbsten in Erscheinung tritt, auf der andern Seite, ebenso absolut, der völlige Verzicht auf die äußere Welt und die entschiedene Hinwendung zur geistigen Seite des menschlichen Daseins. Aber nicht einmal, daß beides gefunden werden kann in der damaligen Eidgenossenschaft, macht ihr Wesen aus, sondern, daß beides zusammenklingt. Daß die Eidgenossen Verständnis hatten für einen Bruder Klaus, und daß dieser wiederum Verständnis hatte für die Miteidgenossen, dieses Mittlere, das die zwei Seiten zusammenfaßte, sodaß sich ein soziales Ganzes und nicht ein Streit von Lebensrichtungen ergab, ist das Wesentliche. Dieses Verhältnis findet sich wieder in der einzelnen Persönlichkeit. Wenn auch die nach der geistigen Seite gerichteten Kräfte mehr und mehr überdeckt wurden, so konnte sie doch jeder große Augenblick wieder hervorholen. Waldmann stirbt nicht als verstockter Sünder, nicht als geängstigter Büßer und nicht als fanatischer Ankläger; das innerste Wesen ist ebenso stark wie das nach außen gerichtete, ja stärker, es fühlt die Kraft, die Folgen des Erdenlebens auf sich zu nehmen. Die Augenzeugen seines Abschiedes von der Welt erzählen erschüttert von der großen Klarheit seiner Vernunft und der Milde seiner Worte und von dem klaglosen Aufsichnehmen seines Schicksals.

Richtet man den Blick auf seine Gegner, die unerbittlich seinen Tod forderten, denen aber die Augen übergingen, als er auf seinem letzten Gang und vom Blutgerüst herunter mit ihnen redete, so wird man erkennen müssen, daß auch diese Menschen so beschaffen waren wie er selbst.

Niemand, der in moderner Zeit einen Massenauflauf erlebt hat, wird die objektive Möglichkeit finden, ein solches Ereignis ohne weiteres zu vergleichen mit dem, was die Berichte über jene Ereignisse vom Jahre 1489 zu erzählen haben. Wohl hört man dasselbe unterirdische Tosen sich entfesselnder Willenskräfte, aber alles ist noch sehr weit entfernt von einer bloßen Massenäußerung. Kein einziges leeres Schlagwort ertönt, alle auftauchenden Forderungen, welche dem chaotischen Begehren Sinn und Richtung geben wollen, sind vollsaftig und menschlich verständlich, wenn sie auch mit «frevlen» Worten geäußert werden. Auch die übertriebenste Forderung ist so, daß sie auf ein soziales Maß reduziert werden kann. Es stehen sich nicht sachlich unvereinbare und absolut antisoziale Programme gegenüber.

Hätte in all dem zum Chaos hinsteuernden Treiben nicht eine geradezu bewundernswerte soziale Vernunft gesteckt, die imstande war, zu ihrer Zeit tätig zu sein, so hätte man wohl nicht in jenen Tagen eine neue Stadtverfassung geschaffen und eine Neuregelung des Verhältnisses zur Landschaft getroffen, die dann ein Vierteljahrtausend hindurch, zum Teil bis 1798, das Leben des Zürcherischen Staatswesens bestimmt haben.

Wollte man absehen von den aus der vorangegangenen Entwickelung noch vorhandenen sozialen Kräften in der Bürgerschaft, den Bauern und den als Vermittler amtierenden eidgenössischen Boten, so müßte es als völlig unerklärbares Wunder erscheinen, daß sich im Verlaufe von etwa zwei Monaten wieder annähernd normale, sogar gesicherte Verhältnisse einstellten. Denn die Chaotisierung der Verhältnisse war so, daß es dem bloßen Vorstellungsvermögen Schwierigkeiten bereitet, die Fäden beisammenzuhalten. In der Stadt konnte der Einzelne nicht Freund und Feind unterscheiden, weil ja nicht nur eine Bürgerschaft gegen ein Regiment aufgetreten war, sondern weil im alten Regiment viele Feinde Waldmanns gesessen hatten, und weil Bürger wie Räte in die unversöhnlichen Gegensätze von Zunft und Konstafel gespalten waren. Der hörnerne Rat war keineswegs anerkannt, was sich darin äußert, daß ihm kaum eine andere Leistung zugeschrieben werden kann als die Prozessierung der ihm verhaßten Mitglieder der abgesetzten Räte. Vor den Mauern saßen die zusammengelaufenen Bauern, die auch nach ihrem Abzug auf Pikett blieben und gewillt waren, eine Neuordnung ihres Verhältnisses zur Stadt zu ertrotzen. Die Bauernschaft selbst hatte wiederum unter sich selber gefährliche Späne auszutragen, da ein Teil von ihnen die anfängliche Unentschlossenheit im Mitmachen büßen mußte. Das Ganze fühlte sich zwar grundlos, aber doch so wirksam von Österreich bedroht, daß man sogar außerhalb Zürichs rüstete, organisierte und selbst auszog. Zudem griff die Bewegung auf die Nachbarorte und schließlich auf einen großen Teil der Eidgenossenschaft über. Allenthalben wurden die sich öffnenden Abgründe zwischen Regierenden und Regierten sichtbar, namentlich aber zwischen den Städten und den ihnen gehörenden Landschaften. Darum kommt den Verhandlungen zwischen der Stadt Zürich und den «Äußern», welche den ganzen Auflauf eingeleitet hatten, die größte Bedeutung zu.

Am Tage der Hinrichtung Waldmanns wurden die Eidgenössischen Boten sowohl von den Äußern, wie von der Bürgergemeinde mit der Vermittlung beauftragt. Daraufhin zogen die Bauern am nächsten Tag wieder in ihre Dörfer zurück und hinterließen fünfzig Vertreter. Schon der Umstand, daß nun die Beschwerden jedes einzelnen Kirchspiels angehört wurden, war ein wesentliches Entgegenkommen, denn nichts war den Bauern so verhaßt wie das Gleichmachen, das die Sonderrechte der Ämter, Dörfer und Höfe mißachtete. Nach einem Monat war der Schiedsspruch ausgearbeitet, der dann schließlich nach vielen Einreden und langem Bedenken von seiten der Bauern, nach Zureden der Schiedsrichter, ja selbst Drohungen von dieser Seite, abzureisen und die Eidgenossen aufzubieten, einen weitern Monat später von beiden Parteien angenommen wurde.

Dieser Schiedsspruch, der nebenbei auch die Geldforderungen der Bauern weitgehend berücksichtigt, ist durch seinen Hauptinhalt von besonderer Bedeutung, da er den seit einigen Jahrzehnten von den Städten beschleunigten Umwandlungsprozeß der ländlichen Rechtsverhältnisse abbremste. Die Städte hatten naturgemäß die Tendenz, die vorzugsweise durch finanzielle Mittel erworbenen Landschaften als reine Kapitalanlage und Machterweiterung anzusehen und demgemäß zu behandeln. Dem daraus hervorgehenden Streben standen die alten, am Boden haftenden Rechte, an denen zäh festgehalten wurde, entgegen.

Waldmann, der unbedenklich dem Zeitstrom nachgab und das mißachtete, dessen Ursprung und Kraft er nicht erkannte, hatte im Zürcher Gebiet den Bogen überspannt, den andere schon vor ihm, sowohl im Zürcherischen wie auch in der ganzen außerzürcherischen Eidgenossenschaft, gefährlich angespannt hatten.

Die Spruchbriefe der Vermittler und die Einsicht, die ihnen von den Parteien entgegengebracht wurde, stellten das Gleichgewicht zwischen den zwei entgegengesetzt gerichteten Tendenzen innerhalb Stadt- und Landbevölkerung wieder so weit her, daß die soziale Ordnung allmählich zustande kam. Die recht weitgehende Anerkennung der Forderungen der Landbevölkerung zeigt, daß auch in den zur Herrschaft gelangten Kreisen das Verständnis für die soziale Kraft der «hergekommenen» verbrieften oder Gewohnheitsrechte nicht erloschen war.

Die Landbevölkerung, deren Lebensbetätigung man seit Jahrzehnten ganz auf die Ausübung der Landwirtschaft beschränken wollte, indem man Handwerk und Gewerbe in die Städte zog, wurde dadurch zu einem extremen Konservativismus gezwungen, während die Städte, wo Zünfte und Handel die Oberhand gewannen – wenigstens in der Wachstumsperiode von deren Macht – als fortschrittlich erscheinen konnten. Es wird aber für das Verständnis der damaligen Verhältnisse von größter Bedeutung sein, einzusehen, daß Konservativismus und Fortschritt auf völlig verschiedenen Feldern lagen. Konservativ wird man immer dadurch, daß man ein Recht besitzt. Kein Recht könnte Bestand haben, wenn im Menschen – auch im fortschrittlichsten – nicht die Tendenz läge, sein Recht zu bewahren. Fortschrittlich wird man, wenn ein innerer Tätigkeitsdrang da ist, der neue Formen schaffen will, der auch dann da sein kann, wenn es einem nur zu wohl ist. Nun lag aber die Fortschrittlichkeit der damaligen

Städte auf wirtschaftlichem Gebiet, nicht auf rechtlichem. Die Maßnahmen, die als Gesetzgebung galten, waren vorwiegend im Sinne einer rationellen Wirtschaft und mit dem Ziel der Schaffung von wirtschaftlicher Monopolstellung der städtischen Gewerbe- und Handwerkskreise gedacht. Nicht eine soziale Ordnung, in welcher der Mensch mit dem gleichberechtigten Menschen leben konnte, wurde angestrebt. Das Bauerntum hingegen, dem man die Möglichkeit abschnitt, sich «fortschrittlich» zu betätigen, mußte umso zäher an seinen alten Rechten hangen. Mochten diese auch andern sinnlos oder hinderlich erscheinen, an ihnen hing wahrhaftiges Menschentum aus Zeiten, in denen man dieses Menschentum in der Rechtsschöpfung im Auge hatte, unvermischt mit Wirtschaftlichkeit im heutigen Sinn.

Es ist interessant zu sehen, daß die Zürcher Bauern den hörnernen Rat keineswegs anerkannten als ein Organ, mit dem man ein Abkommen abschließen könne. Sie wollten nur mit einem Rat, der gesetzmäßige Formen hatte, unterhandeln. Schon daraus wird ersichtlich, wie wenig anarchisch im Grunde genommen die bäuerliche Bewegung war. Man wollte eine Macht, die das Gesetz garantierte und darum selbst nach Gesetz und Ordnung gebaut sein mußte.

In Zürich selbst wurde dem hörnernen Rat schon sehr bald ein Kollegium von zweihundert Männern beigegeben. Man hatte das auf eine Alleinherrschaft zulaufende Regiment Waldmanns abgestoßen, und es zeigte sich nun, daß sich dieses in keiner Weise eingelebt hatte. Man duldete wohl, daß die schärfsten Feinde dieses Regimentes durch zwei Monate hindurch die Richter und Rächer spielten, aber ein Ansatzpunkt für eine Diktatur der Feinde Waldmanns zeigte sich nirgends. Ende Mai bestellte die Bürgergemeinde wieder eine neue Regierung nach dem Muster der alten Verfassung, ohne jede Berücksichtigung der «Verdienste» des hörnernen Rates. Jedoch wurde die Ordnung im Sinne eines gerechteren Ausgleichs zwischen Konstafel und Zünften und einer Abschwächung der Macht der Zunftmeister abgeändert.

Wohl dauerte die Erregung noch längere Zeit, aber allmählich wurden die Strafen der noch lebenden und in Ungnade gefallenen Häupter des alten Regiments gemildert und schließlich ganz von ihnen genommen.

Die Bewegung hatte für die Eidgenossenschaft nicht nur die Folge, daß man Lehren für die Behandlung der Untertanen daraus zog, sondern sie gab vielerlei Anlaß, die Gewissen für das Pensionenwesen aufzuwecken. Es kamen auch mehrere Beschlüsse zustande, welche die Annahme der Pensionsgelder verboten und die sogar so weit gingen, in den Strafbestimmungen das Pensionennehmen dem Diebstahl gleichzustellen. Aber man konnte sich nicht entschließen, solche Abmachungen auch zu halten.

Wohl besteht die Tatsache, auf die Gagliardi in seinen Werken mehrmals hinweist, daß die großen Entscheidungen in den Bundesangelegenheiten nicht durch die Pensionsgelder beeinflußt worden sind, aber als Krankheit am Volkskörper hat man sie immer empfunden. Und dieses Empfinden ist eines der Zeichen der gesunden Kräfte, die in den Tiefen fortwirkten. Der übrigen Welt erschienen diese tieferen Kräfte, die wohl wahrgenommen wurden, rätselhaft, da sie so sehr im Widerspruch standen mit dem sichtbaren Teil ihrer Lebensformen.

So uneinig die Schweizer in allen äußern Dingen waren – wovon der Waldmannhandel wohl ein deutliches Bild gibt – so einig waren sie, wenn das tiefere Wesen durch eine Not oder durch ein treffendes Wort heraufgeholt wurde.

Die Generation, welche beim Beginn der Neuzeit sich selber auf neue Weise kennen lernen mußte, erhielt vom Schicksal auch die Aufgabe, ein neues Verhältnis zur umgebenden Welt zu finden. Mit sämtlichen Nachbarn hatte sie sich auseinanderzusetzen. Ja, nicht nur die fürstlichen Nachbarn kümmerten sich um sie, sondern auch ferne Mächte wie Ungarn, England und Spanien zogen sie in ihre Bestrebungen hinein. Frankreich, Savoyen, Mailand, Venedig, Österreich, der deutsche König und Bayern ließen zersetzendes Geld und aufblasende Ehren in das Land einfließen, um dessen kriegerische Kraft für ihre partikularistischen Ziele zu erkaufen. Städte und Kirchenfürsten suchten Burgrechtsverträge abzuschließen. Reiche Abenteurer bemühten sich um das Bürgerrecht in eidgenössischen Orten.

Die Fluten der sogenannten hohen Politik Europas durchwühlten alle Verhältnisse des Bundes. Mitten in diesem gefährlichen Wogen gab sich die Eidgenossenschaft eine neue Gestalt durch das Stanser Verkommnis. Eigentümlicherweise formten sich auch jetzt sämtliche Grenzen der zukünftigen Eidgenossenschaft endgültig vor. Auch da, wo die vollrechtliche Zugehörigkeit zum Staatswesen der Schweiz erst viel später Tatsache werden sollte, wurde der Grund dazu schon jetzt gelegt.

In dem Friedensvertrag mit Savoyen gaben Bern und Fribourg die im Burgunderkrieg eroberten Gebiete der Waadt mit einigen Ausnahmen wieder zurück, aber zu solchen Bedingungen, daß diese doch dazu führen mußten, das Land später an Bern gelangen zu lassen.

Ganz anders lief das Geschick der Franche Comté, auf welche die Besieger Burgunds gewisse Rechte geltend machen konnten. Außer in Bern zeigte sich aber nirgends ein Begehren, diese Rechte in eine Eroberung umzuwandeln, sondern man begnügte sich, sie an Frankreich und dann an Maximilian, den Erben Burgunds, zu verhandeln. Eine Kritik an dieser Handlungsweise wäre heute sehr verspätet und würde den Blick von der Tatsache ablenken, daß sich im ungleichen Geschick der Waadt und der Freigrafschaft noch etwas anderes äußert als die Interesselosigkeit der alten Eidgenossen für Wirtschaftspolitik. Ein Blick in die Vergangenheit, besonders in die Zeiten des entstehenden Christentums, wird sofort zeigen, daß die verschiedenen Beziehungen der zwei Länder zu der Eidgenossenschaft schon viel früher veranlagt waren. Es zeigt sich in den Ereignissen dieser merkwürdigen Übergangsperiode überall, wie uralte Schicksale nachwirken, da wo aus der Chaotisierung heraus ganz neue Verhältnisse sich gestalten wollten.

Wie groß die Verwirrung aller Verhältnisse damals war, kann man vielleicht daran ermessen, daß die Eidgenossenschaft in schwere Kriege hineingezogen wurde dadurch, daß der Papst sie in seine reine Territorial- und Machtpolitik hineinverwickelte und der Kaiser sie gegen ihr Empfinden beim Reich behalten wollte, von dem nur noch eine farblos gewordene religiöse Idee übrig geblieben war.

Aber gerade diese Kriege sonderten das schweizerische Gebiet gegen Norden, Osten und Süden von der Umgebung ab.

Von außen gesehen waren alle diese Grenzen nach dem Burgunderkriege ebenso wie die westliche in Fluß gekommen, sodaß tatsächlich die ganze Umgrenzung sich damals heraussondern und neu bestimmen mußte.

Der Verbündete Burgunds, Galeazzo Maria Sforza, war einige Tage vor dem Tode Karls des Kühnen ebenfalls vom Tod ereilt worden, und seine Erben sahen es dann als nützlich an, mit den Eidgenossen ein Kapitulat zu schließen, das die gegenseitigen Beziehungen und territorialen Abgrenzungen neu, aber, wie sich zeigen sollte, noch nicht endgültig regelte.

Ebenso wurden die Beziehungen zu Österreich durch die Erbeinung mit Herzog Sigmund in den Jahren 1477 bis 1478 auf eine neue Basis gestellt. Auch dieses Verhältnis blieb unsicher, da Sigmund mit dem Kaiser verfeindet war und zusammen mit Bayern Ziele verfolgte, die kaiserlicher Habsburgerpolitik zuwider liefen. Sowohl der Kaiser, wie auch Sigmund und Bayern gaben sich alle Mühe, die Eidgenossen zu sich hinüberzuziehen.

Eine wirkliche Freundschaft mit Kaiser Friedrich III. konnte aber niemals entstehen, da man in ihm immer den Habsburger fühlte, der die Ziele seiner Familie nie vergessen konnte. Man mißtraute aus dem gleichen Grunde auch dem neuen Kaiser, der nach dem Tode des alten im Jahre 1493 den Thron bestieg. Es war dessen Sohn Maximilian, der sich anfänglich viel Mühe gab, die Eidgenossen dem Reich und seiner Person günstig zu stimmen. Aber seine Bestrebungen, die vor Jahrzehnten begonnene Rechtsentwickelung im Reich dem vorgezeichneten Abschluß entgegenzuführen, mußten sie ihm völlig entfremden.

Maximilian setzte an die Stelle des Hofgerichtes den obersten Gerichtshof des Reichskammergerichtes. Damit war die letzte mögliche Abstraktion des Gerichtswesens aus dem wirklichen Leben vollzogen. Ein irgendwo festsitzender, ohne Zusammenhang mit der Mannigfaltigkeit des Menschenlebens vegetierender Gerichtshof war als oberste Instanz, aber auch als Vorbild für die niederen Gerichte gesetzt. Zu dieser Maßnahme gehörte die Übernahme in Bausch und Bogen des Römischen Rechtes. Schon zu Zeiten des Sempacherkrieges läßt sich feststellen, daß das juristische Denken in den Städten Süddeutschlands eine andere Richtung nahm als das der ihnen verbundenen Eidgenossen. Es entfremdete sich dort damals schon dem Wesen des germanischen Rechtes. Daraus mußten sich die Mißstände erzeugen, über die immer lautere Klagen erhoben wurden, nämlich barbarische Bestrafungen für verhältnismäßig geringe Vergehen. Dieses schrieb man den «leges barbarorum» zu und schaffte sie aus Gründen der Humanität ab. Mit Notwendigkeit mußte das Römische Recht eingeführt werden, wo die Juristen «römisch» dachten, denn nur die römische Rechtssubstanz paßt zu solchem Denken, während eine abstrakte Anwendung mittelalterlich-germanischer Rechtssatzungen Unheil anrichten mußte.

Aber man braucht sich nur die Möglichkeit vorzustellen, der Waldmannhandel hätte vor ein Reichskammergericht gezogen werden können, um die Empfindungen der Eidgenossen zu erahnen. In einem Land, wo sich einige Männer mitten in die allergrößte Verwirrung hineinstellten und mit dem eigenen Wesen die Ordnung durch eine Krise durchtrugen, um dann wieder zu ihren privaten Geschäften zurückzukehren, konnte die Aufforderung des Kaisers, sich seinen neuen Maßnahmen zu unterwerfen, keine freundlichen Gefühle erwecken.

Ihrer Gewohnheit gemäß überstürzten die Eidgenossen aber die Formulierung ihrer Antwort auf die kaiserliche Botschaft nicht, die ihnen die Beschlüsse des Reichstages von Worms kundgab, wonach sie sich, wie Maximilians Ansicht war, «als Glieder des Reichs» dem Reichskammergericht zu unterstellen, die Reichssteuer zu entrichten und die jährlichen Reichstage zu beschicken hatten.

Was die Mahnungen Maximilians nicht erwirken konnten, das verursachte schon eines der allerersten Urteile des neuen Reichskammergerichtes.

St. Gallen wurde von ihm zu einer Leistung an seinen verjagten Bürgermeister verurteilt und nach Ablehnung des Urteils mit der Reichsacht belegt. Die Klagen der Stadt bei den Eidgenossen veranlaßten diese im Frühjahr 1497 zu einer eindeutigen Botschaft an den Kaiser, in der sie erklärten, solche gegen die alten Freiheiten gerichteten Eingriffe nicht ertragen zu können. Sie kündeten an, daß sie ihre geschworene Pflicht tun und sich mit Leib und Gut für ihre «Zugewandten» einsetzen werden. Die Acht wurde darauf zurückgenommen und die Angelegenheit im Ausgleichsverfahren geregelt, aber die beiderseitige Erbitterung blieb zurück, da weder die Schweizer ihre Rechte, noch der Kaiser seine Pläne der Umwandlung des Reichs in einen Staat aufgeben konnten. Auf beiden Seiten des Rheins schwoll die gegenseitige Abneigung so an, als wollten die Zeiten wieder erwachen, wo im spätern Deutschland der von Rom beauftragte Bonifatius gegen den unabhängigen Geist St. Gallens und seiner Verwandten kämpfte. Wie damals die religiösen Richtungen, so standen jetzt die verschiedenen Rechtsempfinden gegeneinander. Es nimmt sich fast wie eine Naturerscheinung aus, daß längs der ganzen Rheingrenze, sowohl im österreichischen wie im süddeutschen Gebiet, der Haß der maßgebenden Schichten gegen die Eidgenossen und ihre Zugewandten zu einem Maß anwuchs, das nur in den damals gebrauchten Bildern angedeutet werden kann. So schwur zum Beispiel ein schwäbischer Hauptmann, Burkhard von Randeck, als er auf Thurgauer Gebiet gedrungen war und dort am Altar einer Kirche einen alten Mann erstochen hatte, «er wolle an diesem Tage im Schweizerland räuchern und brennen, daß Gott im Regenbogen vor Rauch und Hitze blinzeln und die Füße an sich ziehen müsse ...»

Der Burgunderkrieg hatte sich an einem abliegenden Ereignis entzündet und die Eidgenossen nicht als «Hauptsächer», sondern als Verbündete einer Partei hineingezogen. Genau so geschah es auch jetzt, als im Jahresbeginn 1499 der Schwabenkrieg ausbrach.

Kurz vorher hatten die VII östlichen Orte der Eidgenossenschaft mit dem Gotteshausbund, dem die Bürger und das Kapitel von Chur samt den Gotteshausleuten des Stiftes angehörten, ein gleiches Bündnis abgeschlossen, wie es seit zwei Jahren mit dem Obern oder Grauen Bund bereits bestand. Die allgemeine Spannung muß damals auch auf Graubünden übergegriffen haben, wodurch alle III Bünde zum ersten Mal als Glied der eidgenössischen Schicksalsgemeinschaft sichtbar in Erscheinung traten.

Aus Ursachen, die wenig durchsichtig, aber auch nicht bedeutungsvoll sind, besetzten, während Maximilian in den Niederlanden abwesend war, seine Tyroler Vertreter das Kloster Münster in der Südostecke der heutigen Schweiz. Dadurch waren gewisse Rechte des Churer Gotteshauses verletzt, und die Engadiner Gotteshausleute mußten sich bedroht fühlen. Ohne langes Besinnen liefen die Engadiner herbei, warfen die Österreicher wieder hinaus – und mahnten die Eidgenossen. Es ist ein unzweifelhaftes Zeichen für die Stimmung bei diesen, daß dieselben Orte, die einmal vor dem Tage zu Murten so lange gezögert hatten, sofort, trotzdem man mitten im Winter stand, ihre Zuzüge nach Graubünden sandten. Selbst Bern war unter den Hilfsbereiten, obwohl dort ein Kreis von Anhängern Maximilians in der Regierung Einfluß hatte.

Dem Bischof von Chur gelang es scheinbar, nochmals den Brand zu löschen und den Ausgleich auf ein Verfahren abzulenken, auf dessen Hintergrund wieder das Reichskammergericht stand. Wie wenig dadurch der eigentliche Grund der Spannung berührt war, erwies sich sogleich. Es genügte, daß einige österreichische Knechte Spottreden über den Rhein riefen, als die Innerschweizer, auf dem Heimweg begriffen, am andern Ufer marschierten, um den Krieg zum Auflodern zu bringen, der dann mit maßloser Erbitterung und furchtbaren Greueln längs der ganzen Grenze vom obern Engadin bis Basel geführt wurde. Noch einmal entlud sich der ganze Haß der österreichischen und süddeutschen Ritterschaft gegen die Eidgenossen. Es ist kaum zu verstehen, wie diese die lange Grenzlinie derart zu bewachen vermochten, daß sie immer zur rechten Zeit genügend Truppen an den gefährdeten Punkten zusammenziehen konnten und nacheinander eine erstaunliche Zahl entscheidender Schlachten zu schlagen imstande waren.

Außer Basel beteiligten sich alle Orte und Zugewandten am Krieg, den man als Unabhängigkeitskampf gegenüber dem als fremd empfundenen Römischen Recht empfand.

Bis es Maximilian gelang, aus den Niederlanden zurückzukehren, um in den ohne ihn in Gang gekommenen Krieg einzugreifen und das «grobe, schnöde Bauernvolk, in welchem keine Tugend, kein adlig Geblüt und keine Mäßigung zu finden ist, sondern eitel Üppigkeit, Untreue und Haß gegen die deutsche Nation, ihre rechte, natürliche Herrschaft» zu vernichten, waren schon viele Entscheidungen gefallen. Überall waren die Gegner der Eidgenossen zurückgeschlagen worden, und einige Nachbargebiete standen ihren Raubzügen wehrlos offen. Trotzdem hoffte Maximilian, kraft seines kaiserlichen Ansehens den ermatteten Willen der Reichsmacht und den seiner eigenen Länder zu neuen Anstrengungen anfeuern zu können. Zudem führte er diesen ansehnliche niederländische Kriegskräfte zu. Aber es ist wie ein Zeichen des Schicksals, daß die Ereignisse auch jetzt seinen Entschlüssen voraneilten. Im Moment, als er gegen Graubünden, an dessen Unterwerfung ihm persönlich wegen der dortigen habsburgischen Rechte am meisten lag, selber vorgehen wollte, traf ihn die Nachricht von der Vernichtung seiner tirolischen Hauptmacht an der Calven, in der Nähe der Stelle, wo der Krieg sich entzündet hatte. Die fast unbegreifliche Tatsache, daß ein wohlverschanztes Heer von einer viel kleinern Truppe geschlagen werden konnte, brach den Mut seines auf dem Marsch begriffenen Hilfsheeres vollends.

Nicht besser schlug sein Plan ein, die Schweizer am Bodensee zu beschäftigen, um gleichzeitig seinen obersten Feldhauptmann, Heinrich von Fürstenberg, mit frischen Truppen in die dadurch entblößte Westschweiz einfallen zu lassen. Dank seiner zu großen Sorglosigkeit in dem vermeintlich wehrlosen Gebiet wurde auch Fürstenbergs Heer von einer viermal kleinern, aber unversehens von zwei Seiten andringenden Schar Eidgenossen bei Dornach vernichtet.

Dieser letzte Schlag vom 22. Juli 1499 in der Nordwestecke der Schweiz lähmte jeden Kriegswillen der noch verbleibenden kaiserlichen Kräfte. Beide Teile waren froh, die längst angebotene Vermittlung des Lodovico Moro von Mailand annehmen zu können.

Schon zwei Monate später wurde in Basel der Frieden besiegelt, der den Eidgenossen die tatsächliche und anerkannte Unabhängigkeit vom Reich brachte, während die nominelle Zugehörigkeit wie bisher blieb. Auch die endgültige Abrechnung mit Österreich und dessen Verzicht auf die längst verfallenen Rechte war damit gegeben.

Durch die Aufnahme der zugewandten Glieder *Basel* und *Schaffhausen* als vollberechtigte Orte in den Bund im Jahre 1501, denen zwölf Jahre später *Appenzell* folgte, schloß sich die XIIIörtige Eidgenossenschaft bald nach dem Schwabenkrieg ab. Auch die Reihe der zugewandten Orte innerhalb der Grenzen der heutigen Schweiz blieb von dieser Periode an bis zur französischen Revolution bestehen. Unter diesen nahm der Zehn-Gerichte-Bund die merkwürdigste Stellung ein. Er mußte sich auf Grund des Basler Friedens fast im ganzen Umfang wieder Österreich unterwerfen, mußte aber von diesem trotzdem als Glied der III Bünde anerkannt werden, sodaß er sich an deren Bundespolitik vollberechtigt beteiligen konnte.

Doch der Friede mit Norden und Osten sollte nur die Möglichkeit geben, die Kräfte nach dem Süden zu wenden, was aber zufolge der damaligen italienischen Verhältnisse zugleich eine Auseinandersetzung mit dem Westen, mit Frankreich werden mußte.

Italien war damals wohl ein kultureller und ein geographischer Begriff, aber keineswegs ein politischer. Jeder Italiener, der zu jener Zeit Italien hätte vereinigen wollen, hätte mindestens zwei Drittel der Halbinsel gegen sich gehabt. Noch lebten die mittelalterlichen politischen Gebilde in den Gefühlen nach, obwohl nur noch die Republik Venedig und der Kirchenstaat gesunde und zähe Grundlagen besaßen.

Die kleinen Stadtstaaten standen unter Tyrannen, die im Begriffe waren, der Fremdherrschaft Platz zu machen, wie sie im Süden seit mehr als zwei Jahrhunderten bereits bestand.

Die kaiserliche Politik hatte zum Ausbruch eines Krieges gegen die nördlichen Nachbarn geführt, der sich abspielte, ohne dem Kaiser Gelegenheit zu geben, selbst einzugreifen. Durch den Papst wurde ein blutiger Krieg im Süden eingeleitet, in dem die Schweizer von diesem in der höchsten Gefahr im Stich gelassen wurden.

Schon Sixtus IV. hatte nach den Burgunderkriegen die schweizer Hilfe für seine politischen Pläne gegen Mailand zu gewinnen gesucht. Aber erst Julius II., der aus dem gleichen Hause stammte wie jener, vermochte dessen Absichten wirksam aufzunehmen und sie in die von so manchem italienischen Fürsten angewandte, immer mißlingende Methodik einzuspannen, die darin bestand, französische Politik den eigenen Interessen dienstbar zu machen in der Absicht, nach der Dienstleistung den Vorspann wieder abzuspannen und die Fremden aus Italien zu verjagen.

In die Reihe dieser Fürsten gehörte auch Lodovico Moro von Mailand, der dazu beigetragen hatte, Karl VIII., König von Frankreich, zu dem Einfall in Italien im Jahre 1494 zu veranlassen. Als er sich fünf Jahre später als Vermittler zwischen Maximilian und den Eidgenossen anbot, geschah es nicht etwa aus uneigennütziger Friedensliebe, sondern aus Not. Ludwig XII., der 1498 Karl VIII. nachfolgte, hatte entdeckt, daß dadurch, daß er eine legitime Visconti unter seinen Ahnen hatte, wogegen der Moro nur von einer illegitimen abstammte, er größere Rechte auf Mailand habe als jener. Er ging dann daran, die günstige Lage, die durch die gegenseitige Bindung von Kaiser und Eidgenossen gegeben war, dazu auszunützen, dem größern Recht Geltung zu verschaffen. Noch während der Friedensverhandlungen mußte der Herzog von Mailand nach Innsbruck fliehen, und einen Monat nach der Besiegelung des Friedens zog Ludwig XII. selber ein in Mailand. Er hatte aber das Ungeschick, einen ungeeigneten Statthalter, den Mailänder Trivulzio, daselbst zurückzulassen, der die anfänglichen Sympathien für die Franzosen rasch verdarb, sodaß das wetterwendische Volk wieder Sehnsucht bekam nach dem verjagten Herrn. Das fügte sich zusammen mit einer Mißstimmung unter den Eidgenossen gegen Ludwig XII., der nach ihrer Meinung die Söldner nicht nach den Bestimmungen seines mit ihnen im März 1499 abgeschlossenen Bündnisses behandelte. Diese Mißstimmung war stärker als die Wirkung des ausdrücklichsten Verbotes der Tagsatzung. Mehrere Tausend Leute liefen dem Herzog zu, der mit ihnen nur zu erscheinen brauchte, um seine Herrschaft wieder antreten zu können. Dieses Mißgeschick der Franzosen veranlaßte ihren König, sich die Eidgenossen wieder auszusöhnen, was ihm mit Hilfe des Kronensackes auch gelang. Daraus ergab sich eine äußerst tragische Verwicklung. Denn die Werber Ludwigs XII. zogen nun ihrerseits etwa zehntausend schweizerische Söldner, auch gegen die Beschlüsse der Tagsatzung, zusammen und führten sie den Feldherren zu, die den Auftrag hatten, die Lombardei zurückzuerobern. So kam es, daß sich im April 1500 bei Novarra Schweizer und Schweizer gegenüberstanden und einander für die Interessen fremder Fürsten erschlagen sollten. Die geängstete Heimat versuchte umsonst zu vermitteln. Die Truppen, die nicht gegeneinander kämpfen wollten, nahmen von sich aus die Verhandlungen auf, in die die Führer wohl oder übel eintreten mußten. Es kam dazu, daß die Besatzung von Novarra freien Abzug haben, Lodovico Moro sich aber dem König von Frankreich ergeben sollte. Die schweizer Besatzung wollte ihn retten und ihn als einen der ihren, verkleidet mitten unter dem eigenen Haufen herausführen. Da man aber Kunde bekam von der Absicht oder sie ahnte, ließ man alle Leute einige Worte reden, wodurch sich der Herzog, der nicht Schweizerdeutsch sprach, verraten mußte. Er wurde gefangen genommen und nach Frankreich in eine Festung geführt, wo er nach etwa acht Jahren starb.

Der tragische Vorfall, mochte er sich genau nach den Berichten oder etwas anders abgespielt haben, konnte sowohl in der Eidgenossenschaft wie außerhalb derselben nur als Verrat empfunden werden. Es war eben ein Verrat an dem Wesen der Eidgenossenschaft, dem jeder Wortbruch als Verrat galt. In dem tragischen Konflikt, entweder die Brüder zu erschlagen oder das gegebene Wort zu brechen, haben die Söldner auf beiden Seiten auf den äußern Kampf verzichtet, aber mit dem darauf folgenden innern ist die ganze Eidgenossenschaft viele Jahre hindurch nicht fertig geworden. Wie unter dem Druck des schlechten Gewissens kamen dann im Jahre 1503, nach langen Vorbereitungen die Badener Beschlüsse zustande, welche das Pensionenwesen und Reislaufen ganz abschaffen sollten. Annahme von Pensionen und Geschenken fremder Fürsten sollte ebenso verpönt sein wie das eigenmächtige Reislaufen in deren Dienste, und das unbefugte Werben sollte mit der Todesstrafe belegt werden. Zehn von den XII Orten verzichteten in einem besondern Abkommen auf die eigenmächtige Außenpolitik. Mit großer Begeisterung wurde das Badener Verkommnis wie eine Erlösung begrüßt.

Es zeigt aber deutlich die Krisis der eidgenössischen Entwickelung. Je mehr das alte, moralische Wesen versank, umso mehr spiegelt es sich substanzlos im luftleeren Raum. Das Badener Verkommnis ist den Sittenmandaten gleichzustellen. Es ist nicht ein Zeichen dafür, daß man wieder Boden faßte, sondern daß man diesen verlor. Man erkannte mit außerordentlicher Schärfe die eigene Krankheit, aber erst als deren Gewalten schon so groß waren, daß sie durch gutgemeinte Abmachungen – zu deren Durchführung die eigene Kraft gar nicht hinreichte – keineswegs mehr zu beeinflussen waren.

Das Gespenst von Novarra ließ sich nicht bannen, trotzdem man noch nach Jahren seinetwegen prozessierte und das öffentliche Gewissen durch Verurteilungen beruhigen wollte. Eine seltsame Leere und Unsicherheit bemächtigte sich für etwa ein Jahrzehnt des eidgenössischen Wesens. Es schien dazu übergehen zu müssen, von den Gegensätzen Österreich-Frankreich bestimmt zu werden. Die seit vielen Jahrhunderten veranlagte Polarität zwischen der Habsburgischen Macht und dem zum Sonnenkönigtum hineilenden Frankreich bildete sich immer deutlicher heraus und schickte sich an, den Gang der europäischen politischen Entwickelung zu bestimmen. Auf beiden Seiten betrachtete man die Eidgenossenschaft als eine Art wirksamer Waffe, mit der man drohen und dreinschlagen konnte, wenn man sie in der Hand hatte, und die bei Nichtgebrauch wegzustellen war.

Selbst für solche Schaustellungen wie die kaiserliche Krönungsfahrt nach Rom hielt man die Teilnahme einer Abteilung Schweizer für so unerläßlich, daß sie für ihre Zusage wichtige Zugeständnisse erzwingen konnten.

Ein eigener Impuls erwachte aber noch einmal, als der Papst Julius II. sie heranzog und seinen Interessen dienstbar machte.

Diese außergewöhnliche Gestalt in der Papstreihe, bei der man wohl eine große politische Begabung im Sinne der italienischen Renaissance, aber keinerlei Neigungen für das theologische Element findet, wurde der Anlaß, daß in der Eidgenossenschaft noch einmal vor der Reformation ein fast frühmittelalterlich anmutendes religiöses Gefühl aufwachte. Es ist ein seltsames Geschick, daß die Eidgenossen, in deren Geschichte wir einzelnen Päpsten kaum begegnen, gerade von Julius II. einen gestickten Hut und ein goldenes Schwert als Symbole der Unabhängigkeit erhielten und mit dem Titel «Befreier der Kirche» – Defensores ecclesiasticae libertatis – ausgestattet wurden, und daß sie im Zusammenhang damit noch einmal die Welt zu Bewunderung hinrissen durch gewaltige Taten in der Zeit, als Michelangelo und Raphael, vom selben Julius nach Rom gezogen, dort ihre unvergleichlichen Werke schufen.

Julius II. hatte gleich nach seinem Amtsantritt 1503 den Plan gefaßt, den Kirchenstaat zu festigen. Dazu war die Bezwingung der sich in der Romagna ausbreitenden Republik Venedig nötig. Mit außerordentlicher Zähigkeit arbeitete er an diesem Ziel und brachte schließlich die Liga von Cambray zusammen, in der sich fast alle fürstlichen Mächte Europas gegen die Republik verbanden. Julius fügte zu den politischen Mitteln seiner Verbündeten die geistlichen der Kirche. Diesen Gewalten mußte Venedig weichen und dem Papst die von ihm beanspruchten Gebiete abtreten. In diesem Moment verband er sich mit Venedig gegen Frankreich, mit dessen Hilfe er eben jenes besiegt hatte.

Julius II. plante die Gründung einer Liga, zusammen mit dem Kaiser, mit Spanien, Venedig und einigen anderen Mächten zu dem Ziel, Frankreich wieder aus Italien zu vertreiben. Er sah in den Eidgenossen die Kraft, deren Einsetzen allein die Erreichung des eigentlichen Zieles der Liga garantieren könne.

Der Bischof von Sitten, Matthäus Schinner, der sich wie ein Waldmann vom Dorfknaben in schneller Laufbahn zu fürstlicher Stellung erhoben hatte, trat mit seiner intimen Kenntnis der schweizerischen Verhältnisse in die päpstlichen Bestrebungen ein. Im Jahre 1510, nachdem das französische Bündnis abgelaufen war, vermittelte er einen Bündnisvertrag zwischen Seiner Heiligkeit und den Eidgenossen, wodurch diese das Amt des «Schützers der heiligen Kirche» übernahmen.

Schinner wurde in der Folge von Julius zum Kardinal erhoben.

Gleich nach dem Abschluß des Bündnisses erlebten aber die Eidgenossen eine arge Enttäuschung. Der vertragliche Zuzug wurde unter

Vorspiegelung eines falschen Zieles zwar sofort aufgeboten. Aber in Chiasso löste sich der Zug auf, nachdem es sich für die Söldner herausgestellt hatte, daß sie gegen Mailand und nicht gegen einen kirchlichen Rebellen marschieren sollten. Verstimmungen auf beiden Seiten waren die Folge des im Chaos endenden Auszuges.

Trotzdem war es Ludwig XII. nicht möglich, die Eidgenossen für ein neues Bündnis mit ihm zu gewinnen. Vielmehr neigten sie nach der österreichischen Seite und schlossen mit Habsburg eine erneuerte Erb-Einung ab.

Als im Jahre 1511 die Heilige Liga gegen Frankreich wirklich zustande kam, war das Zeichen zu der letzten, großen, kriegerischen Anstrengung der Eidgenossen gegeben. Sie wurden von außen dazu hingeführt, und zum dritten Mal innerhalb weniger Jahrzehnte kämpften sie einen gewaltigen Kampf, in dem sie nicht «Hauptsächer» waren, sondern in der Erfüllung der Bundespflicht die Hauptlast auf sich nahmen. In dieser Weise haben sie sich vor ihrem Abgang von der Bühne der äußern Weltpolitik nach allen vier Himmelsrichtungen gewandt.

Nach einem nochmaligen, noch wüstern und planloseren Unternehmen, als es der Chiasserzug gewesen war, hervorgerufen durch einige beleidigende Akte der Franzosen, bekamen die Handlungen der Eidgenossen eine erstaunliche Festigkeit.

Im März 1512 nahm eine schweizerische Gesandtschaft durch die Vermittlung Schinners in Venedig Fühlung mit den Bundesgliedern der Liga. Kurz darauf kam eine päpstliche Legation in die Schweiz, und schon im April beschloß die Tagsatzung den vom Papst gewünschten Feldzug gegen die Franzosen in der Lombardei. Im Mai sammelten sich die Kontingente der einzelnen Orte und die Freiwilligen. In einem seltsamen Siegeszug rückten sie, vereinigt mit den Venezianern, so rasch nach Westen, daß sie, die fliehende Armee der Franzosen vor sich hertreibend, schon Mitte Juni vor Pavia, dem Sitz des französischen Oberkommandos, anlangten. Nach wenigen Tagen gab dieses jeden Widerstand auf, und am 20. Juni übernahm der Bischof von Lodi – ein Sforza – im Namen des Papstes die vorläufige Regierung in Mailand.

Ganz Oberitalien war innerhalb weniger Wochen von den Franzosen freigegeben.

Ein Brief Zwinglis, des damaligen Glarner Feldpredigers, gibt eine äußerst interessante Schilderung des Zuges. Weil die Ereignisse durch das humanistische Latein in ein antikes Licht getaucht erscheinen, meint man griechische oder altrömische Gestalten und Ereignisse wahrzunehmen, die aber erfüllt sind von mittelalterlicher Religiosität. Zwingli hebt in diesem Brief hervor, daß der geringe Sold nicht Antrieb sein konnte für den Auszug, sondern vielmehr das Leid darüber, daß die heilige Kirche wehrlos der Tyrannis ausgeliefert sei. Die kühle Klarheit der Schilderung erweckt unmittelbar Glauben. Eine seltsame Mischung wie aus vergangenen Zeiten wiedererstandener Empfindungen für Treue, Ehre und Würde gaben dem Handeln der Eidgenossen einen Augenblick lang, während welchem sie im Mittelpunkt der sie umwogenden haltlosen Politik Europas standen, eine unerschütterliche Festigkeit. Es ist eine Festigkeit, die niemals angebotene Geldgewinne erzeugen können, wie es die vielumworbenen Eidgenossen oft genug selbst bewiesen haben.

Weder dem Kaiser, noch andern Fürsten gestatteten sie irgendwelche Eingriffe in das Schicksal des eroberten Gebietes, soweit diese ihnen nicht genehm waren. Sie traten als die allein Ausschlaggebenden für die Ordnung in der Lombardei auf, an der sich Kaiser und Papst, die habsburgische und die französische Politik, sowie die Kaufleute Venedigs und des Nordens interessierten.

Durch die Besetzung des südlichsten Tessins und des Eschentales – während gleichzeitig die Bündner sich von Bormio, Veltlin und Chiavenna huldigen ließen – brachten sie zum Ausdruck, wo sie die seit einem Jahrhundert schwankenden südlichen Grenzen des eigenen Landes festlegen wollten.

In dem kleinen Städtchen Baden versammelten sich im Herbst 1512 Gesandte aller für die sogenannte hohe Politik des damaligen Europa maßgebenden Fürsten und versuchten durch Anerbieten aller Art, die Boten der Tagsatzung für die mannigfaltigsten Projekte und Kombinationen zu gewinnen. Doch wie ein Fels im unüberschaubaren Gewoge eines aufgewühlten Gewässers stand der Entschluß der Eidgenossen fest, an den bereits bestehenden Abmachungen nicht rütteln zu lassen. An ihrem Willen zerschellten alle schönen Projekte der zahlreichen Herren, und im Dezember desselben Jahres fand die feierliche Einsetzung des Massimiliano Sforza, des Sohnes des vertriebenen Herzoges, in sein Herzogtum statt. Auf seine Person hatte man sich schon im August geeinigt, weniger um seiner Qualitäten willen, als zufolge des Rechtsempfindens der Zeit.

Gegenüber den Ansprüchen der kaiserlichen und königlich spanischen Vertretungen behauptete die eidgenössische Abordnung das Recht der Übergabe des eroberten Landes. So kam es, daß der neue Herzog aus den Händen des Zuger Landammanns den Schlüssel der Stadt als Symbolum der fürstlichen Gewalt über das Herzogtum empfing, den Eidgenossen dankte und sich ihrem Schutze empfahl.

In diesem Augenblick, da die Eidgenossen, die Besieger Frankreichs, versehen mit den vom Papste verliehenen Symbolen der Unabhängigkeit, dem Hut und goldenen Schwert, dem Kaiser das Beleihungsrecht über die Lombardei abschlagen, den Anspruch des Königs von Spanien, als Oberhaupt der Heiligen Liga zu amtieren, zurückweisen und durch einen der Ihren die Zeremonie der fürstlichen Gewaltverleihung durchführen lassen, erscheinen sie der damaligen Welt als im Höhepunkt ihres Ansehens und ihrer Macht angelangt.

Aber das mit erstaunlicher Entfaltung von Kraft und innerer Festigkeit von seiten der Eidgenossen in die Welt hineingebaute Werk war eine soziale Schimäre. Der Herzog war eine der Erscheinungen, die man regelmäßig trifft in der dritten oder vierten Generation einer durch Gewaltherrscher begründeten Dynastie. Selber ohne Kraft und ohne Befähigung für das Regiment fand er auch keine eingefahrenen Einrichtungen vor, die ihn hätten tragen können und noch weniger Menschen, die ihm das Fehlende geschaffen hätten. Die einstige politische Leidenschaft der Mailänder war längst ausgebrannt, und sie begnügten sich, ihren Geschäften nachzugehen und sich über die Bedrückungen der wechselnden Herrschaften zu beklagen, immer bereit, sich von einem Herrn loszusagen und die Hoffnungen auf einen andern zu setzen.

Der Papst, der sein Ziel mit so unbeugsamem Willen verfolgt hatte und auch gewillt war, an seinen Plänen festzuhalten, Julius II., starb wenige Wochen nach der Übergabe Mailands. Sein Nachfolger, der Medicäer Leo X., hatte anders geartete Familieninteressen und darum andere politische Ziele als die della Rovere.

Dazu kam, daß der Ausgang der Ereignisse nicht mit den Vorkalkulationen der verbündeten Venezianer übereinstimmte, was diese veranlaßte, sich mit den Franzosen zur Zurückeroberung der Lombardei zu verbinden.

Leo X., Ferdinand von Aragonien und König Heinrich VIII. von England gründeten zwar wieder eine «Heilige Liga», wofür sie die Schweiz zu interessieren suchten. Aber diese Persönlichkeiten hielten sich wohl die Wage in der Gewissenlosigkeit, die man damals für die Erreichung seiner Ziele in der Politik für notwendig erachtete, wurzelten aber im übrigen in den denkbar verschiedensten Interessensphären, sodaß nicht auf sie zu zählen war.

Das ganze schwankende Meer von durcheinanderlaufenden Interessen, sich täglich ändernden politischen Verbindungen und Konstellationen umbrandete und unterwühlte das Herzogtum, dessen Schutz die Eidgenossen übernommen hatten.

Sie standen völlig allein mit ihrem Willen.

Frankreich rüstete sich, sowohl diplomatisch als militärisch, zu der Rückeroberung der Lombardei. Zwar suchte Ludwig XII. sich gleichzeitig mit den Eidgenossen zu verständigen. Sein Feldherr Trémoille führte vor der Tagsatzung die Verhandlungen für den König. Obwohl man auch in der Schweiz eine Verständigung suchte, beharrte man auf der Forderung, daß Ludwig ausdrücklich auf Mailand verzichte. Trémoille nahm die Vorschläge der Tagsatzung entgegen, um sie scheinbar dem König zu überbringen. In Wirklichkeit ging er aber nach Frankreich, um die schon bereitstehende Armee zu übernehmen. In dem Momente, wo er die Alpen überquerte, schlugen die Venezianer im Osten los, und auf die Nachricht des Heranrückens der verbündeten Streitkräfte von Westen und von Osten fiel das ganze Land von Maximilian ab bis auf zwei feste Plätze, Novarra und Como.

Es blieb dem Herzog nichts übrig, als sich an die Eidgenossen zu wenden und sich nach Novarra zurückzuziehen. Trotz seiner verzweifelten Lage, und trotzdem er selber nicht imstande war, die übernommenen Verpflichtungen zu erfüllen, erhielt er die vertraglich festgelegte Hilfe. Viertausend Mann zogen sofort über die Alpen und legten sich auf Verlangen des Herzogs nach Novarra. Kurz darauf, im Juni 1513, langte die französische Armee an, um den Platz einzuschließen und mit den wirksamsten Mitteln zu berennen. Ihre vortreffliche Artillerie schoß große Breschen in die Mauern, und zum Erschrecken der Bürger verhinderten es die Schweizer, daß man Wälle oder Sperrwerke hinter den Mauerlücken errichtet. Sie hielten an Stangen gehängte Bettlaken für einen genügenden Schutz.

Sobald der Befehlshaber der Franzosen die Meldung erhielt, daß eine eidgenössische Verstärkung heranrücke, zog er sich zurück, um an einer günstigen, übersehbaren und leicht zu verteidigenden Stelle das Lager aufzuschlagen.

So gelangte der größere Teil des Hilfsheeres ungehindert nach Novarra, während eine andere Abteilung durch Hochwasser aufgehalten wurde. Trotzdem traten die Hauptleute schon eine Stunde nach der Ankunft des Zuzuges zusammen und beschlossen, die Zurückgebliebenen nicht abzuwarten, sondern bei Sonnenaufgang die Franzosen anzugreifen, um zu verhindern, daß diese noch weiter zurückwichen und sich mit ihren eigenen, eben die Alpen überquerenden Verstärkungen vereinigten. Auf Grund genauer Erkundigungen über das Gelände wurde der Angriffsplan in der Nacht entworfen und die Aufgaben verteilt.

Die Führer der Franzosen waren nicht wenig überrascht, bei Sonnenaufgang von Spähern und Vorposten zu vernehmen, daß die vermeintlich übermüdeten Feinde heranrückten. Es blieb ihnen aber noch Zeit genug, die Schlachtordnung aufzustellen und namentlich die für jene Zeiten außergewöhnlich ausgestattete Artillerie zu richten.

Nach ihrer Gewohnheit gingen die anlaufenden Eidgenossen mit Schrecken einjagendem Gleichmut durch Zonen hindurch, wo die Geschützkugeln Lücken in ihre Reihen rissen, und richteten nach vorher getroffener Verabredung den Hauptangriff auf das Zentrum der französischen Schlachtordnung. Nach zwei Stunden war die Schlacht entschieden. Nicht viel mehr als die Reiterei der Franzosen entkam, während ihr Fußvolk aufgerieben, das Geschütz genommen und den Fliehenden in den Rücken gewendet wurde. Das ganze, reiche Lager fiel den kühnen Eidgenossen zur Beute.

Dieser Sieg galt als eine der bewundernswertesten Taten der Eidgenossen. Hatten sie sich in frühern Zeiten durch ihre eigentümliche Kampfweise den mittelalterlichen Ritterheeren mit deren gepanzerten Berufskriegern als überlegen erwiesen, so zeigte sich jetzt ihr Fußvolk auch der neuen kombinierten, unter zentralem Kommando stehenden Ordnung überlegen. Die vom Marsch ermüdeten Bauern ohne Reiterei – der Herzog mit seinen Reitern soll von ihnen beim Beginn der Schlacht nach Novarra zurückgeschickt worden sein – und ohne Artillerie, nur dadurch zusammengehalten, daß jeder seine Aufgabe erfüllte, siegten über ein zahlenmäßig größeres, wohlgegliedertes und von erfahrenen Feldherren geführtes Heer.

La Trémoille zog sich samt dem zu spät eintreffenden Hilfsheer nach Frankreich zurück, während seine Gegner mit leichter Mühe die vom Herzog abgefallenen Plätze wieder einnahmen und mit hohen Kriegskontributionen belegten.

Trotz der glänzenden Tat von Novarra, die das Unglück des Vaters vom Jahre 1500 an dessen Sohn wieder gut zu machen schien, war das Gefühl der Unsicherheit und des Unbehagens nicht zu bannen in einem Volk, dessen Taten bisher auf einer festen Grundlage und innerhalb einer gesetzmäßig verlaufenden Entwickelung gestanden hatten. Jedermann fühlte den Boden, auf dem die Vorfahren sicher gestanden hatten, unter den Füßen wanken. Das erworbene Geld konnte wohl neue Bedürfnisse anfachen, aber die der tiefsten Menschennatur nicht befriedigen.

Das regierte Volk suchte die Ursache der Nöte bei den «Kronenfressern», den nach seiner Ansicht bestochenen Trägern der Ämter. Diese wiederum beklagten sich darüber, daß man keine großen Pläne durchführen könne, da kein Gehorsam bei den «Unsrigen» sei.

Mehr, um einen Ausweg zu suchen als aus klarer Einsicht beschloß man, Frankreich, von dem innerhalb kurzer Zeit ein neues Unternehmen gegen die Lombardei zu erwarten war, anzugreifen, wozu man auch durch den Kaiser gedrängt wurde. Der Kaiser versprach die Erfüllung gewisser rückständiger Forderungen und die Stellung der notwendigen Artillerie.

Schon zwei Monate nach Novarra sah sich La Trémoille wieder den Eidgenossen gegenüber, aber dieses Mal war er der Eingeschlossene. Eines der größten Heere der mittelalterlichen Eidgenossenschaft – wenn nicht das größte – schickte sich an, das schlecht befestigte Dijon zu belagern.

Trémoille tat, was er in dieser Situation tun mußte, er trat in Verhandlungen ein. Es zeigte sich sofort, wie ziellos die Unternehmung war und wie wenig Grund sie im Wollen und Fühlen des Heeres hatte. Die maßgebenden Hauptleute schlossen, gegen den Einspruch vereinzelter Stimmen, einen Friedensvertrag mit dem französischen Feldherrn, der ohne Vollmacht des Königs handelte und nur eine Anzahl Geiseln als Garantie für die königliche Ratifikation stellte. Das Heer zog daraufhin wieder nach Hause. Die Friedensbedingungen enthielten zwar alles, was man seit langem von Frankreich verlangte – den ausdrücklichen Verzicht auf die lombardischen Städte und überdies die Verpflichtung zur Bezahlung einer bedeutenden Entschädigung – aber, wie zu erwarten war, dachte Ludwig XII. nicht daran, in diesen Frieden einzutreten.

Die Eidgenossen hielten aber ihrer Gewohnheit gemäß ebenso hartnäckig fest an diesem Friedensinstrument von Dijon wie an den Abmachungen, die Mailand betrafen.

Die zwei Gebäude, die im unerschütterlichen Willen der Eidgenossen verankert, aber im übrigen in die Luft hineingebaut waren, mußten zu einer neuen kriegerischen Auseinandersetzung führen. Deutlich wird aus den Ereignissen sichtbar, daß die alte Treue zum Wort noch tief mit dem eidgenössischen Wesen verbunden war. Wortbruch war für die alten Eidgenossen noch ein Bruch des eigenen Menschenwesens. Aber sie hatten die Fähigkeit verloren, das Wort mit der wahren Wirklichkeit der historischen Kräfte zu verbinden. Sie hingen es an unwürdige Gegenstände und an den bloßen Schein.

Diese Erkenntnis war ihnen übrigens nicht fremd, denn man beriet sich darüber, ob die Verträge mit dem Herzog nicht gekündigt werden sollten, da dieser von seiner Seite nicht im mindesten imstande war, seine Pflichten zu erfüllen. Trotz dieser Einsicht hielt man es als unvereinbar mit der Ehre, auch die eigenen Pflichten abzustoßen.

Auf der andern Seite ließ es Ludwig XII. keineswegs fehlen an Bemühungen, den Frieden mit den Eidgenossen zu erlangen. Aber an der Rücksicht auf Mailand zerschellten alle übrigen Vorschläge, die so weit gingen, die gesamten Bedingungen von Dijon anzunehmen mit Ausnahme des Verzichtes auf Mailand.

Nur ein neuer Krieg konnte die Entscheidung bringen. Dieser stand in naher Aussicht, als Heinrich VIII. von England, der kurz vorher noch mit den Eidgenossen ein besonderes Bündnis abschließen wollte, mit Frankreich in Friedensverhandlungen trat, die sich zu einer Allianz zum Schutze der französischen Rechte in Oberitalien entwickelten.

Ludwig XII. konnte seine Pläne nicht mehr zur Ausführung bringen. Er starb am 1. Januar 1515. Aber sein Nachfolger Franz I. ergriff mit Entschiedenheit die Pläne des alten Königs, die sowohl ihm selbst als angehendem Herrscher gelegen kamen, wie auch die Gunst der Zeit für sich hatten.

Er erweiterte die Allianz mit England und Venedig um ein Bündnis mit Karl, dem Erben der von Karl dem Kühnen hinterlassenen niederländischen Besitztümer.

Die Eidgenossen, die bereits mit dem Papst ein Bündnis eingegangen waren, ließen sich in ein Abkommen mit dem Kaiser und mit dem König von Spanien hineinnehmen, sodaß sich noch einmal um das Geschick Mailands ganz Europa in zwei Lager spaltete.

Franz I. wiederholte die weitgehenden Friedensangebote seines Vorgängers an die Schweiz und kam dem Ehrgefühl der Eidgenossen so weit entgegen, daß er sich verpflichtete, dem Herzog von Mailand ein französisches Fürstentum als Entschädigung für das abzutretende Mailand zu verleihen. Doch jeder derartige Handel wurde zurückgewiesen. Man wollte von den Bedingungen von Dijon in keiner Weise abweichen.

Der Übergang Genuas zu den Franzosen war das Signal zum Aufbruch der ersten eidgenössischen Truppe, die aber zu keiner Kampfhandlung kam. Auf die Nachrichten der großen Rüstungen in Frankreich ließ man die festen Plätze im Westen der Schweiz besetzen und eine neue Abteilung über die Alpen rücken. Doch in der Lombardei war bereits die größte Verwirrung eingetreten, und die Hauptleute der Truppen konnten sich nicht darüber einigen, ob zuerst das im Abfall begriffene Land zum Gehorsam zu zwingen sei, oder ob man sich auf die Absperrung der westlichen Gebirgspässe konzentrieren solle. Dazu kam noch, daß sich die Eidgenossen durch Franz I. täuschen ließen, der über die gewöhnlich benützten Alpenübergänge nur geringe Abteilungen sandte mit dem Befehl, die feindlichen Bewachungen hinzuhalten, während er selbst mit der Hauptmacht einen äußerst beschwerlichen, aber von niemandem vorauszusehenden Umweg machte. Das unerwartet im Piemont stehende Heer zwang die zerstreuten eidgenössischen Abteilungen, sich ins Lombardische zurückzuziehen, um sich konzentrieren zu können.

Zu der Täuschung durch den Feind kam die viel bitterere Enttäuschung über die Freunde, die ihre Verbündeten im Stich ließen. Der Papst unterhandelte sogar mit Franz I. im Sinne des Familienegoismus der Medici.

Franz I. fand nun bei den in verzweifelter Lage sich befindlichen Eidgenossen eine gewisse Bereitschaft für Unterhandlungen, die offenbar dazu beitrugen, daß sich die Truppen in zwei Haufen trennten, wovon der eine bei Arona verblieb und der andere in die Gegend von Monza vorrückte. Auch die letzte zu ihnen stoßende Abteilung aus der Heimat spaltete sich im gleichen Sinne. Am 9. September wurden die Friedens-Bedingungen in Gallerate endgültig redigiert. Franz machte im Wesentlichen die gleichen Angebote wie vor dem Feldzug, aber mit der neuen Bedingung, daß die Eidgenossen die südlich der Herrschaft Bellinzona liegenden Besitzungen und Domo nur als Pfänder bis zur Abzahlung der angebotenen Kriegsentschädigungen behalten dürften.

Der von Arona nach Domo gezogene Heerhaufe der westlichen Orte nahm die Bedingungen an und wandte sich heimwärts, der andere lehnte sie ab und rückte nach Mailand. Ein Teil dieser Truppen erhielt aber von ihren Orten die Weisung, die Friedensunterhandlungen nicht zu stören.

Kardinal Schinner, der unbedingt an die Möglichkeit eines Sieges glaubte trotz der gar nicht abzuschätzenden Übermacht der Franzosen – denn dem aus 72 Stücken bestehenden Geschütz, den 6000 Handbüchsen, den gewaltigen Reitermassen und den Befestigungswerken hatten die eidgenössischen Fußtruppen nichts, oder nur Unbedeutendes außer sich selbst entgegenzusetzen, und das feindliche Fußvolk allein schon hätte genügt, sie der Zahl nach zu erdrücken – wollte den Kampf herbeiführen, bevor die Zerbröckelung des Widerstandswillens weiter schreiten konnte.

Er erreichte seine Absicht durch eine Täuschung. Nach Verabredung mit einigen Vertrauten ließt er in einem günstigen Moment des 13. Septembers die falsche Nachricht verbreiten, die Franzosen rückten aus ihrem Lager bei Marignano (östlich von Mailand) heran und hätten bereits einige Posten und streifende Abteilungen – die verabredetermaßen Lärm schlugen – angegriffen. Nach einer Anrede an die Truppen stürmte Schinner selbst an ihrer Spitze aus der Porta Romana, obwohl es schon gegen Abend ging. Draußen auf dem offenen, leeren Feld soll er wieder gezögert und zum Rückzug geraten haben. Aber ein Teil der Krieger war nicht mehr aufzuhalten, und die übrigen wollten diese nicht im Stich lassen. Ohne die sonst üblichen genauen Erkundigungen rückte man nach Marignano, wohin der Auszug durch Feuerbrände gemeldet worden war.

Angesichts des wohlgeordneten Heeres der Franzosen sprach einer der Hauptleute die Todesweihe über die Männer, worauf diese niederknieten und nach alter Gewohnheit mit ausgebreiteten Armen ihr Gebet in das Leiden und Sterben Christi sprachen.

Dann erhoben sie sich und rückten in Schlachtordnung vor. Da ließ der König alle Geschütze und Büchsen auf einmal auf sie abfeuern, «daß einer gemeint haben möchte, der Himmel täte sich auf und wäre alles feurig und wollte Himmel und Erde zusammenbrechen von feindlichem Schießen» – wie eine zeitgenössische Chronik erzählt.

Damit begann die letzte Schlacht der alten Eidgenossenschaft gegen einen auswärtigen Gegner.

Am ersten Tag kämpfte man, bis um Mitternacht Finsternis und Ermüdung Einhalt geboten.

Bei Sonnenaufgang wurde das Ringen fortgesetzt unter gewaltigen Verlusten auf beiden Seiten. Aber als gegen Mittag der Schlachtruf der venezianischen Reiterei im Rücken der Eidgenossen erscholl und sie glauben machte, die ganze frische Heeresmacht bedrohe sie, ließ man auf eidgenössischer Seite Sammlung blasen. Die Krieger, die Aussichtslosigkeit ihres Kampfes erkennend, zogen sich zusammen, nahmen die eigenen und die erbeuteten Geschütze in die Mitte, die Verwundeten auf die Schultern und zogen langsam nach Mailand zurück. Niemand wagte, den Zug der schweigenden Gestalten anzutasten oder zu verfolgen.

Die diesem Rückzug einwohnende erhabene Größe wurde von der damaligen Welt nicht minder bewundert als manche ans Wunderbare grenzenden Siege. In ihm lebte die Größe des aus klarer Erkenntnis geborenen leidenschaftslosen Verzichtes.

Alles, was nachher geschah, ist so, daß man glauben könnte, nicht die Kämpfer von Marignano allein, sondern das ganze Land sei durch die Erschütterung der Niederlage von einer Erkenntnis durchzuckt worden, wie sie ein einzelner Mensch erleben kann, wenn er plötzlich vor der unheimlichen Leere eines Abgrundes erwacht, an den ihn ein Irrweg geführt hatte. Eine solche Erkenntnis, die mit unerbittlicher Klarheit die Nichtigkeit eines langen, irrigen, in Täuschungen lebenden Strebens überleuchtet, kann wohl wieder zugedeckt, aber in ihren Wirkungen nicht ausgelöscht werden.

Obwohl die nach Mailand zurückkehrenden Krieger von der Bevölkerung und vom Herzog gut aufgenommen wurden, zog ein Teil trotz der furchtbaren Erlebnisse und Anstrengungen am gleichen Abend noch heimwärts. Die andern brachen am folgenden Tag auf, nur eine Besatzung zum Schutz des Herzogs im Mailänder Kastell zurücklassend.

Aber der Herzog übergibt das Schloß und sich selber gegen den Willen der Besatzung. Der Papst unterhandelt nun offen mit Franz I. und schließt einen Frieden, in den nur seine Familieninteressen eingehen. Der Kaiser wie Spanien verfolgen ihre eigenen Ziele, ohne Rücksicht auf die verbündete Eidgenossenschaft.

Von allen Seiten verlassen, müssen sich die Eidgenossen allein mit Frankreich abfinden. Savoyen übernimmt die Vermittlung, und im November sind die Verträge für den Frieden und für ein neues Bündnis entworfen.

Aber noch mußte das Land durch die Gefahr des Zerrissenwerdens durchgehen. England und der Kaiser arbeiten in der unzufriedenen Bevölkerung gegen die Verträge und die sie befürwortenden Männer, da sie neuerdings gegen Frankreich vorgehen wollen. Es kommt so weit, daß sowohl Frankreich als der Kaiser in der Eidgenossenschaft geworbene Söldnerheere vor die Tore Mailands führt, wo es aber, dank der Rückberufung der Kaiserlichen durch ihre Orte, nicht zum Kampfe kommt.

Die französisch gesinnten Orte ließen ihrerseits das Bündnisprojekt mit Frankreich fallen, worauf der Friede geschlossen wurde, den man im November 1516 in eine «Ewige Richtung» umwandelte, die in den Grundzügen bis zur französischen Revolution in Kraft behalten wurde.

Der Sieger ließ eine Denkmünze prägen, durch deren Inschrift er sich als «primus domitor Helvetiorum» feiert.

Die Besiegten nahmen am 7. Juli 1516 unter ihre protokollierten Tagsatzungsbeschlüsse den Grundsatz auf: «Man will nicht mehr kaiserlich oder französisch, sondern nur eidgenössisch sein!» Damit haben sie sich selbst besiegt und selbst erkannt. Indem sie zur Einsicht gelangten, daß es nicht ihre Aufgabe sei, dem österreichisch-habsburgischen oder dem französischen Pol der damaligen Politik anzuhangen, sondern sich die freie Entscheidung zwischen den Gegensätzen zu erhalten, näherten sie sich dem eigenen Wesen.

Jetzt beginnt die Epoche, wo die einzelne Persönlichkeit in das Licht der Geschichte hinaustritt.

Die Generation, die im urteilsfähigen Lebensalter die vier Jahrzehnte von den Burgunderkriegen bis Marignano überspannt hatte, durchlebte eine Dramatik von unvorstellbarem Ausmaß.

Ströme von Blut wurden geopfert auf den Schlachtfeldern im Westen, Norden, Osten und Süden. Nach allen vier Seiten hatte die Eidgenossenschaft sich zu schlagen um der Treue willen zum gegebenen Wort.

Neue, nie gekannte Reichtümer flossen seit dem Tage von Grandson in das Land. Aber alte Gewerbe gingen zurück, und es begann die Zeit, wo ganze Gegenden verwilderten, weil die jungen Leute der Landarbeit entfremdet wurden durch das anschwellende Reislaufen.

Die Verarmung der Landschaft hatte ein Gegenbild in der Verarmung des sozialen Wesens. Unzufriedenheiten erzeugten solche Stürme wie den Waldmannhandel.

Von der höchsten Höhe der politischen Macht, zu der man plötzlich anstieg, stürzt man jäh hinunter und wird zu einem Land, das nach außen nur noch Söldner liefert.

Aber als die größten Momente in dieser Epoche, in der Vergangenheit und Zukunft sich begegnen, in der die Schicksale des Mittelalters nochmals aufleben wollen, aber die neue Zeit durch alles hindurch spürbar wird, erscheinen die, wo in höchster Not die tiefste Kraft des eidgenössischen Wesens emportaucht und Entschlüsse zeitigt, die für Jahrhunderte Gültigkeit bewahren.

Neben die Weihnachtszeit von 1481, wo im Moment des endgültigen Auseinanderfallens der alten Bünde die neue Eidgenossenschaft gegründet wurde, gehört die Herbstzeit 1515, wo im Getümmel einer wilden Schlacht der Entschluß gefaßt wird, dem Schicksalsruf zu gehorchen und die innere Größe aus dem äußern Zusammenbruch zu retten.

NACHWORT UND VORSCHAU

Entgegen der ursprünglichen Absicht, die vor der Niederschrift der vorliegenden Arbeit gefaßt worden war, mußte die Darstellung der eidgenössischen Entwickelung abgebrochen werden, da wo jene in die neuzeitlichen Verhältnisse hinüberleiten sollte. Die Art, wie die Untersuchungen durchgeführt wurden, mußte zu einem Ende kommen, als diese bei dem Ereignis angelangt waren, das die mittelalterliche Politik der alten Bünde zu jähem Abschluß brachte.

Wie ein Felsbruch, zu dem ein Alpenwanderer unversehens gelangt, kann die Schwelle vom XV. zum XVI. Jahrhundert dem historischen Nacherleben der Entfaltung der Eidgenossenschaft empfunden werden. Der bis dahin beschrittene Weg bricht ab, und vor den Augen breitet sich ein unübersehbares Feld von lauter zerbröckelndem Gestein aus. Es bleibt nur übrig, den Niederstieg auf das Schuttfeld oder einen neuen Weg zu suchen.

Wer für die Zeiten nach Marignano genau dasselbe weiter betrachtet, was den Historiker am schweizerischen Mittelalter als wesentlich interessieren muß, findet nur noch Niedergehendes und Zerfallendes. Doch müßte man mit einer an Illusionen hängenden Glaubenskraft ausgestattet sein, wollte man annehmen, ein kleines Land könne zwischen nicht ganz unegoistischen Nachbarn jahrhundertelang ausschließlich von der Verrottung vergangener Leistungen leben. Selbst dann, wenn die innere Größe der alten Bünde noch mächtiger gewesen wäre, als es der Ahnung erscheint, hätte ohne weiterlebende soziale Kräfte das Werk der Alten nicht bis auf unser Geschlecht vererbt werden können.

Es entsteht die Frage: Wohin sind die einstigen sozialen Kräfte versunken, und aus welchen Tiefen stiegen sie immer wieder empor, um das ganze Wesen der Schweiz zusammenzuhalten, das sich einst in opfervollen Kämpfen durch frei zu ihrem Wort stehende Männer verkörpert hat? Antwort auf diese Frage kann uns nur die Anschauung der Wirklichkeit geben. Die Kräfte müssen erkannt werden, welche das Volk durch alle Wandlungen hindurchführten, Kräfte, die anheben mit dessen Ergreifen des Christentums und enden mit dem Eingewurzeltsein jenes unbeugsamen Freiheitsbewußtseins der Individualität, das den einzelnen Angehörigen des Volkes kennzeichnet.

Am Anfang dieser Entwickelung steht eine von neuen religiösen Kräften ergriffene Bevölkerung, deren Erleben sich in der Gestaltung und Pflege bestimmter Legendenbilder äußert. Diese Bilder geben Zeugnis vom Erfassen religiöser Wahrheiten, die von solcher Unmittelbarkeit sind, daß sie für äußere Gewalten unbiegsam bleiben, aber auch von so konkreter Klarheit, daß durch sie Wildnisse in Heiligtümer gewandelt werden.

Am Ende der Entwickelung tritt jener schweizerische Mensch auf, der trotz seiner Hingabe an die Außenwelt als unzugänglich erscheint, weil er einen machtvoll gefühlten innern Kern in sich trägt, den er als eigensten Bezirk hütet und der immer einen Grad von Rauhigkeit bewahren will, damit der von außen kommende Schliff nicht sein Eigenwesen verletze.

Die zwischen diesen Einschnitten sich entfaltende Kulturentwickelung war immer angefacht durch polar sich entgegenstehende Kräfte.

Schon während der Pfahlbauzeit gibt eine so nebensächliche Erscheinung wie die Formung der Steinbeile ein Bild der tiefern, gegensätzlich zusammenlaufenden Wirksamkeiten im Lande. Der Nordosten verwendet in den Anfängen dieser Zeit vorwiegend prismatische, also eckige Ausgangsformen für die Herstellung jener Werkzeuge, während der Südwesten ausschließlich von ovoiden, also rundlichen Feuersteinen ausgeht. In ältern Zeiten sind daher im Westen ganz andere Beilformen üblich als im Osten, aber nach und nach wandeln sich diese Urformen so, daß schließlich über das ganze Gebiet hin fast gleiche Endformen auftreten.

Was in diesen alten Kulturen in langsamer, aber stetiger Bewegung beobachtet wird, erscheint dann in der römischen Epoche wie festgehalten. Mitten durch die heutige Schweiz ging eine Verwaltungsgrenze, die sich bei näherm Zusehen als Kulturgrenze erweist zwischen zwei Gebieten mit ganz verschiedenem Verhältnis zur römischen Zivilisation.

Durch die Völkerwanderung kommen die alten Gewalten wieder in Bewegung, indem von der einen Seite das heidnische, ganz auf seinen eigenen Stammeskräften beruhende alamannische Wesen eindringt und auf der andern Seite die arianischen Burgunder, Goten und Langobarden als Träger von östlichen und südlichen Kulturelementen.

Mit einer Gesetzmäßigkeit, die Staunen erregt, wenn sie von außen betrachtet wird, und die erschüttern kann, wenn versucht wird, sie von innen zu ergreifen, werden die ersten, entscheidenden Begegnungen mit dem jungen Christentum dem alten, polaren Wesen des Landes gemäß herbeigeführt. Machtvolle Bilder regen von der einen Seite den Opfermut an, der zum Verströmen des eigenen Blutes und zur Hingabe des Hauptes als Zeugnis für die unmittelbar erlebte erneuernde Kraft führt. Andere Bilder, von anderer Seite kommend stimmen die Seele zum Ergreifen der zur Katharsis führenden Kräfte des Christentums, die das Blut reinigen und das Haupt klären durch einen strengen, dem Sozialen geweihten Lebenswandel.

Im späten Mittelalter tauchen die Bilder des in der Nacht vollzogenen Rütlischwures und des am Tage handelnden Tellen auf. In ihnen ist ausgesprochen, was Inhalt der Kräfte ist, die während der Entstehung der Eidgenossenschaft wirken, indem sich die einzelnen Orte nach und nach um die drei Urkantone herum gruppieren.

Wie veräußerlicht tritt in der Neuzeit das polare Wesen in neuen Wandlungen auf. Die Reformation läßt zwei reformatorische Bewegungen aus dem Lande hervorgehen, und die Auflockerung des europäischen Wesens des zu Ende gehenden XVIII. Jahrhunderts ruft zwei Pädagogen von universeller Bedeutung auf den historischen Plan, Rousseau, aus dem Westen, Pestalozzi, aus dem Osten hervorgehend. Selbst in der antisozialen Eigensinnigkeit der Orte und Persönlichkeiten der XIII-örtigen Eidgenossenschaft und dem gewerbsmäßigen Verströmen des Blutes ihrer Jungmannschaft auf den Schlachtfeldern Europas lebt ein ins Gegenbild gewandelter Rest alter Tugend.

In neuester Zeit erweist sogar das Aeußerlichste des sozialen Lebens, die Wirtschaft, daß die alten, gegensätzlichen Eigenschaften noch lebendig sind, indem z. B. die Feinmechanik der Juragegenden ebensolchen Weltruf erreicht hat wie die schwere Maschinen erzeugende Industrie der östlichen Schweiz.

Was einmal von außerhalb in das Land eingeströmt ist, findet sich nun als Eigenschaft seiner ihm verbundenen Bewohner. Was hineingegossen wurde, offenbart sich jetzt in mannigfaltigsten, vom Bewundernswertesten bis zum Negativen gehenden Verwandlungen wieder nach außen hin.

Je äußerlich-materieller eine solche Betrachtung angestellt wird, umso stärker wird die Neigung sein, überall das gleiche zu sehen oder solchen Erscheinungen keine Bedeutung zuzumessen. Aber schon die

Eigenart und die Gewalt der Einschnitte zwischen den Entwickelungsstufen ist mindestens so verschieden von gleichartigen Tatsachen in der Umgebung wie die Geographie des Landes verschieden ist von der seiner Umwelt.

Der Einzug des Christentums vollzieht sich, bevor irgendwelche Organisationen ihn lenken können. Die irische Form der welterneuernden religiösen Kräfte suchte die Wege auf, die durch altkeltische Heiligtümer und ihre Verbindungen vorgezeichnet waren. Die südöstlichen Formen des Frühchristentums kamen rhoneaufwärts und über die Walliser und Bündner Alpenübergänge hinweg, und ihre Wege kreuzten sich mit denen der nordwestlichen Richtung. Diese Kräfte gingen in den Willen der Bevölkerung ein und vereinigten sich dort, wie es die zahlreichen Legenden in Bildern prägen, zu jener Einheit, die man nirgends findet, wo das Christentum durch Menschengedanken filtriert weitergegeben oder aufgenommen wurde.

Wiederum ganz unkontrolliert geht dann in den Urkantonen eine Entwickelung vor sich, die, überraschend für die übrige Welt, in der Mitte des XIII. Jahrhunderts sich plötzlich nach außen offenbart. Keine Verwaltungsakten können irgendeine Auskunft geben über die Vorbereitungen dessen, was, innerlich schon gereift, damals nach außen zu wirken beginnt. Was sonst nur in sichtbarer Entwickelung hinter Stadtmauern sich ausbildet, tritt hier in unverkünstelter Natur nach unbeobachtbarem, verborgenem Reifeprozeß auf die Bühne des öffentlichen Weltgeschehens hinaus. Es wirkt mit der elementaren Gewalt der Gebirgsnatur und trägt in sich die fast mathematische Gesetzmäßigkeit von rhythmisch sich folgenden Wasserwellen auf einer Seefläche.

Die ersten, von der Reichsgewalt ausgestellten Freiheitsbriefe der urschweizer Talgemeinden und die durch Habsburg erwirkte Banndrohung des Papstes Innozenz IV. sind beinahe die einzigen und schwachen Widerspiegelungen der ersten selbständigen Schritte einer werdenden Eidgenossenschaft in die Rechtssphäre hinaus, und doch lassen sie schon die ganzen in Bewegung geratenen Schicksalsgewalten erfühlen.

Es folgt darauf eine Periode, in der sich ein labiles Gleichgewicht zwischen alten und neuen Kräften ausbildet. Nach dessen Störung beim Tode des ersten Habsburger Königs eilt die Entwickelung auf die Entscheidung von Morgarten zu und steigt dann zu ihrem Höhepunkt, der durch Sempach und Näfels nach außen und durch den Sempacher Brief nach innen sich markiert.

Nachher beginnt der Zerfall der alten, sozialmoralischen Kräfte. Von Stufe zu Stufe geht es hinunter, vom Erobern zum Bruderkrieg und von da zur völligen innern Auflösung nach den Burgunderkriegen, während die nach außen gerichteten Kräfte ins Gigantische anschwellen.

Doch in den Tiefen wirkt wie früher unter der sichtbaren Oberfläche eine unsichtbare Entwickelung fort, deren Wirklichkeit nur in Zeiten größter Not anschaubar zutage tritt, wie es St. Jakob, Grandson und Murten bezeugen.

Im Jahre 1481 wird auf jenes Unterirdisch-Unfaßbare die neue Eidgenossenschaft in der Form des Staatenbundes gegründet.

Auch diese Eidgenossenschaft kam zustande durch die Einwirkung von einer ganz und gar unoffiziellen Seite her. Der Bruder Klaus, der als Laie ein geistliches Leben führte und als Einsiedler die mitten im europäischen Geschehen handelnden Miteidgenossen besser kannte als diese sich selbst, wußte deren tief verborgene soziale Kräfte auch dann noch zu finden und aufzurufen, als keine einzige offizielle Persönlichkeit mehr Rat schaffen konnte. Ihm ist nach dem Zeugnis der Beteiligten das Zustandekommen des neuen Bundes zu verdanken.

Reformation und Gegenreformation spalteten bald nach der Gründung des Bundes die Eidgenossen in zwei feindliche Lager, aber das eidgenössische Wesen blieb mit jenen lebendigen religiösen Kräften verbunden, die nicht in eingeschränkte Konfessionen oder gar politische Richtungen eingehen.

Der innere Hader und die äußern Gefahren vermochten jenen Grund nicht zu zerstören, auf dem die Bünde in Wahrheit beruhen.

Auch die Trennung in eine Schicht von Herrschenden, die das Alte mumifizieren wollten, und in ungeduldig Befreiung verlangende Untertanen vermochte das Walten des lebendigen Wesens der Schweiz nicht zu ertöten.

Ein Anstoß von außen ließ am Ende des XVIII. Jahrhunderts die morsch gewordenen sozialen Formen in Staub zerfallen, und die bisher zurückgestauten Kräfte bauten eine neue Gestalt auf im Sinne einer weitern Wandlung der geistigen Schweiz.

Diese ganze Entwickelung eilte auf ein Ziel zu, das in den ältesten Anfängen schon deutlich bemerkbar ist. Daß die einzelnen Orte, die in der Folgezeit Zentren der christlichen Missionstätigkeit wurden, sich sowohl dem thebäisch-östlichen wie dem irisch-westlichen Wesen öffneten, ist Zeichen davon, daß damals das Christentum nur zum Innersten des einzelnen Menschen gesprochen hat. Wäre es anders gewesen, so hätten diese zwei Wesen der Erkenntnis als unverträgliche Widersprüche und dem bloßen Gefühl das eine sympathisch und das andere antipathisch erscheinen müssen, wie es die Verhältnisse der Umwelt erweisen.

Hätte sich dieses Christentum nicht in den innersten Willen der Individuen eingelebt, so hätte die Westschweiz sich nie mit der Ostschweiz verbinden können. Es hätte sich aus den Kräften der Vergangenheit heraus fortsetzen müssen, was beobachtet wird, solange nicht die im Lande selbst erwachsenen Individualkräfte in der nach außen wirkenden Politik bestimmend waren. Solange die äußern Organisationen zugehörenden Mächte allein herrschten, zerfiel jede gewaltsame Zusammenkoppelung von Osten und Westen in kürzester Frist wieder in ihre natürlichen Bestandteile.

Das Individuum, das imstande ist, soziales Wollen zu entfalten, war vor der Geburt des Rechtsverbandes der Schweiz auf ihrem Boden schon veranlagt.

Daß das Individuum hier früher als anderswo dazu berufen war, restlos die von alters her weiter wirkenden sozialen Gewalten abzulösen, offenbart sich an dem seltsamen Bündnissystem der VIII alten Orte. Kopp sah sich veranlaßt, um dessetwegen die Eidgenossen mit den alten Griechen zu vergleichen. Das kann man nur solange, als man den Anteil der alten Orakel am politischen Wesen der Hellenen nicht beachtet. Bei den Eidgenossen waltete in den der griechischen Demokratie vergleichbaren Formen eine andere, im Grunde genommen entgegengesetzt gerichtete Kraft, jene Kraft, die in vorchristlichen Zeiten noch ungeboren war.

Der ganze Bundeszusammenhang der alten Eidgenossen verwirklichte sich immer nur momentweise, wenn es die Not erforderte, obwohl er dauernd als Potenz da war und als solche auch gefürchtet wurde. Die einzelnen Orte waren noch beschäftigt, das eigene sonderliche Wesen den eigenen Bedürfnissen und Anlagen gemäß auszubauen.

Der Ort wiederum war in vielfacher Variation die Gemeinschaft der im sozialen Leben tätigen Männer.

Es wird bei genauem Beobachten des Schicksalsganges bemerkbar werden, wie bis zum XV. Jahrhundert noch beinahe naturhaft am Werden der Schweiz gearbeitet wird. Wie die Naturkräfte einen jungen Menschen heranwachsen lassen, so lenken die Schicksale die eidgenössische Entwickelung bis zum Jahre 1481. Was zu diesem Punkt, und zwar in scharf abgeschnittenen Stufen, hingeführt hatte, nimmt nun einen kataraktähnlichen Verlauf. Die alten Formen sind noch da, aber das Leben ist nicht mehr in ihnen, sondern allein im individuellen Menschen.

Der schweizerische Mensch muß von nun an die Sozialformen beleben, sie von innen her zeitgemäß weitermetamorphisieren und neu gestalten. Er muß sich in die Gegensätze hineinstellen, die ihn gebildet haben. Am Gegensatz von Stadt und Land, von nach außen gerichteter und nach innen gerichteter Wesensart, mußte er es erstmalig erproben.

Einer erkannte die Kraft, die beides umfaßt, und die andern verstanden ihn, nicht in abstrakten Gedanken, aber dadurch, daß sie den eigenen Willen angeregt fühlten.

Wie durch einen in die Tiefe eines Sees versenkten Stein Wellen erregt werden, die bis zum fernsten Ufer wandern, so verbreitete sich 1481 die Wirkung des Wortes des Eremiten vom Ranft. Die Tagsatzung nahm das Wort auf und vollzog unter seiner Wirkung den Gründungsakt der neuen Eidgenossenschaft. Die Ratsboten trugen es nach ihren Orten, und diese ließen die Art der Botschaft durch das Geläute aller Kirchenglocken verkünden, sodaß ein durch alle eidgenössischen Lande gehender Jubel die Weihnachtszeit des Jahres 1481 erfüllte. Und wie einmal der Tell und die drei Eidgenossen vom Rütli nicht Führer und Regenten wurden, sondern an ihren Plätzen als Menschen unter ihresgleichen weiterwirkten, so behielt sich nach seiner «Mühe und Arbeit» für das Zustandekommen der neuen Eidgenossenschaft Niklaus von der Flüe seine eigene Freiheit und achtete die seiner Mitmenschen. Er ging den eigenen Weg weiter und hielt sich für jeden Rat offen, den man aus eigenem Antrieb bei ihm holen wollte.

In diesem Moment hatte jenes Prinzip, das den Kaiser Maximilian so sehr erschreckte, seine bedeutsamste Auswirkung gehabt. Maximilian kennzeichnete das ihm ungebärdig und schrecklich erscheinende Wesen der Eidgenossen mit den außerordentlich treffenden Worten: «Einer erhebt die Hand, und die andern folgen.» Was für ihn Entsetzen erregend daran war, bestand in der Tatsache, daß dieser Eine nicht er, der Kaiser, oder ein weltlicher oder kirchlicher Fürst, nicht einmal eine offiziell anerkannte Amtsperson war, sondern eben «Einer». Der bürgerliche Name und die amtliche Stellung, selbst der Stand dieses Einen war restlos unwesentlich für die Wirkung seines Wortes. Nur die Tiefe, aus der es geschöpft war, bestimmte die Weite seiner Wirksamkeit.

Viele Beispiele geringeren Grades lassen sich herbeiziehen zur Illustration jenes Prinzipes, das bis in die Kriegsführung hinein innerstes Lebens- und Gestaltungsprinzip der Eidgenossenschaft war. Noch bei Marignano ist nicht ein Oberkommando maßgebend, sondern der Rat, den einer gibt und die andern gut heißen. An der Treue zu der frei ergriffenen Aufgabe, nicht an dem – stets mangelhaft funktionierenden – äußerlichen Gehorsam der alten eidgenössischen Kämpfer hing das seltsame organische Zusammenwirken ihrer Truppenverbände.

Dieser «Eine» des Maximilian konnte, nachdem er den Rat gegeben – also «die Hand erhoben» – hatte, wieder so vollkommen seine gewöhnliche Lebensstellung bewahren, weil er einfach etwas bewußt gemacht hatte, was die andern aus sich selbst einsehen konnten, nachdem es ausgesprochen war. Die andern aber konnten deswegen ohne vorangegangene Organisation so unbedingt folgen, weil sie aus eigener Einsicht handelten.

Wie beim mittelalterlichen Schicksalsgang des Volkes, wo die bedeutsamen Einschläge immer von einer Seite kamen, die nicht in den äußern Erscheinungen des Vorangegangenen erkannt werden können, so tritt nach der Katastrophe von Marignano mit unbegreiflicher Plötzlichkeit wieder etwas auf, was unmöglich aus den ältern Stufen zu errechnen ist.

Die Vertreter der frühern Eidgenossen waren wohl geeignet, mit Königen zu verhandeln, aber in allen Lokalitäten, die dem modernen Salon ähnlich sahen, nahmen sie sich kurios aus. Es fehlte ihnen alles, was dort ernst genommen wird. Ihr durchdringendes Rechtsbewußtsein ließen sie völlig unberührt von aller intellektuellen Bildung. Sich selbst erfaßten sie nicht gedankenhaft. Nicht das war ihnen interessant an einem Menschen, was man mit äußern Daten festhalten kann, sondern das, was sich in Taten äußerte – nicht das Gegebene, sondern das Tätige, was auftauchen und wieder untersinken konnte, was nicht eigentlich in strenge Grenzen gebannt werden kann.

So kennen wir nur zwei einzige Eidgenossen, deren Mannesalter vor die Burgunderkriege zurückreicht, mit ihrem ganzen zusammenhängenden Lebenslauf. Aber bei dem einen, bei Hans Waldmann, bleibt sogar das Geburtsjahr im Ungewissen, während bei Niklaus von der Flüe zwar das Geburtsjahr bekannt ist, aber sein äußerer Lebensgang trotz des umfangreichen Materials nur sehr lückenhaft erfaßt werden kann.

Doch schon die Generation Zwinglis tritt überraschenderweise so in die Geschichte hinein, daß eine Menge von Persönlichkeiten sichtbar werden, die ganz auf der Höhe der humanistischen Bildung stehen. Ja, selbst die Teile des Volkes, deren Einzelglieder nicht in der Geistesgeschichte hervortreten, offenbaren eine leidenschaftliche Anteilnahme an den umwälzenden Ereignissen der großen Welt. Was ein nur sich selber lebendes Sonderdasein zu führen scheint, wenn nicht Wurzeln und Weiterentwickelung in die Betrachtung einbezogen werden, die mittelalterliche Schweiz, erweist sich in vollem Zusammenhang mit der sich fortentwickelnden allgemeinen Kultur.

Noch einmal offenbart sich das gleiche Gesetz zur Zeit der französischen Revolution. Nach einem Zustand, der in den Schilderungen wie ein bloßes Weitervegetieren morscher Formen erscheint, ist plötzlich eine große Zahl bedeutender Männer da. Sie ergreifen mit Selbstverantwortung die sozialen Arbeiten und erweisen sich durch ihre Taten als Träger des lebendigen Wesens der Zeit. Viele von ihnen sind aus den niedergehaltenen Landschaften der Städte und den Untertanengebieten hervorgegangen.

Auch in der vorrevolutionären Epoche geht unter dem äußern, den Historiker interessierenden Dasein ein unsichtbares Werden vor. Nur zeichnet sich diese Epoche gegenüber den frühern doch durch eine Besonderheit aus. In dieser Besonderheit liegt die Ursache dafür, daß ihre Geschichte in die vorliegende Darstellung nicht aufgenommen wurde. Durch das, was am Ende des XV. Jahrhunderts in unsichtbare Tiefen stürzte, und das, was nach drei Jahrhunderten wieder hinaufdrängte, ist man gezwungen zu sagen, die eigentliche Geschichte verlaufe während dreier Jahrhunderte unterirdisch. Was sich sichtbar als solche gibt, ist umso unwesentlicher, je mehr Staub – Puder und sonstiger – aufgewirbelt wird.

Die Geschichte der Schweiz in der beginnenden Neuzeit könnte erst offenbar gemacht werden, wenn man die Geschichten ihrer im geistigen Sinne repräsentativen Persönlichkeiten schreiben würde. Diese waren die Träger ihres lebendigen Wesens. Die Regierenden, welche in den Historien auftreten, suchten ihr Vorrecht darin, in zurückgelassenen Formen einer einst lebendig gewesenen Vergangenheit eine Rolle zu spielen.

Weil das wahre Wesen den Zusammenhang mit der fortschreitenden Zeit nicht verloren hatte, blieb die Schweiz von dem Schicksal Venedigs verschont, das als Eigenwesen erlöschen mußte, als die Revolution die übriggebliebenen Reste des Mittelalters erschütterte. Jener einzigartige Vorgang nach Napoleons Sturz, der zur Anerkennung der Schweiz und ihrer Neutralität durch die Großmächte führte, erinnert an die Schicksalssprache vom Stanser Tag und steht wie ein Zeugnis für die Lebendigkeit der Schweiz in der Geschichte.

Nach vielem vorangegangenen, schon in Wien einsetzenden wesenlosen Gerede wurde das von dem Genfer Pictet de Rochemont verfaßte Manifest verlesen, das dem Kongreß die Stellung der Schweiz in Europa klar machen sollte. Die Wirkung war so durchschlagend, daß, wie unter dem Eindruck einer plötzlichen Einsicht, unter allgemeiner Begeisterung des Kongresses die für das Leben Europas als notwendig erachtete Existenz und Neutralität der Schweiz anerkannt wurde. Das später wieder einsetzende Gezänk konnte den aus unmittelbarem Ergriffensein von einer Wirklichkeit gefaßten Entschluß nicht mehr umwerfen.

Es ist, wie wenn das Manifest die Kraft in sich getragen hätte, eine für die Schweiz charakteristische Gesetzmäßigkeit in einen größern Völkerzusammenhang hinauszutragen und wirksam zu machen.

Der «Eine» war immer noch da. – Mancherlei intime Lebensbeobachtungen auf dem sozialen Feld, besonders im Militärdienst und im Leben der ländlichen Gemeinden, können den «Einen» heute noch auffinden.

Solchen Beobachtungen stehen die Ausführungen jener Historiker gegenüber, die dartun wollen, die Geschichte der Schweiz habe für die Persönlichkeit keinen Platz. Es wird zu diesem Zwecke die Entfaltung der Persönlichkeit am Typus des Renaissancetyrannen gezeigt, der in der Schweiz nicht gedeihen konnte: Jeder, der vergaß, daß er auch nach der höchsten Leistung «einer» und nicht «alle» war, mußte das Schicksal Hans Waldmanns befürchten.

Jakob Burckhardt schreibt in seinem Werk «Die Kultur der Renaissance»:

«Zunächst entwickelt die Gewaltherrschaft, wie wir sahen, im höchsten Grade die Individualität des Tyrannen, des Condottiere selbst, sodann diejenige des von ihm protegierten, aber auch rücksichtslos ausgenutzten Talentes, des Geheimschreibers, Beamten, Dichters, Gesellschafters. ...

Aber auch die Beherrschten gingen nicht völlig ohne einen derartigen Antrieb aus. ... alle diese Elemente begünstigten ohne Zweifel das Aufkommen individueller Denkweisen, und die Abwesenheit des Parteikampfes fügte hier die nötige Muße hinzu. Der politisch indifferente Privatmensch mit seinen teils ernsten, teils dilettantischen Beschäftigungen möchte wohl in diesen Gewaltstaaten des XIV. Jahrhunderts zuerst vollkommen ausgebildet aufgetreten sein. Urkundliche Aussagen hierüber sind freilich nicht zu erlangen: die Novellisten, von denen man Winke erwarten könnte, schildern zwar manchen bizarren Menschen, aber immer nur in einseitiger Absicht, und nur, soweit dergleichen die zu erzählende Geschichte berührt; auch spielt ihre Szene vorwiegend in republikanischen Städten.»

Der Satz, den Jakob Burckhardt seiner Ausmalung des individuellen Lebens der beherrschten Schichten nachsetzt, gibt ebenso zu denken wie die Tatsache, daß nach dem Erlahmen der kurzlebigen Tyrannendynastien keine von jenen Persönlichkeiten auftraten, und ganz Italien – außer der Republik Venedig und dem Kirchenstaat – fremden Mächten anheimfiel.

Die Gegenüberstellung des Ausganges der oberitalienischen Freiheitsbewegung mit dem Übergang des schweizerischen Mittelalters zur Neuzeit führt uns zweierlei Verhältnisse der befreiten Persönlichkeit zum Sozialen vor Augen.

In der Schweiz stößt die ihre Entfaltung ins Phantastische steigernde Persönlichkeit auf den Willen anderer Persönlichkeiten. Gleichgültig, ob man diese andern für besser oder schlechter hält, sie sind da. In Italien hat der Tyrann eine plastizierbare Masse zur Verfügung. Er kann sich daher auf einem Feld entfalten, das in der Schweiz für die gleichartige Betätigung ungeeignet ist. Hier trifft die persönliche Willkür auf die selbständige Persönlichkeit des andern.

Indem man dieses oder jenes bewundert oder verabscheut, löst sich das soziale Rätsel nicht, das offenbar im Verhältnis der Persönlichkeit zum sozialen Leben liegt.

Dieses Rätsel hat etwas Tragisches an sich, was empfunden wird, sobald man auf das Wirken der Persönlichkeit im Wirtschaftsleben sieht. Hier hat sich seit dem Auftreten der befreiten Persönlichkeit eine gewisse Zeit hindurch ein Walten derselben ausgebreitet, das recht genau dem entspricht, was Jakob Burckhardt am Renaissancetyrannen beschreibt. Nur ging es in ein ganz anderes Feld hinein. Die Willkür dauerte so lange, bis nichts mehr an der Natur unbegrenzt abgebaut werden konnte. Als auf die Grenzen der Bergwerke, der Ölfelder, des freien Landes, der Wälder, der Wasserkräfte, der mit Schienen und Straßen zu durchziehenden Flächen und der Absatzgebiete gestoßen wurde, stieß die Willkür auch auf ihre Grenzen. Immer mehr wird der Unternehmer in jene unangenehme und lähmende Situation gedrängt, wo man organisieren muß und immer wieder erlebt, daß von andern Orten her die eigenen Anordnungen umgestoßen werden. Deutlich tritt in der Industrie eine Tendenz zutage, die auf die zusammengeschaltete Mechanisierung der ganzen Weltwirtschaft zielt. Damit wäre innerhalb der technisierten Wirtschaft alles Persönliche ausgeschaltet. Innerhalb eines rationalisierten Betriebes ist der «Eine» ohne Bedeutung.

Je mehr das Kriegswesen zur fabrikmäßigen Menschenzermalmung wird, gerät es in jene Sphäre, in der ganz andere Kräfte entscheiden als jene Tugenden, die an den alten Eidgenossen bewundert werden. Nur weil sich die Persönlichkeit noch kraftvoll wehrt, sieht sie nicht, daß sie hier auf verlorenem Posten steht und sich ihr ureigenes Feld suchen muß.

In den Momenten, wo einzelne Völkerschaften vom nomadisierenden Hirtentum zum Ackerbau übergingen, waren sie gezwungen, ihr Rechtswesen von Grund auf zu ändern. Die Natur verlangte, daß das Eigentumsrecht – selbst durch grausam erscheinende Maßnahmen – eingeführt werde, damit die Arbeit des Landmanns geschützt blieb. Die alten rechtlichen Anschauungen mußten durch neue abgelöst werden.

Heute sind wir durch die Menschennatur gezwungen, uns auf das Menschenrecht zu besinnen. Nicht nur die Arbeit, sondern mit ihr die Menschenwürde sind gefährdet durch die gewordenen Verhältnisse.

Diese Einsicht kann uns zum Kern der menschheitlichen Leistung der alten Schweiz führen. Sie hat einzigartige Rechtsanschauungen, zwar nicht theoretisch, aber durch ihre Lebensgestaltung in die sichtbare Welt hineingestellt. Die Menschenwürde, die einstmals errungen wurde, als in die alte Schale die neue Kraft des frühen Christentums einfloß und umbildend wirkte, sollte gewahrt und geschützt werden durch das rechtliche Leben, das die alten Eidgenossen verband. Nicht für die äußeren Stellungen der Menschen, sondern für ihre Individualität, für den «Einen», fanden sie ihre Rechte. Das Verhältnis von Mensch zu Mensch sollte so ausgebildet werden, daß die Würde des Menschen, ungeachtet seines äußern Standes, gewahrt blieb.

Heute bedürfen wir eines Feldes im sozialen Leben, wo unser individuelles Wesen, losgelöst von der Drehbank, der Schreibmaschine, dem Laboratoriumsmantel, der Achselklappe und dem Zylinder seine ihm gebührende Achtung findet. Das ist eine ebensogroße Notwendigkeit, wie es die Einführung des Eigentumsrechtes einmal war. Was die Eidgenossen auf diesem Felde vorgebildet haben, kann allerdings unter dem Gesichtswinkel der Gegenwart wegen seiner majestätischen Grandiosität nur als Vorbild erscheinen oder gar nicht erfaßt werden. Wir sind nicht mehr gewöhnt – man erinnere sich an das Motto unseres neuen Strafrechtes – Rechtsordnungen als solche anzusehen, bei denen die Institutionen dauernd im status nascendi bewahrt werden.

Nicht der alte Rechtsfundus als Material, aber die Tätigkeit, die ihn von Fall zu Fall plastiziert, und namentlich die ewigen Bünde selbst entstammen der gleichen Quelle wie die Bilder der Sage und die eindringlichsten Bilder der Geschichte.

Danach ist die Rechtsquelle der Mensch, der eine Intuition hat, die vom andern oder den andern eingesehen wird. Was so als Rechtsverpflichtung entsteht, ist nicht dem Zeitmaß, aber der Qualität nach ewig, weil es aus dem ewigen Teil des Menschen stammt. Die Institutionen entstehen und wandeln sich mit den auftretenden Notwendigkeiten.

Ein derartiges Rechtsleben schließt implicite das Vorhandensein eines Gebietes in sich, aus dem es ununterbrochen entsteht, das es aber vollkommen frei läßt.

Selbstverständlich sind keinerlei Einrichtungen oder menschlicher Willkür unterliegende Maßnahmen imstande, die rechten Intuitionen herbeizuholen. Die Rechtsgesinnung der Eidgenossen erwartet aber, daß sie sich bei richtigem Verhalten in der freien Persönlichkeit einstellen, sei es im kleinen beim Richter, der «nach Minne oder Recht» seinen Spruch abgibt, sei es in den Beratungen der Landsgemeinden oder in der Not vor dem Aufbruch zur Schlacht.

Das Geistesleben konzentriert sich zur Zeit der alten Bünde ganz auf das Rechtlich-Politische. Es geht nicht auf reine Erkenntnisfragen. Es geht auch noch nicht in wirtschaftliche Zusammenhänge hinunter. Öfter wird das Bedauern darüber ausgesprochen, daß die Industrien der Städte von dem Moment an zurückgingen, da sich diese durch ewige Bünde an die Eidgenossenschaft anschlossen. Dadurch bedauert man gleichzeitig, daß unsere Städte nicht, wie andere frühere Handelszentralen, in einem Provinzialverhältnis zu irgendwelchen europäischen Kapitalen stehen.

Alle eigentlichen im heutigen Sinne wirtschaftlichen Betätigungen besorgten in den damaligen Verhältnissen noch die Natur und alte, ererbte Regeln. Es waren aber die Rechtsfragen innerhalb der Wirtschaft, die in hervorragendem Maße die einzelnen Orte der Eidgenossen beschäftigten.

Ihre einzigartige Leistung beruht darin, daß sie ein nie dagewesenes Rechtsleben in die Welt hineingetragen haben, das für die Menschenindividualität da war, und das deren Würde wahrte unabhängig vom Gewand, das sie trug.

Von diesem Rechtsleben sonderten sie ein Gebiet des äußern Daseins ab, das sie dessen eigenen wirtschaftlich gewordenen Gesetzen überließ.

Nach der andern Seite garantierten sie einem Geistesleben, von dem sie ständige Erneuerung erwarteten, die diesem nötige Freiheit.

Das fortschreitende Reifen der sich zur Freiheit entwickelnden Individualität, nicht ein abstraktes Rechtsideal erzeugte die Notwendigkeit, nach und nach jene äußern Verhältnisse umzuformen, die ursprünglich ausdrücklich aus dem gegründeten Rechtsgebiet ausgeschlossen worden waren.

Wie man beim Keim einer Eiche kaum für die Ahnung angedeutet findet, was sich aus ihm nach zwei Seiten hin herausentfalten kann, so bildet das Urschweizertum eine soziale Einheit von keimhafter Gewalt, fähig in die Tiefe und nach oben sich zu entfalten und urbildhaft für die soziale Gestaltung der Welt zu wirken.

Wollte man von der Schweiz verlangen, sie sollte sich auf sich selbst und ihre Wurzeln besinnen, so wäre damit gleichzeitig verlangt, daß sie sich in dem Gebiet suchen müsse, wo die freie Individualität neben der freien Individualität stehen kann, und wo jede dieser Individualitäten ihr eigenes freies Verhältnis findet zu jener in tiefen Gründen wirkenden Kraft, die man mit Recht die geistige Schweiz nennt. Diese geistige Schweiz bereitete sich seit Jahrtausenden vor und begann sich bildhaft zu offenbaren, als das Christentum in das Land floß.

Als sie mit Urkraft ihre rechtliche Verwirklichung begann, sonderte sie aus ihrer Sphäre jene internationalen Verhältnisse aus, welche den äußeren Lebensstand betrafen und die meistens handelbare Ware geworden waren, wie das bei den Rechten der Habsburger und anderer Herrschaften der Fall war.

Heute steht an der Stelle jenes einmal Ausgesonderten das gesamte Wirtschaftsleben. Für dieses müssen sinngemäß die Worte der ersten Eidgenossen gelten: « Jeder tue seine Pflicht an seinem Ort im äußern Leben und achte dessen eigene, über die Welt hingehenden Gesetze; diese können und dürfen das eidgenössische Wesen nicht berühren!»

Aber die gleiche Selbstbesinnung führt zur Einsicht, daß es eine Definition des guten Schweizers nicht gibt. Die Güte hängt nicht an einer Stellung oder dem Bekenntnis zu einer dogmatischen Meinung, sondern an der Nähe oder Ferne zur unsichtbar lebendigen Schweiz. Dieses aber hängt allein ab von der Selbsterziehung des individuellen Schweizers.

Weil jeder eine besondere Wesenheit ist, die sich durch Selbsterziehung herausschält, und weil die geistige Schweiz lebendig mit der Zeit weiterschreitet, spricht sie sich durch jeden Menschen, der sie erspüren kann, in besonderer Weise aus.

Jeder der drei Eidgenossen vom Rütli offenbarte die Schweiz auf seine nur ihm gemäße Weise. Anders sprach sie durch den Tell und jedesmal wieder anders durch Winkelried, durch Benedikt Fontana, durch Niklaus von der Flüe, durch Major Davel, Pestalozzi, Pictet de

Rochemont und jeden andern bekannten oder unbekannten Zeugen ihres Wesens.

Die schweizerische Gemeinschaft hängt in ihrem Bestand von dem freien Geistesleben der Persönlichkeit ihres Kreises ab. Je mehr und je kraftvolleres, ganz und gar nur der Individualität entspringendes Geistesleben da ist, um so mehr Schweizertum wird möglich sein.

Wer auf den Gang der Schweizer Geschichte mit ihren äußerst scharfen Einschnitten an allen Wendepunkten der universellen Kulturgeschichte achtet, wird nicht ohne nachdenklich zu werden einen Satz Rudolf Steiners lesen: «Anthroposophie ist ein Erkenntnisweg, der das Geistige im Menschen zum Geistigen im Weltall führen möchte.» Ob sich der Einzelne veranlaßt fühlt, darunter etwas Erhabenes vorzustellen oder nicht, ist für ein Urteil über den Weltengang nicht wesentlich, sondern die Frage: Kündet sich durch dieses Wort nicht wieder eine Wende im gesamten Kulturleben an, und bringt die Wende der Schweiz nicht neue Aufgaben und Möglichkeiten?

Die Frage allein genügt schon, die ganze, seit dem XVI. Jahrhundert so unbefriedigend verlaufende äußere Geschichte der Schweiz – solange man diese von der Vergangenheit her betrachtet – mit einem Schlage in neuer Beleuchtung zu sehen. Hat die Frage einen Sinn, so erzeugt sie die andere: Ist jener Geschichtsverlauf nicht auch von der Zukunft her in der Weise zu verstehen, daß es gerade in den Weltverhältnissen lag, daß die Persönlichkeit auf jener Stufe gar nicht die Möglichkeit hatte, sozial zu gestalten? Mußte die Schweiz nicht schicksalsmäßig gehemmt und eingeengt die Reife der Zeit abwarten, um neuerdings auch als Gemeinschaft wieder universell zu wirken, wie es einzelne Glieder nie aufgehört haben zu tun?

An der Grenze der Freiheit kommt jede Prophetie zum Stillstand. Darum würde auch der Weiseste nicht voraussagen können, ob die Schweizer eine solche universelle Aufgabe ergreifen oder nicht. Nirgends ist das Gemeinschaftswesen so unbedingt auf die Freiheit der innersten Persönlichkeit gestellt, und nirgends sind daher die Möglichkeiten so vielgestaltig. Eines ist gewiß: daß auch die besten äußern Maßnahmen nicht imstande sind, die Vielfalt von sich aus zu harmonisieren; was sie tun müssen, ist die Schaffung der Möglichkeit für ein soziales Leben, das den neuen Formen der Weltnotwendigkeit so entspricht, wie es in den größten Zeiten der eidgenössischen Vergangenheit der Fall war.

Damals konnte man mit einem Minimum von äußern Einrichtungen und Vorschriften auskommen, weil ein Maximum von schöpferischer sozialer Tätigkeit der zusammenwirkenden Persönlichkeiten aufgeboten wurde. Ein solches Aufgebot hat aber nur dann einen Sinn, wenn die Fähigkeiten der einen zusammenstimmen mit der Empfänglichkeit der andern, wenn einer für alle und alle für einen, nicht äußerlich, aber im lebendigen Wechsel da sind.

Wer glaubt, ein wirksames Wort aus dem Bereich der geistigen Schweiz in die irdische hineintragen zu können, wird jene Tiefen bei den Miteidgenossen finden müssen, wo die religio des Einzelnen mit jenem Bereich – jenseits der natio – statthat. Als Eidgenosse wird man sich wieder offenhalten müssen, wie einst, für das, was der universelle Geist dem befreiten Geist im Menschen in heutiger Zeit zu sagen hat, damit die universelle Mission der Schweiz sich erfüllen kann, die in einem wesentlichen Teil darin besteht, eine lebendig-soziale Ordnung zu schaffen, in der das schöpferische individuelle Wesen des Menschen in aller Vielgestalt Bestand haben kann.

NACHWORT zur ZWEITEN AUFLAGE

Das Nachwort zur ersten Auflage des vorliegenden Buches gibt Auskunft über die Gründe, die den Abbruch der Ausführungen bei dem Schicksalswort von Marignano forderten. Wie gezeigt worden ist, trat die Indentität des tiefern Wesens der schweizerischen Lebensgemeinschaft bei jeder Überwindung großer Gefahren vor und nach jener Zeitengrenze klar zu Tage. Das Bewußtsein der handelnden Menschen hat sich jedoch so verändert, daß sich, ohne Mißverständnisse zu riskieren, die gleichen Taten vor und nach der erwähnten Zeitengrenze nicht in gleicher Art darstellen lassen. Die Taten von Persönlichkeiten wie Major Davel, Pictet de Rochemont und General Dufour nehmen sich von außen gesehen aus wie vorgeprägt durch den in der Frühzeit angetretenen Schicksalsgang des Bundes. Aber das Tun ist durchleuchtet von dem neuerwachten Bewußtsein des individuellen Menschen, der sich aus freier Einsicht in den Dienst der Menschheit stellen möchte.

Noch mehr als die entscheidenden Taten einzelner verlangt eine gerechte Kritik oder Anerkennung der Lebensbetätigung des ganzen Volkes eine Urteilsunterlage, die das seit dem Beginn des XV. Jahrhunderts neu Erweckte in angemessener neuer Form zum Ausdruck bringt. Natur, Menschheit und übersinnlicher Geist, einstmals durch instinktive Fähigkeiten erfaßt, sind seit dem zeitlichen Grenzübertritt mit den dem menschlichen Intellekt zugänglichen Ideen durchdrungen worden. Trotz dieser Umwälzung der Anschauungen trat bisher in allen kritischen Situationen das einstige Benehmen aus den Untergründen des Volksgemütes heraus.

Schon in dem eigentümlichen Verhältnis der Landschaft zu den städtischen Obrigkeiten offenbarte es sich. Darin findet man mehr Zeugnisse menschlicher Freiheit als im Verkehr der heutigen Bauernschaft mit ihrem eigenen Verbandssekretariat.

Ebenso ungewohnt erscheint der heutigen normalen Anschauung das Verhalten der Bevölkerung auf beiden Seiten der Front während des Sonderbundskrieges 1847. Selbst noch in der kritischsten Zeit des Zweiten Weltkrieges kam der in normalen Zeiten verdeckte Urimpuls zur entscheidenden Geltung.

In jedem Lebensprozeß in der physischen Welt wirkt der belebenden Kraft ein tödlicher Impuls entgegen. Faßt man diesen letztern allein ins Auge und unterdrückt im Bewußtsein den andern, dann entstehen die sonderbarsten dokumentierten Geschichtsbilder. Man redet vom Untergang der alten Eidgenossenschaft im Jahre 1798 und vergißt die Tatsache, daß man selbst sein Ansehen und Auskommen als Schriftsteller, Pädagoge und Professor dem Umstand verdankt, daß sie damals nicht untergegangen ist. Man verpflanzt einer eindeutigen Suggestion folgend die Gründung der Eidgenossenschaft in das Jahr 1291 und gründet diese Meinung auf ein Dokument, in dem zu lesen ist, daß damals nur alte Bünde, die bereits bestanden haben, nach alter Gewohnheit dem periodisch wiederholten Beschwörungsakt unterstellt worden sind.

In einer Reihe von Veröffentlichungen sind einzelne Probleme, die sich als Lebensfolgen der Frühgeschichte erweisen, behandelt worden. Daraus mögen die folgenden Erwähnung finden:

1. «Brot und Wein», Bern 1943. Eine Darstellung der Loslösung der Wirtschaft aus den alten Bindungen.
2. «Wurzel und Ziele des Schweizertums», Bern 1940. Separatdruck aus der Zeitschrift «Gegenwart». Herausstellung des Urmotivs der Eidgenossenschaft und seine Gestaltungsformen in der Neuzeit.
3. «Der Graf von St-Germain als Menschheitsarzt während des siebenjährigen Krieges». St-Germain hatte Kontakt mit der Familie Pictet in Genf. Ein Strahl seiner Weltweisheit wurde offenbar von Pictet de Rochemont in Wien zur Wirkung gebracht. «Das Goetheanum» 1941, Nr. 36.
4. «Zur Methodik der geistigen Völkerführung», Vereinigung zweier Geistströmungen im Territorium der Schweiz. «Das Goetheanum» 1967. Nr. 10.
5. «Die Lebensalter im Tellmythos». Die Beschäftigungen Goethes mit den Problemen des Mythos während eines halben Jahrhunderts. «Das Goetheanum» 1967, Nr. 16.

In diesen kleinen Schriften sollte nicht auf die Geschichte der Eidgenossenschaft, sondern auf die offenbar werdende Aufgabe als ein Organ der Erdenmenschheit hingewiesen werden.

Friedrich Häusler

LITERATUR

Im nachfolgenden Verzeichnis werden nur die Autoren angeführt, die im Text ausdrücklich zitiert sind.

Amtliche Sammlung der älteren eidgenössischen Abschiede, Band I, II, III. Luzern 1874.

Dändliker, Karl. Geschichte der Schweiz, mit besonderer Rücksicht auf die Entwicklung des Verfassungs- und Kulturlebens. Zürich 1900–1909.

Dierauer, Johannes. Geschichte der Schweizerischen Eidgenossenschaft. Gotha 1907–1913.

Durrer, Robert. Bruder Klaus. Sarnen 1917–1921.

Gagliardi, Ernst. Dokumente zur Geschichte des Bürgermeisters Hans Waldmann. Band I und II. Basel 1911.

Gagliardi, Ernst. Geschichte der Schweiz von den Anfängen bis auf die Gegenwart. Zürich 1920.

Gantner, Joseph. Kunstgeschichte der Schweiz. Frauenfeld, Leipzig 1936.

Gejer, E. G. Schwedens Urgeschichte. Sulzbach 1826.

Gelpke, E. F. Kirchengeschichte der Schweiz. Bern 1856.

Gillardon, P. Geschichte des Zehngerichtebundes. Davos 1936.

Gingins-La Sarraz. Lettres sur la guerre des Suisses contre Charles le Hardi. Dijon 1839.

Haller, Johannes. Das Papsttum, Idee und Wirklichkeit. Stuttgart und Berlin 1934.

Justinger, Conrad. Herausgegeben von Wyß und Stierlin. Bern 1819.

Kopp, J. E. Geschichte der Eidgenössischen Bünde. Leipzig 1845.

Maurer, Th. Die Heilige Odilie. Straßburg 1930.

Meyer, Carl. Die Urschweizer. Befreiungstradition und ihre Einheit. Zürich 1927.

Ming, J. Der selige Eremite Nikolaus von Flüe. Luzern 1831.

Oechsli, Wilhelm. Quellenbuch zur Schweizergeschichte. Zürich 1918.

Muschg, Walter. Die Mystik in der Schweiz. Frauenfeld 1935.

Parisot, Robert. Le Royaume de Lorraine. Paris 1898.

Reinerth, Hans. Die jüngere Steinzeit der Schweiz. Augsburg 1926.

Schmidt, Carl. Histoire et Doctrine des Cathares ou Albigeois. Paris 1849.

Schmidt, Carl. Die Gottesfreunde im vierzehnten Jahrhundert. Jena 1854.

Segesser, Anton Philipp. Rechtsgeschichte der Stadt und Republik Lucern. Lucern 1850.

Stähelin, Felix. Die Schweiz in römischer Zeit. Basel 1931.

Stefano, A. de. L'idea imperiale di Federico II. Firenze 1927.

Steiner, Rudolf. Die Kernpunkte der sozialen Frage in den Lebensnotwendigkeiten der Gegenwart und Zukunft. Stuttgart 1919.

Steiner, Rudolf. Die Mystik im Aufgange des neuzeitlichen Geisteslebens und ihr Verhältnis zur modernen Weltanschauung. Stuttgart 1924.

Steiner, Rudolf. Das Vaterunser. Eine esoterische Betrachtung. Berlin 1921.

Stokes, Margaret. Early Christian Art in Ireland. Dublin 1,32.

Vanesca, Max. Geschichte von Nieder- und Oberösterreich. Stuttgart 1927.

Vokinger, Constantin. Bruder-Klausen-Buch. Stans 1936.

Wackernagel, Rudolf. Geschichte des Elsasses. Basel 1919.

Wolfram von Eschenbach. Die Zitate stammen aus der sechsten Ausgabe von Karl Lachmann. Berlin 1930.

Wyß, J. R. Idyllen, Volkssagen, Legenden und Erzählungen aus der Schweiz. Bern 1815.